大势投资

A股超额收益行业与选股策略

李美岑 王亦奕 张日升 王源 ● 著

机械工业出版社
CHINA MACHINE PRESS

本书本着"授人以鱼不如授人以渔"的想法和思路，从风险偏好、无风险利率、基本面三点出发，对应择时考虑短期、中期、长期三个时间维度的判断、分析方法和判断指标。以宏观发展周期、产业政策周期、行业景气周期的三周期思维，涵盖宏观、中观、微观三个角度，以及在 A 股中的运用，从事实、案例着眼，从大消费、周期品、科技制造、大金融四大部分入手，多方面、多角度讲透每轮行情细节，力求助读者形成较为直观深刻的印象。

图书在版编目（CIP）数据

大势投资：A 股超额收益行业与选股策略 / 李美岑等著 . —北京：机械工业出版社，2023.11
ISBN 978-7-111-74174-9

I. ①大… II. ①李… III. ①股票投资 – 基本知识 IV. ① F830.91

中国国家版本馆 CIP 数据核字（2023）第 208813 号

机械工业出版社（北京市百万庄大街 22 号 邮政编码 100037）
策划编辑：张竞余 责任编辑：张竞余 牛汉原
责任校对：龚思文 牟丽英 韩雪清 责任印制：李 昂
河北宝昌佳彩印刷有限公司印刷
2024 年 4 月第 1 版第 1 次印刷
170mm × 230mm · 23.25 印张 · 268 千字
标准书号：ISBN 978-7-111-74174-9
定价：79.00 元

电话服务 网络服务
客服电话：010-88361066 机 工 官 网：www.cmpbook.com
010-88379833 机 工 官 博：weibo.com/cmp1952
010-68326294 金 书 网：www.golden-book.com
封底无防伪标均为盗版 机工教育服务网：www.cmpedu.com

三十而立。

关于个体的成熟，我们常用这个词道出岁月沉淀的真谛。

而在 1990 年寒冬中诞生的中国股市，历经三十多载春华秋实，从最初数十家公司的跃跃欲试，到如今主板、创业板、科创板、北交所在内 5000 多家上市公司矗立成一道耀眼的风景线——超 80 多万亿元的市值足以证明它褪去青涩，已然在全球资本市场创造了一个瞩目的奇迹……

这是最好的时代。在我参与资本市场工作的第 20 个年头，有幸见证了 A 股市场蓬勃发展的历史，对于中国权益市场的参与者而言，过往华章绝非寥寥数语能够概括。截至 2022 年年底，中国资产管理的总规模已超过 66.7 万亿元，仅过去 8 年就实现了 3 倍的增长；过去 10 年，我服务的财通证券资管公司也取得了长足发展，相较 10 年前管理规模增长 300 余倍，净收入稳居行业前十！最终，这些可观的数据都凝成欢喜，化作感谢。感恩这个时代的红利，感激中国资本市场的持续发展、改革奋进。

作为一个卖方分析和买方资管的过来人，在"A股激荡的三十余年"里，我对业务和市场体会良多。我曾研究的交通运输行业是一个受宏观经济影响较大的行业，但由于交通运输行业的细分领域多、领域之间差异大，与纯周期性行业相比，它的周期属性又更加多元——此处的沉寂可能正是彼岸的迸发。"周期"孕育着行情，资本市场便是如此在时代的洪流中沉浮，古人言："食其时，百骸理；动其机，万化安。"研究周期、应对周期，无外乎了解时势，顺应时势。《大势投资：A股超额收益行业与选股策略》便是如此，本书强调把握时代脉络、寻找投资"行业收益"的重要性，从大消费、周期品、科技制造、大金融四大行业类别出发，梳理了23个细分行业2005～2022年的历史行情，为读者娓娓道来各行业的长期发展趋势和长期格局变化，回首接近20年历程中的超额收益，凝聚成一份献给时代的厚礼。

结合我20年来的从业经历，阅读本书时的感触更为深刻，许多章节提及的重要阶段至今仍历历在目。犹记得10多年前，周期行业独领风骚，交通运输行业更是周期行业中的"香饽饽"，如今市场则更加偏爱消费品、科技制造这些新兴方向。但事实上，这些行业的本质没有变化，都是在把握时代最明确的脉络和行业收益——过去中国以投资带动经济的总量扩张，现在转向以消费品、科技制造结构升级带来的质量提升，因而衍生出多板块的持续表现，即书中阐述的"经济发展周期、产业政策周期、行业景气周期叠加时代行业收益"。

不要给任何行业"贴标签"，而是要从大势出发，结合行业本身特点和产业发展趋势，在合适的时间寻找合适的价值洼地，挑选标的并与其成长，分享红利——这将是本书给予投资者的重要启示。财通证券策略李美岑团队在本书中淋漓尽致地呈现了团队特色鲜明的研究风格，"专业前瞻、全球视野"，他们将对历史的敏锐感知与对行业的深度思考融会贯通，一字一句书写成时代的座右铭，最终形成《大势投资：A股超额收益行业与选股策略》一书，以飨读者。

最后，愿本书能得到买方、卖方以及社会各界朋友的认可和喜爱，帮助投资者了解A股各行业超额收益历史，把握未来投资大趋势。衷心祝愿李美岑团队能更上一层楼，财通证券和财通证券资管未来能为更多客户创造丰厚价值，也衷心祝愿中国资本市场的发展越来越好！

马晓立

财通证券总经理助理

财通证券资管董事长

2023 年 7 月

回顾过往 20 年的从业经历，我会形容自己是一名"非典型卖方分析师"。我学过工科，学过经管；做过卖方，做过买方；做过二级市场，做过一级市场；做过投资，做过融资；做过股权，做过债权；从事过金融业，也从事过实业；曾就职于大型央企，也就职过大型民企；做过翻班工程师，也做过企业高管；研究过周期，也研究过消费；研究过科技，也研究过金融。

在复合背景所带来的多行业视角经验下，我更为深刻地感受到周期的力量，也对本书"大势投资""把握时代行业收益的重要性"极为赞同。A 股过去 30 年的行情轮动可谓是中国宏观经济发展的缩影。

2000 ～ 2010 年，在城镇化率的快速提高以及人口红利下，中国经济处于快速发展的"黄金时代"。彼时中国属于典型的投资驱动型经济体，房地产和基建投资格外火热。当时的周期行业，例如煤炭、钢铁、有色、房地产、银行在 A 股市场上被戏称为"五朵金花"。恰好我是在2005 年进入宝钢工作的，虽然没有赶上那轮史无前例的大牛市，但也可以说在实业亲身体验了一把时代的繁华。当时的宝钢正处在它的事业巅峰期，是产能极度扩张的一个阶段。

直到 2007 年，我当时写了一篇全球钢铁行业研究报告，第一次接触到了"产业周期"这个概念。实际上从海外经验来看，钢铁行业在基础建设快速发展到一定状态后会拐头向下，最终成为一个"夕阳红"行业。我意识到宝钢最终可能也无法逃脱产业周期的"宿命"，因此我选择回到复旦读书，现在来看也十分庆幸自己当时的选择。毕业后，我机缘巧合进入了证券分析这个行业，从事钢铁领域的研究，也见证了曾经"成长赛道领域"周期行业的没落。宏观经济转型带来的传统行业供给出清，周期股也从成长股变为蓝筹价值股。

但周期的巨轮仍在向前，旧经济的没落带来的是新经济的崛起。2011 年开始，"战略性新兴产业"这一名词开始频繁出现在大众视野。国家级政策的密集出台，中国从投资驱动型经济体向创新驱动型经济体转变。伴随着"大众创业、万众创新""互联网＋"，4G、移动互联替代传统周期行业成为新一代基础建设的代表。与传统基建类似，以 4G、消费电子为代表的新基建的完善，给下游需求带来了广泛的可能，也成就了 2013 ～ 2015 年的电信、媒体和科技（TMT）牛市行情。

我曾对海外发达经济体在不同阶段的产业特征进行过深入研究，发现从工业化后期到后工业化时期，经济体发展都依赖两个方向孕育"时代行业收益"，其一是科技制造业的崛起，其二是现代服务业的快速发展，比如美国、英国、法国等发达经济体，这个阶段的服务业占 GDP 的比重都是快速增加的，达到 80%，甚至超过 90%。2013 年年底，我有一次转换研究方向的机会，基于对未来的思考，我坚定地选择转换赛道，从零开始研究现代服务业。那时的中国服务业还处于启蒙阶段，从中长期的角度讲，是有很大空间和很长时间让我施展才华的。在那之后，我对服务业的研究也逐步从最初的餐饮旅游，陆续加入医美化妆品、养老、博彩、泛娱乐、社交、教育、轻工、食品饮料等细分领域。

也正如我所预料，2017～2019 年受到一系列政策的影响，消费高端化的趋势愈加明显。同时资本市场也在经历新一轮价值重估，境外资本通过陆股通、MSCI 等对 A 股产生了深远影响，以"喝酒吃药 + 中国中免"为代表的高端消费行情持续演绎。2019 年，我加盟复星国际集团，从"股票投资"到"股权产业投资"，让我更深刻地感受到宏观经济周期、中观产业周期以及微观行业周期叠加下的时代行业收益是如何重要。

2021 年的最后一天，我重回二级市场卖方研究，担任财通证券研究所所长一职。更换角色也让我得以重新思考市场。过往几年宏观环境的波动，部分投资者逐步呈现出"轻宏观策略，重个股超额收益"的投资思维。大家经常笑称 A 股投资者最累，上至国家大事，下至下雨打雷都要事无巨细地加以关注。但其实看看海外投资大师，巴菲特、彼得·林奇更多是自上而下视角的行业收益投资，而非市场认知的"选股专家"。比如在 20 世纪 70 年代"大滞胀"下，巴菲特大举买入凯撒铝业，受益于通胀上行，获利 670%；80 年代美联储试图抬升利率结束"大滞胀"，巴菲特持有大量受益于利率上行的金融企业的股票。美股在 20 世纪 70 年代 10 年未涨，但巴菲特没有一年亏损，总收益近 10 倍，这就是行业收益投资的魅力所在。

作为这篇推荐序的结语，我诚挚地向投资者推荐本书。本书的开篇是财通证券策略团队对证券研究思路、投资策略框架体系的理解，也是过去几年在市场研判、行业配置等研究过程中一些体系性、框架性的思考分享。后续从大消费、周期品、科技制造和大金融四个行业大类出发，对 23 个细分行业的历史表现、超额收益驱动进行剖析，为投资者提供了行业配置、周期轮动的"显微镜"。我相信，穿越 A 股 20 年，在宏观策略框架下形成投资思维，把握市场大势、产业趋势、行业态势，对获取超额收益大有裨益。我祝愿各位读者和投资者能够有所收获、净值节节高、幸福安康。

李跃博

财通证券研究所所长

2023 年 7 月

从业十多载，从行业分析师、策略分析师再到基金管理人，从公司与行业研究到总量策略研究再到大类资产配置与基金中的基金（FOF）投资，虽然角色身份不断转变，但我对证券研究和投资的理解、思考、求真从未停歇。

对股利贴现模型（DDM）的理解，是每位投资者研究和投资的基础。从理论的角度来看，大多数投资人，或者证券分析师在入行之时，都会接触到 DDM 模型的理论知识。但实践中，在这些纷繁复杂的因素中，把握一段时间内的核心矛盾才是关键。策略研究的主要工作就是综合经济学、金融学、管理学、财务学以及其他学科交叉构建的知识体系，抓住主要矛盾，将投资的科学性与艺术性合理结合，形成大势研判、板块配置和主题投资的观点。但首先要做到的是，尽量把其涵盖的供给与需求、长期与短期、宏观与微观、实体与货币、经济与政治、国际与国内等角度都思考一遍，尽力做到不遗漏，保证思考的完整性。至于如何把握特定时间内影响市场的主要矛盾则仁者见仁、智者见智，即使是投资高手在同一时间往往也会观点不同，这就是二级市场投资最具魅力的地方。

具体到大势研判上，策略分析师围绕 DDM 模型思考判断市场时，分子端主要聚焦宏观经济增长、全市场、某类板块、某类风格的企业盈利，从历史上来看，2005～2007 年的牛市，是最为典型的基本面盈利驱动。分母端则主要考虑流动性、风险偏好等，这一流动性伴随着中国资本市场的开放，既有全球流动性、中国宏观流动性，也有股市流动性。以流动性驱动市场行情，典型的如 2017 年《白马长嘶啸，挥鞭奔鹏城》报告提出的因深港通运行带来全球资金流入，引领核心资产牛市。

经济结构的变化、产业的变迁以及宏观的行业轮动，行业比较的研究形式不断推陈出新。我记得在 2012～2015 年 TMT 赛道主导行情时，当时在国泰君安研究所任职期间，我撰写了《模式重塑才是关键》等与移动互联网产业趋势相映衬、全市场首创性的商业模式研究系列报告。后来我转战兴业证券，担任首席策略分析师撰写的《投资核心资产：在股市长牛中实现超额收益》一书，又一次将行业比较的思路打开，使分析内容更具全球化与时代特征，更具创新性、总结性和投资实践性。

对于策略研究方法和策略研究涵盖的方方面面，本书在第 1 章系统性、全方位地总结了策略研究框架，深入浅出，通俗易懂。短短几十页，读完后，A 股多年的历史进程，点点滴滴映入眼帘，跃然纸上。

随着全面注册制的实施，越来越多的公司进入投资者的视野。要实现在短时间内对多行业投资机会的判断、理解和认识本就是一件较为困难的事，更何况，在这些纷繁复杂又不断变化的大势因素、行业因素和外部因素中，判断哪些因素容易影响股价，哪些行业容易赚取超额收益，更是难上加难。

想投资者之所想，虑投资者之所忧，解投资者之所难。

幸运的是，曾经一起与我在兴业证券打拼、奋战的团队成员李美岑、王亦奕、张日升，如今在新的平台、新的团队的支持下，继续推陈出新、扎实研究，为投资者提供有益的价值。本书之后的章节，对 A 股 23 个行业、近 20 年历史的超额收益阶段进行了系统性回顾，从市场大势、行业 / 产业趋势、个股行情、政策变量等角度，为投资者全方位展示了各行业历史的运行脉络。同时，他们还对该行业基本面特征、影响股价关键因素、超额收益主要催化剂等做出相应总结，让投资者可以更好地把握核心矛盾，践行"投资行业首要把握大势，跟随市场大势涨跌获得收益"。

此外，本书将 20 多个细分行业划分为大消费、周期品、科技制造、大金融四大行业类别，在赛道投资更加受推崇的今天，让不同投资偏好的投资者更能系统性地比较大类行业下的各行业之间的异同，这一类型的比较和分析是目前市场所欠缺的。

《大势投资：A 股超额收益行业与选股策略》是在我十余年的证券从业经验中少见的如此全方位、细致地将这么多行业一次性总结到位的作品，也足见财通策略李美岑团队的专业功底和踏实作风，在此，也推荐各位投资者将本书备在手边、常看常新。

最后，衷心祝愿本书能够助各位投资者实现更好的财富与净值增长。

王德伦

兴业证券董事总经理

兴证资管首席经济学家、总裁助理

2023 年 7 月

把握时代的脉络，寻找投资的贝塔收益，一直是几代宏观策略分析师孜孜不倦的追求。伴随着宏观经济趋势、宏观流动性的波动下降，部分投资者逐步呈现出轻宏观策略、重个股超额收益的投资思维。

然而，回顾30多年中国资本市场的风雨历程，回顾30多年中国股票市场的点点滴滴，耳熟能详的记忆一定有："五朵金花""四万亿计划""互联网＋""棚改货币化""供给侧结构性改革""核心资产""新能源"……每一次大的行业收益行情演绎、每一次超额收益的获得，大多数都来自对宏观策略自上而下的判断。

比如，2005～2007年，中国宏观经济彰显出10%以上的高增长活力，以煤炭、汽车、电力、银行、钢铁为代表的"五朵金花"就是宏观经济发展的最佳代表，也被认为是当年的"核心资产"和"赛道投资"。2008年金融危机后，我们看到了"四万亿计划"投资带来的基建行情，2013～2015年在"大众创业、万众创新"、创业板制度红利的背景下，A股市场走出了以计算机、传媒等为代表的"互联网＋"的赛道投资。

2016 年潮水退去，在"三去一降一补""棚改货币化"等政策引领下，叠加中国资本市场金融开放的红利，我们看到了以地产链、消费核心资产为主要代表的方向表现优异。2020 年伊始，我们看到在全球"双碳"的大背景下，新能源彰显出时代的行业收益行情，孕育出像宁德时代这样的千亿级公司。

伴随着中国资产管理市场的蓬勃发展，我们在国别配置、外资、养老金、居民储蓄搬家等多重资金的推动下，叠加股市制度、金融开放、经济转型、科技创新周期等多重利好，带动 A 股市场正在迎来"长牛"（具体逻辑详见《长牛：新时代股市运行逻辑》一书）。正是在这一背景下，A 股单一基金经理、单一资管产品的管理规模，出现了极为快速的增长，整个资管市场的发展都和 5 年前甚至 3 年前完全不同。2022 年年底公募基金的 A 股持仓规模达到了 5.5 万亿元，而在 2016 年年底只有 1.6 万亿元；在 2016 年，管理规模 100 亿元以上的基金经理屈指可数，而截至 2022 年年底，管理规模超过 300 亿元的基金经理就有 16 位，管理规模在 100 亿元以上的基金经理有近百位。

无论哪种管理规模的投资者，千万级、亿级、十亿级、百亿级、千亿级甚至万亿级，自上而下，以宏观策略为基础的投资框架必不可少，同时，兼顾自上而下与自下而上的行业配置和比较思维，才能获得更稳定的超额收益。一方面，投资框架能够帮助投资者识别出当前具有确定性收益的行业，选取主要仓位的投资方向，赚取经济周期或者产业周期的收益，例如全球"双碳"环保带动的投资周期，整体新能源行业都处在大趋势之中，新能源方向也成为 A 股公募基金最重要的重仓方向之一。另一方面，随着产品规模变大，高频交易换手的难度提高，更需要挖掘中期市场主线，放弃部分短期机会。

同样，在卖方投研工作中，我们也一直坚持采取自上而下、宏观策略思维去挖掘行业收益，寻找超额收益的机会。策略分析师存在的意义，很重要的一部分在于，既依托行业分析师，把握景气的方向，又独立于行业分析师，常常能把握到行业分析师未关注到的变化。

2019年我们曾发布了研究报告《核心资产"ISEF"买卖模型》，从策略分析师的角度去理解A股投资理念的变化和借鉴，例如：①从关注净利润到关注净资产收益率；②外资的进入、投资者结构的变化、传统估值上限的突破；③挑选标的的变化，具备净资产收益率稳定性（如美的集团、贵州茅台等）、产业相似性（如福耀玻璃、华测检测、海天味业等）等特征。之所以自上而下打造这一买卖模型，得益于MSCI纳入A股，中国金融开放的制度红利，将使得A股生态环境发生积极变化，也将使得我们在构建股票组合思维时发生变化。这样的行业收益机会，直到今天依然影响着A股市场。

2020年年初我们发布了《策略师寻找新能源车链条的Tenbagger》，大胆预测未来十年，新能源汽车产业链将成为第二个"苹果产业链"，新能源车产业链中将出现新一批"Tenbagger"（10倍股）。这一结论在当时全市场中，无论是宏观策略分析师，还是电力设备新能源的分析师都认为是较为大胆、创新、前瞻的。

回头去看，这篇报告堪称当年的"神预测"。最后无论是具备标志性的宁德时代、比亚迪等，还是零部件赛道的亿纬锂能等，原材料赛道的赣锋锂业、天齐锂业等，都实现了非常可观的涨幅。彼时看好新能源车，是撰写这篇报告的原因，除了大家都看到的国内外新能源车政策之外，还有特斯拉作为新能源车里的"iPhone"所具备的爆款效应。当然更重要的是美股历史上的十年产业变革周期规律，每隔十年新产业的出现，相关行业市值将引领美股，包括过去的能源、金融、科技，再到现在的新能源，随着全球新能源格局的演变，新能源不仅将在主线上涌现出几家代表性的全球龙头企业，还会孕育出一系列依托于龙头企业的产业链 10 倍股。

2022 年年初我们发布《轮到大金融了》，基于策略视角发出与市场截然不同的看法和推荐。2022 年独家推荐的金融地产策略分析，也是行业分析师自下而上无法把握到的投资机会。在第一季度市场大幅调整的过程中，房地产、银行居涨幅榜前三位，在全年熊市背景下，大金融相比沪深 300 指数、基金收益率中位数表现出非常明显的超额收益。

当时推荐大金融，一方面，行业分析师可能认为金融地产的业绩还无法确认好转和修复兑现，无法寻找到上涨的逻辑，但是在策略分析师眼中看到的却是预期的变化。另一方面，策略分析师也能够看到，为了抑制类似于 20 世纪 70 年代"大滞胀"的全球大通胀，美联储即将全面收紧流动性，这个举措将压制新兴市场风险偏好，带来高估值资产杀估值⊖。因此综合宏观角度和微观角度，大金融是彼时"进可攻，退可守"的优质配置之选，最终推荐也给机构投资者留下了极为深刻的印象。

A 股国际化进程正在加速，境外资金（陆股通和合格的境外机构投资者⊜）已经成为中国重要的机构投资者。国际比较、海外借鉴是我们这些年投入大量研究精力的地方。

⊖ 当业绩的增长放缓、不及预期、估值达到历史较高分位水平时，即使是上市公司业绩增长，股价也会大幅回落的现象，就叫作"杀估值"。

⊜ QFII。

20世纪70年代巴菲特、彼得·林奇等大师的行业配置，教会我们把握行业收益而非单纯聚焦个股超额收益，也让我们撰写本书的动力更加强烈，坚定了我们完成本书撰写的决心和信心。过往投资者普遍认为巴菲特、彼得·林奇是研究超额收益的专家，不关心行业配置和比较，但我们仔细阅读了两位投资巨星的致股东的信、个人自传、学术研究论文之后，发现两位投资大师更是研究"行业收益"和"行业配置"的顶级高手。

比如在20世纪70年代"大滞胀"环境下，巴菲特大举买入凯撒铝业，受益于通胀上行，获利670%；80年代美联储试图抬升利率结束"大滞胀"，巴菲特持有大量受益于利率上行的金融企业。在20世纪70年代时，美股10年未涨，但巴菲特没有一年亏损，总收益近10倍。巴菲特在21世纪初，中国刚加入WTO、进行大规模城镇化时，成为中国石油的战略投资者，最终以40亿美元出售，获利700%；2022年油价上行时再次卖出比亚迪，布局西方石油公司成为市场焦点。

对于以"成长猎手"闻名的彼得·林奇，在入行之初他是钢铁化工周期分析师，出任基金经理后，几乎全仓"大滞胀"期间表现最亮眼的石油板块。而在20世纪80年代初沃尔克加息时又大仓位切换至中小银行、保险板块，当经济和市场回暖后，行业配置转向汽车、房贷、消费等与经济复苏挂钩的板块，在行业配置层面堪称大师级操作。

巴菲特、彼得·林奇既是个股"阿尔法收益"⊖投资大师，更是把握时代"贝塔收益"的投资大师。对于二级市场的投资者而言，在宏观策略框架下形成投资思维，把握市场大势、产业趋势、行业态势，获取超额收益大有裨益。

⊖ 行业内常将超额收益称为阿尔法收益，将行业收益称为贝塔收益。

通过上述回顾和总结，我们建议投资者积极拥抱时代的"贝塔收益"，拥抱政策制度的"贝塔收益"，拥抱行业的"贝塔收益"，最终要以"贝塔收益"的研究思维去看待每一轮机会，去把握和理解每一轮 10 倍股的特征，形成自上而下的投资框架与体系。

本书有 24 章内容，其中第 1 章是对证券研究思路、投资策略框架体系的理解与分享。本着"授人以鱼不如授人以渔"的想法和思路，把我们在市场判断、行业配置等决策过程中主要的一些体系性、框架性的思考呈现给投资者，为投资者提供行业配置的"望远镜"。

具体来看，对于策略研究中的大势研判，我们从风险偏好、无风险利率（流动性）、基本面（企业盈利）三点出发，对应择时考虑短期、中期、长期三个时间维度的判断、分析方法和判断指标。对于行业配置，我们从宏观发展周期、产业政策周期、行业景气周期三周期出发，涵盖宏观、中观、微观三个角度，以及在 A 股中的运用，从事实、案例入手，将读者带入历史的行情脉络中。最后，市场不断地演进，在超额收益选择中，微观结构（即拥挤度）也是我们在交易层面需要重点考虑的因素。

后续从第 2 章到第 24 章的内容，主要从大消费、周期品、科技制造、大金融四大部分的特征类别着手，涵盖 23 个细分行业 2005 ～ 2022 年的历史行情回顾。以史为鉴，面向未来，通过对这些细分行业历史表现的回溯、复盘和超额收益驱动力的总结，为读者提供行业配置研究的"显微镜"，穿越 A 股近 20 年的历史，从多方面、多角度为读者讲透每轮行情细节，助读者形成较为直观深刻的印象。

从结构上来看，因为行业涵盖较多，有四大种类，为了方便投资者更好地理解各个细分行业的历史行情演绎脉络，进行对比分析，我们对后续 23 个细分行业采取基本相似的结构。

（1）介绍该行业基本情况及其在 A 股中的现状。

（2）回顾 2005 ～ 2022 年，横跨 18 年时间，与沪深 300 指数相比，该行业主要的超额收益阶段。这个超额收益阶段主要选择时间跨度在季度以上、超额收益涨幅较高的阶段，忽略一些小周期、小收益的阶段。之所以选择 2005 年为时间起始点，一方面，主要基于 2005 年是股权分置改革开始的时间点，这是中国股市制度划时代意义的事件；另一方面，因为我们分析超额收益，主要参考行业指数相对于沪深 300 指数的表现，而大多数行业指数是以 2004 年 12 月 31 日为起始点的。

（3）根据超额收益划分阶段，我们详细展开分析，这也是本书每章中最重要而且花费了我们最多精力和时间的部分。该部分主要架构从几个维度展开，包括宏观经济环境、市场大势的行情演绎、行业本轮超额收益的驱动力来源、超额收益阶段涨幅较好的个股分析。

（4）在这 18 年历程中，对行业超额收益阶段的特点、估值变迁史做出总结，并对未来该行业发展、投资机会做出展望。

诚然，在超额收益的撰写过程中，我们竭尽所能，倾注全部精力，但依然没有囊括所有行业，做到应有尽有。其中主要原因在于：其一，部分行业过于细分，细分领域包含的个股数量有限，从自上而下的角度来看，较难把握到系统性行业收益机会，而更多是个股的超额收益机会，这是较难形成板块性机会的原因；其二，我们研究的是相对于沪深 300 指数的超额收益，在此过程中，有些细分行业没有统一的指数可以概括，那么在分析层面就很难寻找到跟踪的锚。这一类行业就只能在分析过程中忍痛割爱，这可能是本书的遗憾之处。

从 1990 年上海证券交易所（简称上交所）成立到 2023 年，中国证券市场经过了 30 多年的风雨历程，正式进入到全面注册制时代，开启了全新篇章。全面注册制也是 A 股继 1990 年上交所成立，2005 年股权分置改革之后，又一里程碑的事件、划时代的制度安排，本书是我们团队对此的献礼之作。

2023 年恰逢财通证券成立 30 周年，承蒙以财通证券董事长章启诚先生为代表的财通证券领导对研究所的战略性支持，现任财通证券资管董事长马晓立先生、财通证券研究所所长李跃博女士的关照与信任，我们才得以在财通证券研究所创立之初来到这里，搭好团队，做好研究。本书是我们团队对此的感恩之作。

过去几年时间，我们团队的李美岑和王亦奕、张日升，曾跟随现任兴证资管首席经济学家王德伦先生一起共事，完成了《投资核心资产：在股市长牛中实现超额收益》(后称《投资核心资产》)、《牛市简史：A 股五次大牛市的运行逻辑》和《长牛：新时代股市运行逻辑》⊖三本书。对中国股市的过去、现状、未来的大势做出清晰描绘。本书是我们在传统的策略框架下，进一步完善，将研究做得更广、更深、更细的传承之作。

本书是财通证券策略团队集体智慧的结晶，团队成员包括李美岑、王亦奕、张日升、王源、徐陈翼、任缘、张洲驰、熊宇翔，全书由李美岑统稿。由于水平有限，难免有错误或疏漏之处，还请读者朋友多提意见。

财通证券策略团队
2023 年 7 月

⊖ 这三本书已在机械工业出版社出版。

第1部分　大消费

第 2 部分　周期品

第 3 部分   科技制造

第1章　策略体系与超额收益框架

橡树资本的霍华德·马克斯用《周期》一书告诉我们：做投资，你可以什么都不相信，但你必须相信周期。只要有人，就有周期。人生成功三大要素：天时、地利、人和，天时排名第一。投资成功有三大要素：选时、选股、配置，选时排名第一。

股票市场有一个广为流传的观点，即"股价围绕着基本面波动"，股价的上涨分为估值和盈利两个方面，股价脱离基本面或者景气度的变动主要取决于估值，股票的估值既是一门科学也是一门艺术，从科学的角度来看，基于股利贴现模型（DDM），从估值角度影响行业超额收益的主要因素就是无风险利率和风险偏好的变动。

1.1 大势研判：短期、中期、长期的择时方法

对于选时而言，大家最为熟悉的是以风险偏好、流动性、基本面为核心的大势择时框架体系，按照时间维度具体划分来看，短期主要是风险偏好，中期主要是流动性，长期主要是基本面。

1.1.1 短期（周度到月度），风险偏好扮演重要角色

短期（周度到月度）影响市场择时的主要是风险偏好，风险偏好直接受市场情绪影响，也是对市场短期影响最大的变量。市场情绪高涨时，风险偏好提升，风险溢价下降，股价上涨；反之则风险偏好回落，风险溢价上升，股价下跌。从我们多年研究经验来看，风险偏好是我们判断短期（周度到月度）市场走势的重要因素，甚至是决定性因素。

风险偏好既不是经过科学论证得出的，也不是经过量化得出的，事实上也无法量化。观察风险偏好择时非常重要：①市场风险偏好的急剧变化为投资者资产的安全性带来巨大风险，凯恩斯评论道：市场保持非理性的时间，比投资者保持不破产的时间更长；②市场风险偏好最低的时候，往往是最大的盈利买点，例如1979年8月13日《商业周刊》杂志封面故事是《股票已死》，随后标普500指数至2000年的21年里涨幅超过28倍，年化收益率达17.6%。

同时，风险偏好长期也是偏离均值存在的，正如钟摆在弧线中心停留是短暂的，周期在高点和低点的停留时间明显多于在中心点的停留时间，推动市场涨跌的是贪婪和恐惧。股市收益率在正常的均值水平下其实是不正常的，围绕着均值水平上下波动才是正常的，比如，标普500指数在1970～2019年的年化平均回报率达10%，

但最高涨幅 35%，最高跌幅 37%。

具体来看，我们记得在 2018 年 3 月，时任美国总统的特朗普先生突然挑起中美贸易摩擦，引发全球市场大幅度波动，随后美国商务部宣布制裁中兴通讯，贸易摩擦进一步升级。由于外部因素的影响，市场情绪跌落，风险偏好持续收缩，A 股大盘一度调整到 3000 点附近，市场风险偏好就因为这样的突发事件而对市场造成了较大波动。

"成也风险偏好，败也风险偏好。"伴随着相关事件带来的影响逐步消退，中美走向谈判桌，市场进入反弹窗口，多板块取得超额收益，风险偏好得到修复。

具体到投资操作中，这类影响风险偏好的事件，往往难以在精确的时间、精确的位置提前预测和规划，对于这类影响而言，往往应对比预防更有意义，可以从两个角度考虑应对：其一，风险初发时往往会给逃生窗口，下跌是逐渐加速的，市场越跌越恐慌，应对这类风险的核心方式是判断事件冲击的剧烈程度；其二，估值与业绩是永远的避风港。

最后，我们也应当合理地利用好"风险"。因为剧烈的情绪冲击往往会导致市场出现非理性调整，市场参与者的非理性造成的行为偏差会导致市场价格的偏离，若能合理利用这一偏差，在风险偏好释放后，往往会迎来重要的反弹窗口，给投资者带来超额收益。

具体到行业选择和超额收益中，风险偏好是市场中较难衡量的特征，投资者一般会根据市场近期的成交额、涨跌幅表现、估值等指标来侧面观察市场风险偏好的高低。如果市场成交额高、近期大幅上涨、股票估值进入历史较高位，就说明市场风险偏好较高；而如果市场成交额低、近期持续阴跌、股票估值处在历史较低位，就说明市场风险偏好较低。

市场风险偏好较高时，投资者对行业景气度和股价长期大幅偏离的忍受度较高，更加喜欢一些高估值、高波动、容易受到主题事件催化的行业，例如计算机等，在2013年2月到2015年6月的A股"宽松"大牛市期间，计算机板块上涨778%就主要由估值贡献，当时"互联网＋"等主题催化不断出现，成为计算机板块暴涨的核心推手。而当市场风险偏好较低时，投资者对行业景气度和景气度的确定性、估值忍受度较低，此时更加喜欢一些低估值、业绩稳、相对抗跌的行业，例如消费、金融、地产等，而高估值、高波动的行业下跌幅度较大，例如在2018年和2022年。

1.1.2 中期（月度到季度），流动性作用更为关键

无风险利率的变化不如风险溢价的变化敏感，但影响的持续性更强。因此，无风险利率的变化是判断行情走势的重要变量，其波动常常构成中期（月度到季度）影响市场的主要矛盾。

权益资产的价值是其未来产生的回报折现至当前的总和，折现的含义举例来说明，以10%的折现率或利率来看，因为资本是有时间成本的，现在的1元，等同于明年1.1元的价值，等同于后年1.21元……折现率或利率越高，则现在的1元越值钱，未来的1元越不值钱。回到股票层面，股票的价值是其未来产生的收益折现到现在，那么当无风险利率上升的时候，折合回现在的价格就下跌了，而无风险利率降低，折合到现在的价格就上涨了。

策略框架中流动性的因素在过去30年历程中几经变迁、不断升级，如在2010年以前，大部分投资者关注流动性，核心是盯住央行的操作，如降准、降息、加息等。在2014年后，我们开通沪港

通、深港通，纳入 MSCI[⊖]，境外资金成为投资者关注的第二类重要的流动性提供者。2020 年以后，公募基金、量化私募、养老金、银行理财子公司、ETF[⊜]快速发展，成为市场不可或缺的重要参与者和微观流动性提供者，越来越多的投资者将流动性聚焦在这类对市场影响较大的边际流动性方面。正因为这样的变化，我们才逐步将流动性框架拓展到国别、大类、股票这样的多个层次去综合考虑。

大体上看，A 股无风险利率在 2014 年以前以境内流动性为主、参考 10 年期国债利率，2014 年以后需要兼顾境内流动性和境外流动性，因为 2014 年后境外资金通过陆股通渠道大量流入 A 股市场并且掌握了较强的定价权，境外资金参考的无风险利率主要是美国的 10 年期国债利率。当国内外无风险利率上升的时候，对高估值的成长型行业压力较大，因为这些行业的盈利主要在未来，利率上行导致折合回当下的价格急速下降，典型的有 2022 年，美联储急速加息导致 A 股无论是消费成长行业还是科技成长行业都深度衰退。而当国内外无风险利率下降，甚至逼近零利率的时候，资金持续地离开没有收益的债券市场而流入股票市场，这将极大地推高成长股的估值，典型的有 2020 年，全球央行大放水，资金从美国源源不断地流向全球各国市场，造成各国的成长型核心资产估值上涨到前所未有的高度，最终当宽松政策退潮，这些估值大幅上涨的成长型行业大杀估值[⊜]、全面衰退，回到了放水前的估值。

传统的流动性框架分析，如宏观市场流动性、微观市场流动性

⊖ 摩根士丹利资本国际公司（Morgan Stanley Capital International）的缩写，是一家评级机构。MSCI 指数是全球投资组合经理中最多采用的投资标的。

⊜ ETF，全称交易型开放式指数基金，通常又被称为交易所交易基金（Exchange Traded Funds，简称"ETF"），是一种在交易所上市交易的、基金份额可变的开放式基金。

⊜ 当 EPS 稳定或者上升时甚至是下降时，PE 大幅下降，造成股价杀跌，这就是"杀估值"。

等内容，相关研究较为丰富，相信诸多投资者也较为熟悉。在此，我们就将过去几年策略框架中很重要的变化，即国别配置、全球资金的理解和分析，如何对我们大周期、大级别的择时产生影响，做出分析，供读者参考。也正是因为我们对国别配置和全球资金的前瞻性、深度性的研究，使我们在2017年的核心资产牛市判断中领先市场⊖。

对于全球资金而言，国别配置中发达市场和新兴市场的相对表现，基本取决于资金更多流向发达市场还是新兴市场。2007 ~ 2011年，资金流出股市，在次贷危机中发达国家受损最严重，因此发达市场资金流出更多，相应地，发达市场跑输新兴市场。2013 ~ 2016年，资金流入股市，发达国家复苏强劲，新兴发展中国家受制于油价下跌和汇市股市异动，资金更多流向发达市场，发达市场跑赢新兴市场。2016 ~ 2018年，美联储加息、油价大幅度下跌、新兴国家资产负债表暴雷，资金流出股市，且新兴发展中国家资金流出最多，相对发达国家跌幅也更大，如图1-1所示。

图1-1　2007年至今发达市场和新兴市场相对表现与资金流表现保持一致

资料来源：Wind，Bloomberg，财通证券研究所。

⊖　具体逻辑，投资者可参考我们出版的《投资核心资产》一书。

全球资金流动数据是国别配置的重要信号。从论文实证经验来看，有资金大幅流入的国家，股市在全球资金配置下有望跑赢全球其他国家。以 2007 ~ 2017 年全球 50 个国家 MSCI 指数表现为样本，过去 2 周、4 周、13 周累计流入资金最多的国家平均跑赢其他国家，如表 1-1 所示。

表 1-1　各国股市周度资金流入数据预示未来收益

	组别	流入最多	第 2 组	第 3 组	第 4 组	流入最少	最多－最少
分组指标	各组下一周平均收益率						
累计 2 周资金	收益率	+0.10%	−0.03%	−0.03%	−0.01%	−0.03%	+0.13%
	T 值	(2.3)	(−0.6)	(−0.8)	(−0.4)	(−0.8)	(1.8)
累计 4 周资金	收益率	+0.09%	+0.03%	+0.02%	−0.07%	−0.07%	+0.16%
	T 值	(1.9)	(0.8)	(0.6)	(−1.7)	(−1.7)	(2.1)
累计 13 周资金	收益率	+0.07%	+0.05%	−0.01%	−0.06%	−0.05%	+0.12%
	T 值	(2.3)	(−1.6)	(−0.8)	(−0.4)	(−0.8)	(1.8)

资料来源：《资金流动作为国别配置指标》，2018 年《另类投资期刊》，财通证券研究所。

具体到股票市场，**以全球资金流动数据划分，央行放水资金流动顺序下的权益时钟包括 3 个阶段：流向货币阶段、流向债市阶段、流向股市阶段。**

阶段 1：流向货币，股市调整。央行收紧货币，引发资产负债表危机，经济周期被迫走向衰退和萧条。此时，投资者全面规避风险，驱动股市和债市的资金涌入货币市场，央行初步宽松救市政策出台，进一步促使货币市场资金规模膨胀，股市大幅度调整，利率下行。

阶段 2：流向债市，股市反弹。央行的宽松救市政策不断推进，政策呵护下各部门资产负债表维持规模或者再次扩表，问题逐步消化，经济周期渐渐触底回升。此时，投资者情绪好转，大量堆积在几乎零收益货币市场的资金，转而流向利率温和回升后的债市，股市震荡反弹。

阶段 3：流向股市，迎来牛市。央行维持宽松局面，大量放水的资产轮动效应发酵，各部门资产负债表回归常态，经济周期向复苏和繁荣演进。此时，投资者风险偏好抬升，堆积在货币和债券市场的资金不间断地配置股市股票。

案例角度，我们以 2007 ～ 2011 年美国次贷危机后的全球资金流动为例。2007 年 7 月～ 2008 年 12 月，资金从股市和债市流向货币市场。2007 年，次贷危机爆发，货币资金流入量激增，股指和长端美债利率震荡下跌。2008 年，雷曼兄弟倒闭、两房危机[⊖]，货币资金再次跳升，股指和长端美债利率下跌。2009 年 1 ～ 3 月，资金从货币市场和股市流入债市。1 月开始，资金转向，流出货币市场；股票市场资金继续流出；债券市场资金开始流入。股指和长端美债利率出现相反趋势，股指震荡反弹，美债利率震荡上行。2009年 4 月～ 2011 年 4 月，资金从货币市场流入股票市场和债券市场。2009 年 4 月开始资金流持续流出货币市场，至 2010 年流出量接近万亿美元，资金流入股票市场，股指上升。

1.1.3 长期（季度到年度），基本面是决定性力量

A 股盈利情况根源上由宏观经济基本面决定。相比于分母端的流动性（无风险利率）和风险偏好而言，分子端的变化较不敏感，但趋势性更强，周期更长。因此，企业盈利往往构成影响长期（季度到年度）市场的决定性变量，长期来看，股价是经济的称重机。

对于 A 股企业盈利周期而言，2003 年以来 A 股大约 12 ～ 14 个季度是一轮周期，上行周期为 4 ～ 6 个季度，下行周期为 6 ～ 8 个

⊖ 两房危机，又名次贷危机，是美国次贷危机的通俗演义。

季度，进而构成 A 股一轮完整的盈利周期。在盈利上行阶段，叠加流动性宽松，一般会孕育大牛市。而在盈利下行阶段，流动性宽松，那么结构性受益于流动性宽松的行业则体现出结构性牛市的特点。

在过去 A 股的历史上，其实大熊市比大牛市更难，真正让我们印象深刻的大熊市，比如 2008 年、2011 年、2018 年、2022 年，这四个年份基本都是盈利下行周期，叠加流动性收缩而带来"戴维斯双杀"⊖。而类似 2005～2007 年的大牛市，是典型的盈利推动的牛市，经济在外需、房地产等方面的共同拉动下从复苏走向过热，企业盈利快速增长。2017 年的核心资产牛市，是典型的棚改货币化⊜政策、"三去一降一补"⊜政策推动周期性行业盈利改善、消费盈利改善，推动 A 股盈利周期上行，叠加全球大放水，流动性宽松，进而带来的核心资产牛市。

当然，要说明一点，对企业盈利的研究，不仅仅聚焦于宏观经济的增长，因为经济增长和企业利润增长之间的关系并非强关联，A 股上市公司业绩增速波动远高于中国名义 GDP 增速变化，如图 1-2 所示。主要原因在于以下两个方面。其一，经营杠杆。固定资产的存在使得盈利增速弹性高于营业收入弹性，产品销售越多，单件产品固定成本摊销越少，企业收入增长 10%，盈利增长可能为 20%、30%。其二，财务杠杆。企业大多负债经营，为股东创造的利润和制造的亏损也存在乘数效应。

⊖ 根据市盈率的计算公式：市盈率 = 股票价格 ÷ 每股收益，通过简单的数学变换，可得另一公式：股票价格 = 每股收益 × 市盈率。所谓双杀，即杀收益和市盈率。收益即一个企业的利润，市盈率则是市场给予该企业的估值。与"戴维斯双杀"对应的是"戴维斯双击"。

⊜ 棚改货币化安置，就是指政府部门直接以货币的形式补偿被拆迁棚户区居民，而后居民再到商品房市场上购置住房。

⊜ "三去一降一补"即去产能、去库存、去杠杆、降成本、补短板五大任务。

图 1-2 2005 ～ 2021 年 A 股上市公司业绩增速和中国名义 GDP 增速

资料来源：Wind，财通证券研究所。

1.2 行业配置：把握三期叠加的超额收益时代

我们讨论完择时的短期、中期、长期三个主要因素之后，行业配置就是我们策略研究框架和寻找超额收益更为主要的方向了，主要涉及宏观经济发展周期、中观产业政策周期、微观行业景气周期，从三大周期角度，系统性思考行业配置的时代收益行情。

1.2.1 经济发展周期

行业配置和比较的首要任务是厘清整个国家发展经济周期，这一话题看似宏大缥缈，但实践中有着非常清晰、可跟踪的脉络——人口周期和生产要素的变迁。第二次世界大战（简称"二战"）是全球经济社会的一次重新洗牌。"二战"之后，全球的主要发达国家都是沿着相同的发展模式，实现战后经济复苏和增长，其中又以东亚模式最为典型。学习日本、韩国在不同发展阶段的股市表现和行业投资方向，借鉴国际经验，也许能为中国在不同发展阶段对应的行业配置和超额收益带来指引。

我们首先聚焦人口周期，主要涉及人口增长、人口结构、城镇化、劳动力素质等方面。二战后全球主要地区的人口呈现波浪式增长，人口增长和人口结构相互作用，20世纪50年代前后、70～80年代形成的两轮婴儿潮为经济发展带来了重要助力。战后20世纪50年代的第一波婴儿潮人口，在70年代进入成年，彼时社会中人口以青壮年劳动力为主，并全身投入经济建设和社会消费，促进了欧美大繁荣，此时投资和消费都极为火热、社会通胀大举上行，周期类行业如钢铁、煤炭、石油、化工，全面领跑市场，消费类行业如餐饮、商场、保险表现也极为亮眼，成为当年巴菲特、彼得·林奇、邓普顿等投资大师共同的投资记忆，如图1-3所示。

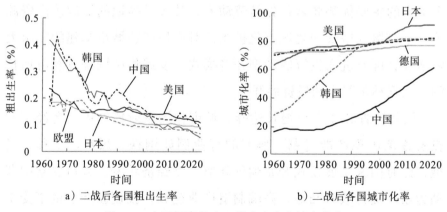

a）二战后各国粗出生率　　b）二战后各国城市化率

图1-3　主要国家的人口粗出生率和城市化率

资料来源：Wind，财通证券研究所。

东亚在20世纪70年代的人口爆发增长促进了90年代以后东亚经济的崛起，实现了对欧美劳动密集型产业的承接，日本、韩国的周期制造类行业都实现了大幅上涨，诞生了小松制作所、浦项钢铁等超级牛股，随后消费行业和科技行业再逐渐走出长牛。从现在向后 30 年看，则需要关注低生育率和老龄化对全球尤其是东亚发达国家的负面影响：一方面，低生育率和老龄化不利于这些国家的大众消费行业表现，而利于老龄消费和高端消费行业表现，例如日本消费行业中的调味品、啤酒等细分行业衰落，医药细分行业则持续走牛；另一方面，这些国家的中低端制造企业将外迁，留下的高端制造板块表现可能会优于中低端制造业，例如日韩的纺织业、消费电子组装产业的衰败，而汽车制造业、半导体制造业依然在全球领先、股市表现优异。

除了人口要素之外，不同经济发展阶段，驱动国家发展的核心动力和生产要素不同，对应主要投资方向的差异是宏观层面需要关注的第二点。迈克尔·波特在《国家竞争优势》中提出，国家发展要经历从要素驱动、投资驱动、创新驱动到财富驱动。在战后，各个国家的主要优势要素首先是劳动力，其次是当地的能源矿产资源等，人口爆发增长加之城市化扩张，对房地产、城市基建的需求大幅增加，国家进入投资驱动型经济模式，发展集中围绕着经济增长的"三驾马车"中的投资展开。

但随着青壮年人口增长达峰、城市化爆发阶段结束，老经济的投资逐渐出现产能过剩，典型的行业例如钢铁、煤炭、工程、机械，此时国家发展模式开始朝创新驱动型经济转变，人口要素中劳动力素质提升效果凸显，高端制造产业链和科技创新产业链享受工程师红利、人才红利，并且在全球价值链中掌握话语权，例如美国、日本、韩国、德国占据了全球壁垒最高的高端制造、半导体制造的位置，因此即使在发达国家中经济地位也名列前茅。与城市化、工业化、产业升级并行的，是国内居民整体收入水平的增长，制造业升级的高度决定了居民消费升级的上限，而随着居民收入水平增长，更多的高端消费发展迅速，主要发达国家国内的消费行业表现顺序也呈现出大众消费（餐饮卖场）向高端消费（奢侈品、旅游出行、医疗），商品消费向服务消费转变的特征。

1.2.2 产业政策周期

除了社会经济自然发展带来的宏观周期外，产业政策周期同样较为重要。二战后欧美发达国家是全球产业链中的领先者，而东亚国家则处在追赶者的位置，在市场化的发展和竞争过程中，后发国家想要实现产业升级和弯道超车极为困难，因此各国往往会推出相应的产业政策，集全国之力实现突破，对应到政策支持的产业，股市往往会有所表现。

人类社会发展中面临的矛盾时刻在变化着，此时也会衍生出不同的政策诉求，例如在 20 世纪 60 ~ 70 年代美国掀起的社会福利运动，主张税收和财政补贴等政策向贫困家庭倾斜，一举扩大了美国社会消费基数，促进了当时消费行业的大发展。再如 2019 年以来全球主要国家聚焦节能环保，掀起了碳达峰、碳中和的政策高潮，新能源投资全面兴起，逐渐替代传统能源减少碳排放，对应新能源汽车、新能源发电等行业出现爆发式增长。

具体的产业政策主要包括：财政补贴政策、税收减免政策、在产业资源和金融政策方面提供支持等，产业政策周期的上行表现一般会体现在国家级战略产业规划的出台。

例如 20 世纪 70 年代日本扶持工程机械和汽车行业、90 年代韩国扶持半导体行业、美国的《信息高速公路法案》、21 世纪德国的"工业 4.0"等，都明确未来向哪些细分产业方向发力。顶层设计出台后，具体到财政领域，政府会对盈利能力薄弱的新兴产业进行财政补贴、税收补贴，以保证核心企业的正常运营和大规模研发投入，同时也会出台产业需求端政策，如近年来全球各国政府对光伏建设和新能源汽车购买的补贴。

除了与"钱"相关的直接支持，对重点行业的发展和突破，还会通过调整科研经费拨款方向等方式，调拨高校和科研院所等人力资源、研究资源，举国之力推动技术突破封锁，例如日本和韩国为了实现半导体产业突破，成立国内产业联盟，调拨了大量社会资源，最终取得了成功。

20世纪90年代后全球金融自由化浪潮蔓延开来，应用金融政策扶持战略产业的方式也如火如荼地展开。20世纪70年代美国已经通过发展风险资本和股权市场的方式，扶持了一批聚集在硅谷的信息技术企业，2000年前后纳斯达克市场更是从一度狂热到泡沫破灭，但从长期视角来看，通过金融政策支持资本市场化地服务实体经济，能够取得较好的成果，至今纳斯达克仍在孵化大量技术水平处于全球前沿的科技企业。

回到二级市场的行业配置和行业比较，对于投资者而言，深入理解国家的战略发展方向，抓住政策发力聚焦的方向，能够取得较好的收益。同时此类产业政策的变化，可以以史为鉴、全球借鉴，通过研究他国在类似产业政策扶持阶段的超额收益表现，为A股相关行业的产业政策提供借鉴和支撑。例如从美国、日本、韩国的产业扶持发展经验中，把握中国汽车、飞机、半导体等行业的发展机会和投资机会。

1.2.3　行业景气周期

国家发展周期和产业政策周期是决定行业配置超额收益大方向的主要因素，而聚焦到中短期行业配置层面，我们总结了23个A

股细分行业历史上的超额收益行情，能够看到最核心的因素就是行业的景气度周期。我们以行业净资产收益率（ROE）的环比变化作为景气度的衡量指标，如果行业滚动四个季度的 ROE 水平超过上一期，将其记为景气改善行业，反之将其定义为景气恶化行业，滚动更新并持有景气改善行业，2006～2022 年的年化收益率有14.8%，同期平均持有全部行业（即类似宽基指数）的年化收益率仅有 11.7%，经年累月下来总收益率差额近 400%，因此长期来看，高景气行业的超额收益率十分显著，如图 1-4 所示。

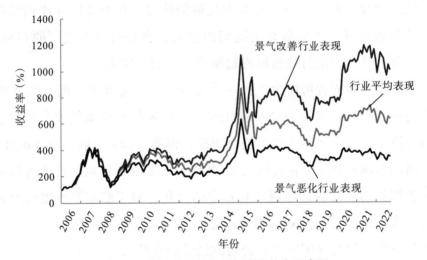

图 1-4　景气度是行业超额收益的主要来源

资料来源：Wind，财通证券研究所。

回顾 A 股历史，2005～2010 年，周期性板块的钢铁、煤炭、有色金属等行业，频繁处在景气改善行业之列，也取得了明显的超额收益，例如 2007 年 1 月～2008 年 5 月、2008 年 11 月～2009 年12 月、2010 年 9 月～2011 年 9 月的煤炭行业，期间煤炭价格基本维持在 700 元 / 吨以上，甚至一度超过千元，煤炭行业整体的 ROE

高达 18% 左右且不断改善。

但 2010 年以后，周期性板块几乎退出了景气行业的舞台，全球大宗商品见顶回落，中国经济增速放缓，取而代之的是消费和科技制造板块的牛市。2009 年 5 月～ 2012 年 7 月、2015 年 6 月～ 2017 年 12 月的白酒板块，受益于经济增长和消费升级，量价齐升，成为市场中最为亮眼的板块，贵州茅台成为 A 股价值投资的典范。

2018 年 10 月后，全球新能源热潮此起彼伏，带动行业表现呈长期上行趋势，无论新能源车领域还是光伏风电领域都迎来了持续性的超额收益行情，成为市场中投资的热点。从周期性板块到消费科技制造领域，背后既是大周期的变化，也是行业景气度的切换，而投资景气改善的行业是取得超额收益的制胜因素。

那么很多读者可能会产生一个疑问：如何定义景气度？在 A 股市场见到不同的基本面指标变化时，如何理解行业景气度？从股票的价值来看，本质是为股东提供回报，也就是净资产收益率（ROE，归属股东净利润 / 所有者权益），因此景气度的变化就是资产为股东提供回报的变化，即净资产收益率的变化。对于跟踪景气度的投资者而言，最为直接的观察指标就是每季度财务报表最后反映的净资产收益率。但是在实践中，公司的经营是连续的，有时候营业收入、净利润、预收账款合同负债等财务指标可能已经领先净资产收益率出现上行，预示着后续净资产收益率的提升，因此投资者也会将这些财务指标综合考虑为景气度情况。除了财务指标之外，还有大量的行业存在高频率更新的基本面数据，以白酒为例，可以跟踪相应的白酒实时销量和销售价格，那么对于投资者而言，根据这些高频数据的变化情况，能够更加及时有效地判断行业景气度情况——是不是供需两旺，因此不必等到财务报表出来后才去判断行业景气度，这类高频基本面指标也成为更加领先的行业景气度跟踪信号。

当我们跟踪大量景气度的指标后，又会有新的问题产生：为什么有些行业景气度指标还在下行，但是股价已经大幅上涨？而有些行业景气度指标还在上行，但是股价却开始下跌？

例如房地产销售面积和房价正在下跌，但是房地产股票却开始大幅上涨，其背后需要理解 x 和 y 的关系，x 是行业的基本面，y 是行业的股价，看到 x 如何判断 y 的变化，就是市场的博弈。继续以房地产为例：其一，如果楼市大幅走弱影响到经济大盘，此时市场会认为监管层将推出刺激政策，那么未来几个月房地产景气度很可能触底大幅回暖，此时政策预期跑在现实复苏之前，投资者提前布局，股价也会提前上涨；其二，如果楼市景气度指标仍然在下行，但是下行的速度明显放缓，这可能意味着房地产景气度也接近底部即将反转，投资者也会提前布局推动股价上涨。在二级市场博弈情绪高涨的时候，对基本面、景气度预期的反应会更加提前，而博弈情绪平淡的时候，股价的走势会更加贴近实际基本面情况。因此要根据景气度指标布局行业超额收益，结合大势研判和市场风格，为投资做出更加全面综合的考虑和结论，如图 1-5 所示。

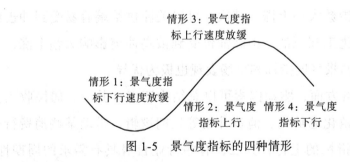

图 1-5 景气度指标的四种情形

资料来源：财通证券研究所整理。

进一步来看，不同类型的行业，对于景气度的博弈是有所差异的。

周期性行业的景气博弈属性最强，往往出现周期品价格下行速度放缓时，股价已经上涨，而当周期品价格上行速度变弱，投资者就已经全面卖出了周期股的持仓、周期行业股价应声下跌。

爆发成长型行业的博弈属性与周期股有些类似，投资者的介入和二级市场股价的上行发生在景气度指标上行的时段，但是在景气度指标上行速度放缓时，很多投资者就已经开始估算行业空间、渗透率等情况，提前卖出爆发成长行业，行业估值出现下杀。

以消费为代表的稳定成长股博弈属性相对最弱，中期行业的景气度变化不大，景气度和股价走势基本同步，即便根据财务报表进行投资也有一定的可行性。

行业景气度的跟踪指标纷繁复杂，这里也为读者提供一些梳理和判断景气度的思路。行业景气度变化根源主要有两个大方向：一是供给逻辑；二是需求逻辑。

供给逻辑方面，可以关注供给侧结构性改革、行业集中度提升带来的景气度指标上行机会，最典型的是周期类行业，例如2017年供给侧结构性改革，需求稳定而供给收缩，行业内盈利重新分配倾向于龙头公司，而周期行业的龙头公司基本都已上市，因此二级市场的行业指数大幅上涨；其次，可以关注供给端容易受到冲击的行业，例如化工和原油，国际油价受到俄乌冲突影响大幅上涨，石油化工行业的景气度指标和市场表现也极为优异。

需求逻辑方面，驱动因素可以总结为四点：其一，居民收入提高、人口城镇化老龄化、消费升级等长期逻辑，带动某些消费行业长期景气度指标的上行；其二，有些行业自身具有需求的周期性，例如房地产、汽车、半导体等，因此可以关注行业自身周期位置；其三，部分行业处在产业上行周期，核心技术不断更新迭代，行业需求和景气度指标可以跟踪产业的渗透率，例如消费电子、新能源车等；其四，还有很多行业的发展较为依赖政策周期，例如信创[⊖]、创新药等，当有了相关政策的大力支持时，行业景气度指标会有明显好转。

1.2.4 行业配置方法的 A 股应用

前面三个小节，我们以案例的形式，结合我们对行业配置的方法和框架的理解，为大家呈现出在行业配置中应当遵循的大致逻辑。在第四小节中，我们以 A 股过去 30 年行业配置的变化，为大家呈现行业配置方法在 A 股中的应用。

2000～2010 年，中国城市化率从 35% 提升到 50% 以上，20世纪 70 年代出生的大量青壮年劳动人口从农村迁移到城市，尤其是沿海城市进行务工，彼时中国属于典型的投资驱动型经济体，房地产和基建投资格外火热，拉动了全球大宗商品的价格。

因此在 21 世纪的第一个 10 年中，中国的周期型企业，例如煤炭、钢铁、有色、工程机械、房地产、银行等，在国家发展周期的行业收益之下，实现了惊人的涨幅，在 2005～2007 年的大牛市中，煤炭、汽车、电力、银行、钢铁被称作"五朵金花"，涨幅位居前列，2008 年后国内又迎来"四万亿计划"的强力财政货币刺激，帮助周期型行业更上一层楼。

但随着人口增速见顶回落、城市化率增速的二阶导放缓，传统投资主导的老经济行业普遍出现了供给过剩的现象，并且进入第一轮供给出清的阶段。对应股市而言，周期行业也逐渐没落，从曾经

⊖ 信创，即信息技术应用创新企业，它是数据安全、网络安全的基础，也是新基建的重要组成部分。

的成长股，转变成了低估值、高分红的周期价值股。

2011年开始，国内开始考虑经济转型问题，尤其是发展消费科技等新经济。因此国家相继出台政策，A股设立创业板专门支持新兴产业的企业融资，各类产业政策持续发力，助力中国企业在全球价值链中承接传统发达国家的产业。在中国经济转型的过程中，政策并非一蹴而就，而是层层递进、逐步发力的。如2013年进一步开始扶持"大众创业、万众创新""互联网+""中国制造2025"，再到2018年提出要设立科创板、扶持战略性新兴产业，近年来围绕高质量发展大力支持高端制造业信贷融资，提出"新型举国体制"，全力攻克"卡脖子"领域。对应到二级市场，我们看到A股先后踊跃出消费电子、半导体、医疗器械、创新药、新能源车、光伏风电等表现远远领先市场的细分行业，而这些行业无一例外是中国产业政策发力的方向。

过去20年无论是投资驱动还是创新驱动，国内经济都取得了长足的发展，居民收入也节节攀升，人均GDP超过1万美元，在制造业升级的同时，消费升级也格外明显。家电、白酒、医疗服务、免税等消费行业，随着居民收入的增长，也取得了极为可观的收益，成为很多价值投资爱好者和基金的共同重仓。消费的行情主要依托于宏观经济发展的后期，居民财富收入上行之后，带来了消费行业的收益行情。比如，2011～2012年的"喝酒吃药和上海家化"，我们看到的是经历了2001～2011年这10年的快速发展，居民收入大幅度上涨，看到了消费潜力的第一轮释放，这一轮的释放以必选品、大众品为主要代表。2017～2019年，棚改货币化使消费逐步从必需向可选、高端、服务等方面转变，看到了以"喝酒吃药和中国中免"为代表的高端消费行情演绎。

1.3 微观结构：超额收益须重点考虑拥挤度

伴随着机构投资者和金融产品越来越多，持仓赛道化、集中化、ETF[○]化特征使得在交易层面，我们要逐步将拥挤度纳入我们研究和投资决策框架体系中。

大家衡量拥挤度的方式多种多样，可供投资参考的有成交额与成交占比、换手率、对应板块 60 日新高个股数量占比、公募基金持仓占比等。这些指标从我们研究的结论和经验来看，更多要从横截面、纵截面两个维度考虑，比如横截面是各个大类行业之间的比较，如新能源链、消费电子链等；纵截面是从这些数据处于历史的何种分位数、处于几倍方差的位置等角度去考虑现阶段是否拥挤。我们一直想强调的是，拥挤度不是一成不变的，是动态的。我们回顾机构投资者主要持仓占比较高的板块拥挤度，供读者参考。

2004 年 12 月～ 2009 年 6 月，金融地产抱团，时长 4.5 年，配置比例从 10.6% 提升至 63.9%。2005 年起，几家大型国有商业银行相继上市，券商行业进行市场化重组，"地产 – 货币"周期形成，2005 ～ 2009 年社融[○]增速分别为 4.8%、42.3%、39.7%、17.0%、99.3%，金融地产龙头企业进入快速成长期。

2012 年 12 月～ 2015 年 12 月，科技抱团，时长 3 年，配置比例从 6.2% 提升至 28.6%。此轮科技板块的抱团与行情，源于新一轮科技产业周期和资本市场政策放松，彼时诞生了一批移动互联网、消费电子领域的核心资产，例如苹果产业链指数上涨近 400%。

○ ETF 结合了封闭式基金和开放式基金的运作特点，一方面可以像封闭式基金一样在二级市场进行买卖，另一方面又可以像开放式基金一样申购赎回。

○ 按照央行定义，社会融资规模（即社融）是指一定时期实体经济从金融体系获得的资金总额。

2014 年 12 月~ 2020 年 6 月，消费抱团，时长 5.5 年，配置比例从 20.7% 提升至 40.3%。消费中的食品饮料、家用电器、医药生物等细分行业，行业格局越发清晰，核心资产投资价值进一步凸显，在外资大举流入的背景下，成为内外资机构争相配置的对象，如图 1-6 所示。

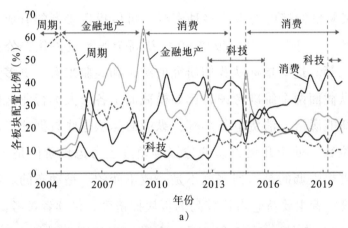

a)

第一轮时间		时长	第二轮时间		时长
2004 年 12 月		–	2004 年 12 月~ 2009 年 6 月		4.5 年
抱团板块	低点比例	高点比例	抱团板块	低点比例	高点比例
周期	–	61.3%	金融地产	10.6%	63.9%
第三轮时间		时长	第四轮时间		时长
2009 年 6 月~ 2014 年 3 月		4.75 年	2012 年 12 月~ 2015 年 12 月		3 年
抱团板块	低点比例	高点比例	抱团板块	低点比例	高点比例
消费	14.7%	40.5%	科技	6.2%	28.6%
第五轮时间		时长	第六轮时间		时长
2014 年 12 月~ 2020 年 6 月		5.5 年	2019 年 6 月~ 2020 年 6 月		1 年
抱团板块	低点比例	高点比例	抱团板块	低点比例	高点比例
消费	20.7%	40.3%	科技	13.4%	23.7%

b)

图 1-6   2004 ~ 2020 年，市场拥挤度递进过程

微观结构的拥挤度是我们在交易层面考虑的核心要素，过于拥挤、持仓过于集中的行业，相比于沪深 300 指数或者公募偏股型基金收益率中位数，较难出现超额收益，甚至可能出现超额负收益。在这种极端情况下，微观结构中的拥挤度将是我们投资决策中重点考察的因素之一。

第1部分 大消费

　　我国的消费行业可以分成必需消费、可选消费和消费服务业等大类。其中，必需消费如白酒、医药，消费需求的变化主要受居民收入变化的影响。可选消费如汽车、家电，与经济周期更为相关，人口年龄结构变化和收入增速均为其长期影响因素。在最近的20年中，我国经济得益于投资和创新推动，实现了显著增长，正快速追赶发达国家的水平。在制造升级的同时，居民收入持续增加，人均GDP已经超过了1万美元，消费升级呈主要趋势。餐饮、旅游、免税等消费服务行业，随着居民收入的增长，也取得了极为可观的收益，成为很多价值投资爱好者和基金的共同重仓。我们将复盘大消费板块的历史超额收益行情，梳理消费升级背景下的行业表现。站在当前时点向未来十年展望，我们认为围绕着消费升级依旧是不变的大周期主题。

第 2 章 家电行业

　　家电是必不可少的生活用品，其中包括电视、冰箱、洗衣机、空调等产品，这些产品已构成一个庞大的产业。经过数十年的发展，目前中国家电市场规模排名世界第一，依托于规模巨大的本地产业，我国家电制造已经形成了完整的供应链，形成了闭环的国内生产供应体系，在经历了高速增长期后，产品普及率较高，家电行业进入成熟期，市场已由增量市场转为存量市场，形成了相对稳定的寡头竞争格局。

　　截至 2022 年 12 月 31 日，A 股市场家电行业上市公司共有 92 家，业务覆盖白色家电、黑色家电、小家电、零部件等细分方向。家喻户晓的美的、海尔、格力，是家电行业市值前三名。家电龙头企业对上游议价能力较强，在进行原材料和核心部件规模采购时往往具有一定的议价空间，能够形成产业链优势，是历轮行情中的强者。未来随着中国人均可支配收入的提升，家电行业历久弥新，海外需求和高端需求的市场潜力逐渐被挖掘，将形成新的投资热点。

2.1　超额收益主要由房地产周期驱动

2005 ～ 2022 年，家电板块相对于沪深 300 指数的表现，我们选取了四个持续时间半年以上、回撤相对较小的阶段，供投资者关注与参考，如图 2-1 所示。

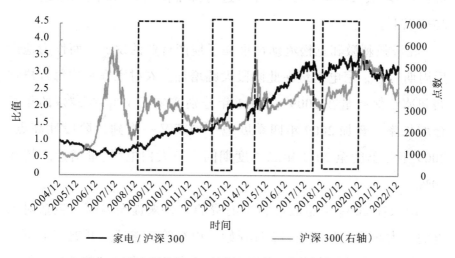

图 2-1　家电板块相对于沪深 300 的四个超额收益阶段

注：家电板块选择中信一级行业。

资料来源：Wind，财通证券研究所。

2.1.1　阶段1："四万亿计划" 叠加家电下乡拉动需求

从 2009 年 6 月到 2011 年 6 月，家电板块上涨 64.3%，相对于沪深 300 指数超额收益为 68.2%。为了稳经济、扩内需，国家在这一时期推行了家电下乡、以旧换新等政策，极大地刺激了家电产品的需求，叠加 2009 年四季度地产周期又一次到达阶段性高点，阶段内家电销量高位运行，基本面保持强劲，企业利润大幅增加，驱动家电板块获得超额收益。

从市场来看，多轮扩大内需政策出台，家电行业持续高景气。在 2008 年金融危机的影响下，外需疲弱，国内经济整体下滑，我国于 2009 年出台了一揽子稳增长措施。其一，旨在扩大内需的"四万亿计划"，包含了十项措施以进一步扩大内需，促进经济平稳增长。其二，2008 年央行⊖开始进行降准降息，M2 同比增速达到 25% 以上。

经济强刺激和宽松流动性推动了地产行业的发展，而作为地产后周期行业，家电销量在此阶段大幅增加。农村家庭平均每百户空调和冰箱保有量在 2009 ~ 2011 年分别实现了 32% 和 27% 的年复合增长率，叠加 2009 年四季度地产周期又一次到达阶段性高点，2009 年三季度至 2011 年二季度期间，三大白电⊜销量增速维持在 50%。

国家在 2009 年还通过刺激消费的方式来提振内需，包括对家电的三大政策。2007 年 12 月开始，山东等 3 省试点开展家电下乡计划，2008 年 12 月和 2009 年 2 月逐步扩大至全国其他地区，并于 2013 年 1 月退出；2009 年 5 月国家还开展了"节能产品惠民工程"；2009 年 6 月试点以旧换新计划，次年 6 月推广至全国。以上三项政策实施期间，家电合计销售超过 4.5 亿台。

以 2010 年为划分节点，家电先"进攻"后"防守"。在 2010 年前，受到强有力货币政策和宽松财政政策的提振，沪深 300 呈上升趋势，从 2009 年年中的 2500 点逐渐震荡上行至 2010 年年初的 3500 点。家电下乡等政策刺激了对家电产品的需求，同时叠加地产上行周期，家电的基本面强劲，跑赢大盘，获得约 37% 的超额收益。

⊖ 本书中涉及对国内具体板块的分析时提及的"央行"特指"中国人民银行"。

⊜ 三大白电就是我们经常提起的空调、冰箱、洗衣机。

在 2010 年后，为抑制经济过热，政策出现拐点。紧缩的财政政策和严格的地产政策使得大盘出现回调。从 2010 年年初到 2011 年年中，A 股整体下跌约 14%。但家电行业持续受到"家电下乡"三大政策刺激消费的利好，走出独立行情，获得 24% 的超额收益，如图 2-2 所示。

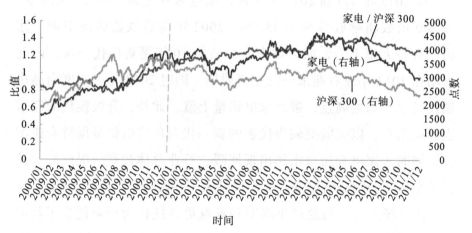

图 2-2　2009 年 6 月～ 2011 年 6 月，家电先"进攻"后"防守"

资料来源：Wind，财通证券研究所。

本轮行情，估值下降 49.7%，盈利大幅上涨 278%，受益于各项刺激政策对下游需求的实质性拉动，盈利贡献本轮家电超额收益。

从个股来看，大市值公司涨幅靠前，白电领涨。这一阶段大市值公司涨幅靠前，均有良好的业绩增长作为支撑，但估值的贡献不一。涨幅排名前 10 位的公司过半市值超平均市值，涨幅排名前 15 的个股净利润增长平均约 91.5%，但个股估值的贡献不一，总体来看这一阶段的超额收益由盈利改善贡献。

从具体个股来看，涨幅排名前三位的是东方明珠、阳光照明、海尔智家，其涨幅分别为136%、123%、115%。白电以76%的涨幅领涨板块，主要由盈利驱动。本轮家电销售核心驱动因素为地产投资带来的渗透率的提升，与地产密切相关的白电涨幅领先。

2.1.2　阶段2：地产周期与家电更新换代带来的新机会

从2013年1月到2014年3月，家电板块上涨30.4%，相对沪深300指数超额收益率为45.3%。2002年前后城镇居民空调、冰箱保有量大幅上升，而大型家电一般每10年更新换代一次，因此市场在2013年左右迎来一轮更新周期。同时2013年一季度商品房销售又达到周期高点，带动家电销量上涨。此外，升级换代的需求也开始出现，以变频空调为代表的新一代白色家电销量保持高速增长，同时小家电和厨电市场出现回暖，行业总体盈利情况向好，尤其是小市值公司估值提升，为板块带来了一波行情。

从市场来看，房地产小周期和家电更新换代为行业创造了新需求。从2012年开始，我国经济进入平稳发展新常态，GDP增速围绕在8%附近波动，工业生产者价格指数（PPI）整年处于负增长水平。2012～2013年地产处于小周期高点，加之从2011年开始国内将逐步新建3600万套保障房，为家电市场带来部分新增需求。

家电更新换代也为行业带来了置换需求，即使受到前期高基数的影响，2013年和2014年家电销量仍维持高位。2001～2003年，城镇家庭空调保有量猛增，由平均每百户36台上升至61.8台，大型家用电器一般每10年更新换代一次，因此家电在2013年迎来一轮更新周期，以空调为例，2013年和2014年销量维持在1.1亿台左右，迎来一轮小高潮。原有的白电产品线开始了消费升级之路，出现了以变频空调、变频冰箱、滚筒洗衣机和变频洗衣机为代表的新一代白电，其在这一阶段销量增速超过传统白电。

除了传统大家电之外，此阶段小家电和厨电市场也出现回暖。豆浆机、榨汁机等一系列小家电引起了市场热度，2013 年和 2014 年小家电上市公司的营业收入增长率由前期的 −2% 回升至 14%。此外，受益于市场价格上涨，以老板电器、华帝股份、浙江美大和万和电气为代表的 4 家厨电上市公司，2013 年和 2014 年营业收入增长率由前期的低点回升⊖。

从市场来看，2013 年我国经济进入平稳发展时期，在新旧动能交替而新政策尚未落地之时，宏观经济受到较大下行压力，沪深 300 表现低迷，全年低于 3000 点。2013 年由于过紧的流动性造成股债双杀，沪深 300 指数一度骤跌至 2100 点。家电行业则在 2013 年走出独立行情。原因有三：第一，由于 2013 年新房购置和城镇一户配多台彩电和空调的情况，家电行业保有量增加，加之家电更新换代带来的更新需求，家电实现了销量的增长；第二，消费升级带来家电均价上涨，比如智能化变频白电的出现，以冰箱为例，平均价格在此期间提升了 2% 左右；第三，由于 PPI 指标在 2013 年下行，处于负增长水平，家电原料成本有所下降，比如同期铝成本同比下降 7% 左右，毛利率相应上行 1%。

本轮行情，估值下降 0.02%，盈利上涨 37.8%，受益于更新换代需求带来的新的市场机会，家电及其子行业在这一阶段均有不错的表现，盈利向好驱动主要涨幅。

从个股来看，这一阶段小市值股票表现较好，小家电领涨。在阶段初期，涨幅排名前十位的个股平均市值仅 37.4 亿元，在市场呈现小市值股票行情的情况下获得了平均约 75% 的估值提升。作为对

⊖　为统一口径，统计中只包含油烟机、灶具、厨房电器三类业务的收入。

比，格力电器、海尔智家等大市值股票即使取得了不错的净利润增长，但估值下行，涨幅排名落于中下游。小家电、照明及其他领涨二级行业，小家电、照明及其他分别上涨46%、45%。其中，照明及其他盈利增长42%，盈利改善居首。

2.1.3　阶段3：棚改货币化政策叠加消费升级催生需求

从2015年9月到2018年6月，家电板块上涨90.2%，相对沪深300指数超额收益为80.5%。房地产快速发展、城市化高速推进、家庭保有量大幅提升之后，传统家电市场销售增速放缓，2016～2017年棚改货币化的房地产周期带动了一轮难得的家电高景气行情。虽然行业从高成长走向成熟，但行业内出现了显著的格局改善，一方面家电三大件更新换代、价格提升、消费升级，另一方面以格力、美的为首的家电龙头进一步实现了行业集中，资产净收益率、毛利率增长。同时，随着陆股通的开通，境外资金大幅涌入境内市场，抢筹家电龙头白马企业，推动家电龙头实现价值重估。

从市场来看，棚改货币化创造增量家电市场，智能升级带来产品结构改善。我国经济发展的总基调是"稳"，消费成为经济增长的主要动力，期间增速维持在10%左右，2017年全年最终消费支出对国内生产总值增长的贡献率为58.8%。2015年房地产迎来了近年来规模最大的一轮周期，棚改货币化政策出台，地产投资触底回升，从0左右逐渐反弹至10%，2016～2017年地产后周期链条全面高景气。出口方面，全球经济复苏，加之"一带一路"带来的贸易机会，推动家电行业景气回暖。

消费升级是家电行业走向景气的另一个重要原因。家电行业在格局集中和优化之后，2016～2018年，空调、冰箱、洗衣机平均

零售价格连续三年上升，变频空调、变频冰箱、滚筒洗衣机、变频
洗衣机推陈出新，它们的销量增速远超其他大类产品的平均销量增
速，如图 2-3 所示。以变频洗衣机累计销量占比为例，2012 年一季
度至 2015 年三季度，变频洗衣机销量占比由 9% 上升至 19%，15
个季度提升了 10%，而在 2015 年四季度至 2018 年二季度内由 20%
上升至 33%，11 个季度提升了 13%。

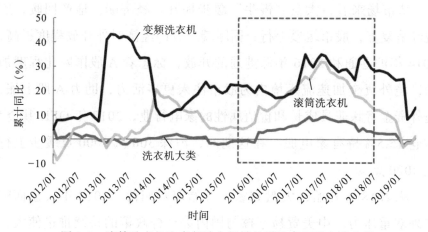

图 2-3　滚筒洗衣机和变频洗衣机销量增速高于洗衣机大类

资料来源：Wind，财通证券研究所。

进一步回顾 2013 ～ 2018 年的景气周期，厨电也得到市场的
关注与认可，成为除空调、冰箱、洗衣机传统三大白电外，给人
们带来生活质量提升的基本配置。2013 ～ 2018 年上半年期间，油
烟机和燃气灶的零售均价不断提升，油烟机零售均价年均累计提
升 57%，折合每年 8%，燃气灶零售均价年均累计提升 43%，折合
每年 6%。以老板电器、华帝股份、浙江美大、万和电气为代表的
4 家厨电上市公司，2013 ～ 2018 年的营业收入翻两番，年化增速
达到 20.3%，同时毛利率也提升至 46%，实现了量利双增。良好的

竞争格局推动厨电龙头飞速发展，净资产收益率和利润率高企。三大白电已经发展了数十年之久，产品功能和市场格局趋于成熟。而厨电领域具备更良好的市场格局和竞争环境，厨电龙头享有更突出的竞争优势。对比白电、黑电的龙头公司，厨电龙头公司的扣非ROE⊖水平仅次于白电龙头公司，并且在毛利率和净利率方面均遥遥领先其他龙头行业。

从市场来看，大盘"慢牛"缓步提升。经济端，地产回暖，宏观经济复苏，股市缓慢上行；国际端，我国经济对外开放程度提高，2014年沪港通和2016年深港通的开放，标志着A股国际化程度加深，境外资金加速流入境内为股市注入更多活力，助力A股上涨，境外资金青睐兼具成长和价值属性的家电行业，2017年QFII基金⊖重仓15.5%持有家电股。在这期间，沪深300从3000点缓步上行至4000点。

从2018年开始，大盘和家电开始双双回落。2018年大盘面临内外双重压力，中美贸易摩擦与国内去杠杆政策的持续推进使大盘开始下坡，叠加国内经济增速疲软，沪深300从4000点跌回3000点。面对宏观经济压力、中美贸易摩擦加剧、地产调控缩紧等多重不利因素，家电内外销售渠道均受影响，2018年开始见顶回落，一个时代落幕。

本轮行情，估值提升8%，盈利增长74.2%，盈利贡献了主要超额收益。

从个股来看，大市值龙头个股涨幅靠前，白电领涨。涨幅靠

⊖ 扣非ROE指的是扣除非经常性损益后的净资产收益率。

⊖ QFII基金是指合格的境外投资者通过成立的基金方式，将本币兑换成人民币，投资于A股，在退出时，投资所得的资本利得和分红预期收益，以人民币兑换成本币转回所在国的投资方式。

前的个股均是大市值龙头公司，这些公司在盈利和估值方面均有不错的表现。涨幅排名前 10 的个股盈利平均增长 108%，估值增长 55%，在个股表现的层面上盈利的贡献显著。这一阶段白电以 167% 的涨幅领涨二级行业，得益于盈利的改善。涨幅排名前 10 的个股中有 7 只股票均属于白电。

2.1.4 阶段 4：美国地产周期拉动家电出口受益

从 2019 年 1 月到 2020 年 12 月，家电板块上涨 112.9%，相对沪深 300 指数超额收益为 39.8%。2018 年年底家电板块估值持续下跌，2019 年年初位处历史底部的低估值吸引外资持续大量流入，叠加个股表现超预期，以及彼时市场风格偏好防御属性强的标的，家电板块及个股 PE 均大幅上行，驱动板块走出超越市场的行情。2020 年国内经济先于海外复苏带来出口增量，且疫情之下国内线上零售市场实现高速增长，白电和小家电销量显著受益，板块估值得以持续提升。从 2019 年到 2020 年，板块估值持续上行，贡献出超额收益。

从市场来看，2019 年我国加大逆周期调节力度，积极做好"六稳"⊖工作，但由于全球经济减速和中美贸易摩擦加剧、外部环境收紧，以及国内去杠杆、房住不炒等政策，影响了地产表现和家电需求，房地产投资完成额处于 10% 的增速水平，地产销售量增速处于个位数水平，房屋竣工面积也处于负增长水平。

2020 年疫情期间，家电出口和线上零售快速增长。"宅经济"叠加消费升级需求，小家电持续景气，但大家电消费则受到了冲

⊖ "六稳"指的是稳就业、稳金融、稳外贸、稳外资、稳投资、稳预期，涵盖了我国经济生活的主要方面。

击，2020 年国内各品类大家电零售几乎都受到不同程度的影响，仅生活电器实现 1.85% 的正增长。虽然线下家电消费受阻，但线上消费有亮点，2020 年家电市场线上销售额为 4199 亿元，同比增长 14.5%，网络零售占家电市场销售总规模首次超过 50%。到 2020 年下半年，我国率先从全球疫情中复苏，叠加国内家电企业较强的供应链整合能力，2020 年家电出口得到显著改善。制造业复产复工后，海外订单激增，三大白电中冰箱增幅最为显著，2020 年年底累计同比达 29.6%，空调增速亦迅速由负转正，洗衣机同比则是逐步缩小降幅，如图 2-4 所示。

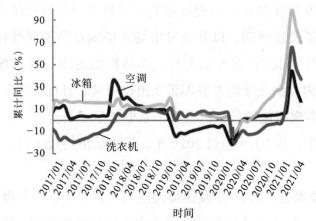

图 2-4 2020 年家电出口显著改善

资料来源：Wind，财通证券研究所。

大盘实现了持续时间约 2 年的"长牛"，沪深 300 在两年内逐渐从 3000 点增长至 5000 点。低估值叠加业绩高增速，家电龙头企业得到境外资金的青睐。2018 年年底家电板块市盈率在 12 ~ 13 倍徘徊，位于历史估值底部。但 2019 年后，行业业绩整体改善，龙头企业业绩维持原增速水平，例如美的归母净利润（TTM）增速仍维

持近 20%。家电龙头吸引境外资金大量流入，2019 年全年境外资金
流入家电板块超 442 亿元，位居全行业境外资金净买入排名第二；
格力电器、美的集团、海尔智家均位居 2019 年境外资金净买入前
十位，三者全年净买入金额分别约为 203 亿元、134 亿元、59 亿元，
陆股通持股数量呈显著增长。

多重因素作用下，家电估值得到修复，2019 年年底家电板块市
盈率达 21.31 倍，较 2018 年年底涨幅达 71.8%。境外资金青睐的低
估值家电龙头更具"进攻行情"，作为行业龙头，护城河高筑引领发
展格局，在良好的行业增长和稳定的竞争格局下，形成持续的高净
资产收益率水平。

本轮行情，家电行业估值上涨 155.3%，归母净利润下跌 16.9%。
二级行业层面，黑电估值涨幅居首，除黑电外三个二级行业的盈利
均下降。

从个股来看：有业绩保障的龙头位居涨幅前列，白电领涨。在
行业整体盈利下行的情况下，涨幅表现较好的多为业绩亮眼的细分
领域龙头企业，盈利仍是贡献个股大幅超额收益的主要驱动力。涨
幅前十位的公司中，仅两家公司的业绩同比为负。

2.2　从成长股到价值股，盈利驱动的价值投资典范

纵观 2005 ~ 2022 年的家电板块行情，家电板块涨幅达 1130%，
沪深 300 指数涨幅为 294%，家电板块长期跑赢市场。

总结来看，家电估值均值为 21.31 倍，标准差为 8.58，如图 2-5
所示。家电主要行情阶段的估值在 15 ~ 30 倍变化⊖，随着时间推移，
市场投资者越发成熟，家电板块的估值也越接近其长期均值。

⊖　除去 2006 年和 2008 年的牛市行情。

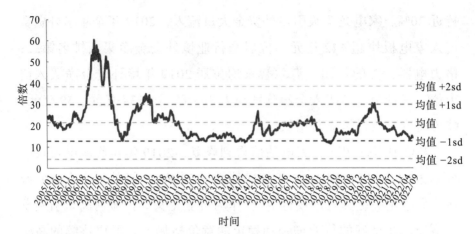

图 2-5　家电估值均值为 21.31 倍

注：估值指标选取 PE（TTM，剔除负值）。

资料来源：Wind，财通证券研究所。

2005 ～ 2015 年，地产周期驱动超额收益，2016 ～ 2018 年家电行业消费升级催生超额收益，2019 ～ 2020 年境外资金流入和疫后经济复苏带来板块超额收益。前三轮，家电行业均处于增量市场，超额收益主要来源于盈利的增长，相对于沪深 300 指数走出独立行情。随后，家电行业逐步进入存量博弈，随着境外资金流入及疫情刺激出口，板块超额收益转而由估值驱动。个股层面，大市值龙头公司通常领涨，白电板块领跑。

在 2019 ～ 2020 年这 2 年中，家电板块涨幅为 114%，同期沪深 300 指数涨幅为 75%。这个阶段与之前较大的不同在于，家电行业的营收和利润增速与房地产行业之间的联系变弱。本阶段家电行业整体盈利能力下降，而估值持续走高，2019 ～ 2020 年估值涨幅高达 155.3%，同期沪深 300 指数的估值涨幅仅 73%，如图 2-6 所示。

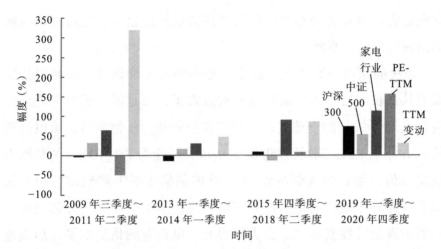

图 2-6 2005 ~ 2018 年超额收益几乎由盈利贡献，2019 ~ 2020 年主要由估值驱动

注：PE-TTM 为滚动市盈率。

资料来源：Wind，财通证券研究所。

家电板块是过去 A 股价值投资的典范，近年来逐步从成长股转变为价值股。家电行业包括以白电、黑电为主的大家电和新兴消费为主的小家电两类，传统大家电主导了过去家电行业的表现，而且极为依赖房地产市场。因此在过往的研究框架中，家电行业既关注渗透率提升的成长属性，即更多的家庭使用和保有空调、冰箱、洗衣机等，也关注以房地产行业为周期的收益属性，如历轮房地产销售上涨后都会带动家电销售。家电行业核心跟踪指标是每百户居民各类家电的保有量、房地产销售面积、各类家电的月度销售数据等，家电行业整体的超额收益则主要由盈利驱动。向未来看，大家电还会随着中国居民的收入提高延续消费升级之路，市场的目光将从单一家电品类的渗透率转向家电的高端化、智能化、绿色化，以判断行业龙头公司的盈利变化。针对小家电的研判框架，市场更多聚焦在渗透率提高的成长属性上，小家电和地产的相关关系相对大

家电较弱，投资者把小家电作为纯粹的成长股投资，通过跟踪高频的销售数据做出判断。

传统的家电研究框架后续会有更多的改进和调整，一是对传统家电从成长股转变为价值股后的观点修正，二是需要更多考虑境外资金流入 A 股后的全球定价。当成长股转变为价值股后，家电行业估值方法从 PEG（增长速度决定估值）转变为 PB-ROE（盈利能力决定估值，增长速度影响较小），整体估值水平下降到市场中较低水平，此时房地产周期属性对家电表现的影响会增大，尤其当地产销售出现阶段性复苏时，会大幅提升家电行业的估值水平，形成盈利和估值的"戴维斯双击"，因此家电行业将更多地关注地产周期位置。外资也是近年来研判家电的又一重要维度，2017 年后海外资金大幅涌入 A 股，持有大量家电行业筹码，对行业的定价能力极强。而海外投资者进行股票估值时，是以其本土的无风险利率为基准（例如美国国债利率），因此当海外无风险利率大幅波动时，会表现为外资的大幅买入或者卖出，造成家电行业估值波动加大，例如 2019～2020 年美联储采取大宽松的货币政策，无风险利率降至 0 左右，外资疯狂买入家电行业，将消费类公司估值拔升至 A 股投资者难以理解的高度——因为中国的无风险利率仍然有 3% 左右；2021～2022 年随着美联储采取大紧缩的货币政策，无风险利率飙升回 4% 左右，家电、食品饮料等 A 股曾经的价值投资、白马行业，估值大幅下挫。

第 3 章　汽车行业

汽车行业是世界上最大的制造业之一，汽车行业产业链包括设计、生产、销售、服务等多个环节和多个行业，具有重要的经济拉动作用。我国汽车产销总量已经连续 14 年稳居全球第一，根据中国汽车工业协会公布的数据，2022 年中国汽车产销分别完成 2702.1 万辆和 2686.4 万辆。

我国汽车产销总量领先的同时，行业结构也在同步优化。我国新能源汽车蓬勃发展，已处于世界领先地位。根据工信部数据，2022 年我国新能源汽车产销分别完成了 705.8 万辆和 688.7 万辆，连续 8 年保持全球第一，新能源汽车新车的销量渗透率已达到 25.6%。

回到 A 股市场，汽车板块的超额收益行情均由基本面推动，在汽车销量快速增长的背景下，实现了盈利增长和估值提升的"戴维斯双击"。未来随着人均收入的提升和新能源汽车行业的技术进步，汽车板块依旧非常具有吸引力。

3.1 超额收益依托政策催化带动"戴维斯双击"

2005～2022年，汽车板块相对于沪深300指数的表现，我们选取了四个持续时间超过半年、回撤相对较小的阶段，供投资者关注与参考，如图3-1所示。

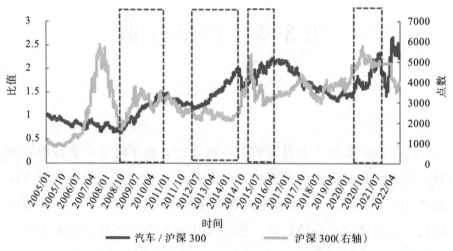

图 3-1 汽车板块相对于沪深300的四个超额收益阶段

注：汽车行业选择中信一级行业。

资料来源：Wind，财通证券研究所。

3.1.1 阶段1：减征乘用车购置税、开展"汽车下乡"等政策共同推动基本面爆发

这一阶段从2008年9月到2010年11月，持续时间长达26个月，汽车板块涨幅为204.3%，同期沪深300指数涨幅为39.8%，汽车板块相对沪深300指数超额收益为164.5%。在"四万亿计划"和汽车下乡等政策的刺激下，汽车板块销量增速爆发，叠加市场反弹

行情下风险偏好的修复，出现了为期两年的超额收益行情。

从市场来看，政策促使销量累计增长 74%，汽车板块基本面爆发。汽车销量是影响汽车行业公司盈利的核心因素，汽车制造业的主营收入增速、利润总额增速与汽车销量增速的走势一致。汽车价格和企业毛利率虽然也存在一定的影响，但总体来看，自 2011 年以来汽车均价一直稳定在 14 万元附近，行业公司平均毛利率大多在 16% 和 18% 之间窄幅波动，并非公司主营收入和利润总额发生变化的决定性因素。

汽车产业调整和振兴规划提振汽车消费市场。为防止 2008 年全球金融危机的影响进一步扩大，国家在 2008 年年底至 2009 年年初适时推行了一系列政策以稳住经济、扩大内需，尤其是从 2009 年 1 月起陆续出台了汽车、钢铁等十大产业的调整和振兴规划。在《汽车产业调整和振兴规划》的指引下，2009 年陆续推出了减征乘用车购置税、开展"汽车下乡"、加快老旧汽车报废更新、推广使用节能和新能源汽车等政策，带来 2009 ~ 2010 年汽车销量的爆发性增长，两年汽车销量累计增长 74%，行业主营收入累计增长 65%，行业利润总额累计增长 117%。

汽车零部件同样迎来机会，一方面受益于国内汽车市场的稳定增长，另一方面实现了进口替代。受到 2008 年年底推出的"四万亿计划"的刺激，商用车销量也大幅增加，虽然增速略不及乘用车，但相比于 2007 ~ 2008 年，2009 ~ 2010 年两年时间内商用车也实现了 49% 的增长。

此外，还有市场风险偏好修复叠加基本面超预期，助力汽车行业表现。在经历了国际金融危机的冲击后，A 股从 2008 年年底开始反弹，此时市场风险偏好开始修复。汽车板块受益于政策刺激和需求恢复，基本面表现超市场预期，因此在当时的背景下汽车板块受到追捧。市场上调整对汽车板块的预期，行业估值提升明显。行业市盈率由 14 倍上升至最高接近 60 倍，超过 2007 年牛市中的高点。估值提升驱动汽车板块走出远远超越大盘的超额收益行情。

在本轮行情中，汽车行业基本面表现强劲，行业盈利向好贡献主要涨幅，行业归母净利润上涨 132.8%，估值提升 40.5%，形成"戴维斯双击"，盈利改善贡献大于估值提升的贡献。

从个股来看，汽车零部件和乘用车领涨，其中亚星客车领涨553.3%。细分板块中乘用车、商用车、汽车零部件分别上涨 220%、181%、228%，领涨板块。由于商用车销量增速不及乘用车，表现略逊于乘用车板块。

3.1.2　阶段 2：库存低点，SUV 需求激增，演绎结构性行情

这一阶段从 2012 年 6 月到 2014 年 9 月，持续时间长达 27 个月，汽车板块涨幅为 62.3%，同期沪深 300 指数涨幅为 −0.4%，汽车板块相对沪深 300 超额收益为 62.7%。在前期的政策退出后，汽车销量经历了两年的调整时间，2012 年 6 月汽车销量逐渐恢复，"量"升带来基本面持续改善。当时市场处于震荡行情，估值处于低位、基本面开始修复的汽车板块获得了估值提升，开启了一段"戴维斯双击"的行情。

自 2012 年我国运动型多用途乘用车（SUV）迅速崛起，据中国汽车工业协会数据显示，2012 年 SUV 销量接近 200 万辆，2013 年快速增长至 300 万辆，同比增长高达 49.6%。与之形成对比的是，乘用车 2013 年销量达 1970 万辆，同比增长率为 15.7%。SUV 呈现出爆炸性增长，增速超过乘用车 33.86 个百分点。SUV 销量占乘用

车的比重从 2012 年的 12.9% 提升至 16.7%，成为汽车销量增长的重要驱动力量。

从市场来看，汽车需求逐渐复苏，宏观流动性宽松产生财富效应，助力销量增长。2009 ～ 2010 年政策刺激下汽车迎来需求增长的大爆发，随着政策逐步退出，汽车销量也进入调整期。经过近两年时间的调整，2012 年三季度汽车需求逐渐复苏，同时 M2[⊖]增速高位运行，宏观流动性宽松通过地产链条等不断传导财富效应，最终增加了对汽车消费的需求。2013 年汽车销量和利润双双走出谷底，中国汽车工业协会数据显示，2013 年汽车产销分别为 2212 万辆和 2198 万辆，同比增长 14.8% 和 13.9%，刷新年度产销纪录。其中，SUV 在 2012 年 6 月的销量为 20 万辆，持续提升至 2014 年 9 月的 36 万辆。2013 年汽车行业利润总额同比上升 25.6%，走出前一年的低点。

2012 年后，市场整体呈现横盘波动状态，汽车行业盈利改善，叠加估值提升，助力汽车板块获得超额收益。过去两年汽车板块处于调整周期，行业逐渐从成长期向成熟期过渡，估值一度逼近 10 倍的低位。随着二三四线市场已进入汽车消费高速发展期，汽车行业基本面出现复苏，公司业绩逐步改善，在市场横盘波动的状态下，行业估值震荡上行 30%，上涨至 16 倍，一定程度上实现了"戴维斯双击"。

本轮行情，在大盘震荡的背景下，行业盈利改善、估值提升共同助推汽车板块产生超额收益，二者贡献相当，该阶段汽车行业盈利改善上涨 27%，估值上涨 30.8%。

⊖ M2 是由流通于银行体系之外的现钞加上活期存款（M1），再加上定期存款、储蓄存款等构成，反映了经济中的购买力。

从个股来看，乘用车和汽车零部件领涨，长安汽车领涨206%。细分板块来看，乘用车、汽车零部件分别上涨81%、66%，领涨板块。由于销量增速受到经济增速放缓的影响，商用车表现较弱，仅上涨33%。乘用车销量增速维持在10%～20%，汽车零部件板块也随之受益。商用车的销量增速明显弱于乘用车，同比增速平均仅5%。

3.1.3　阶段3：购置税政策再次推升汽车基本面回暖

这一阶段从2015年1月到2016年6月，持续时间长达18个月，汽车板块涨幅为34.1%，同期沪深300指数跌幅为10.8%，汽车板块相对沪深300指数的超额收益为44.9%。阶段前期，汽车板块随着2015年牛市而不断拔高估值，获得超额收益。2015年6月的股市危机导致市场行情整体快速下挫，汽车板块出现短暂回撤。但是在2015年10月出台的对购买排量在1.6升及以下的乘用车实行车辆购置税减半的优惠政策的刺激下，汽车行业再次迎来销量的高速增长，汽车板块再次获得超额收益。

从市场来看，2015年汽车购置税优惠政策再次提振市场。随着我国汽车保有量超过1.4亿辆，年销量突破2000万辆，汽车销量增幅已经难以维持两位数的高增长，2014年年初汽车购置税优惠政策取消，全年汽车销量增速大幅放缓。2015年9月，汽车购置税优惠政策重新推出，叠加2015年股市牛市和房地产触底回升带来的财富效应，汽车需求快速复苏，一直到2016年年底政策结束时汽车销量均维持较高增速。2016年全年汽车销量同比增长13.7%，行业主营收入同比上升14.3%，行业利润总额同比上升10.0%，如图3-2所示。

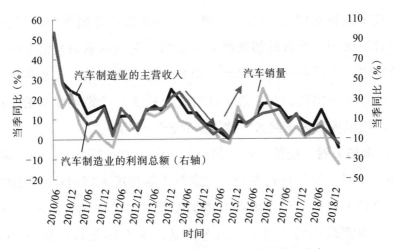

图 3-2　2015 年政策刺激带动汽车销量增速走高

资料来源：Wind，财通证券研究所。

2014 年四季度时牛市启动，最先由金融地产等权重板块拉涨，汽车板块短暂跑输，进入 2015 年上半年，金融板块涨势趋缓，其他板块纷纷发力带动大盘快速上涨，汽车板块此时也一路上涨，行业市盈率由低于 20 倍上涨至接近 30 倍，主导了这一阶段的超额收益。2015 年 6 月股市危机开始后，汽车板块出现短暂回撤，但呈现出抗跌的特点。在市场大幅调整中获得超额收益。

这一阶段估值和盈利出现轮动，首先由估值提升带动板块上涨，随后由盈利改善驱动，阶段内总体来看，汽车行业归母净利润上涨 18.8%，估值上涨 21.1%。

从个股来看，摩托车和汽车零部件领涨，中通客车上涨 235%。细分板块来看，摩托车及服务和汽车零部件分别上涨 55% 和 47%，领涨板块。

3.1.4　阶段 4：新赛道、新政策，新能源汽车成为新方向

这一阶段从 2020 年 7 月到 2021 年 12 月，持续时间长达 17 个

月，汽车板块涨幅为 71%，同期沪深 300 指数涨幅为 7%，汽车板块相对沪深 300 指数的超额收益为 64%。为应对新冠疫情对中国经济的冲击，全国各地陆续出台了消费券等刺激政策。在政策的支持下，汽车销量出现大幅上涨。同时，新能源车产销量和渗透率持续提升。汽车板块再次迎来"戴维斯双击"行情。

从市场来看，疫情后针对国内扩大内需的政策发力，经济复苏。2020 年 2 月，政策提出要积极稳定汽车等传统大宗消费。后续出台的刺激政策包括：放宽限购、增加配额、以补促销、汽车下乡等。在扩大内需政策的支持下，汽车销量出现大幅提升。从 2020 年 2 月的 30 万辆的低点快速提升至 2020 年 4 月的 200 万辆，如图 3-3 所示。

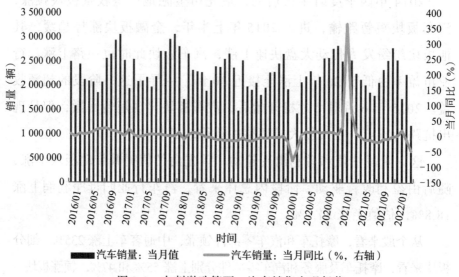

图 3-3　在刺激政策下，汽车销售出现复苏

资料来源：Wind，财通证券研究所。

新能源车产业爆发也是 2020 年汽车销售回暖的重要原因。海外

的特斯拉、中国的比亚迪和"蔚小理"造车新势力等,推出了性价比不亚于燃油车的新能源车车型,在全球政府补贴下,获得了购车人的青睐,快速实现在中低价位车市场占有率方面的扩张和渗透。2021 年新能源车销量渗透率提升至 13%,较 2020 年提升 8 个百分点。工信部发布数据显示[⊖],2021 年我国汽车产销分别完成 2608.2 万辆和 2627.5 万辆,同比分别增长 3.4% 和 3.8%,结束了连续 3 年的下降趋势。2021 年,新能源汽车产销分别完成 354.5 万辆和 352.1 万辆,同比均增长 1.6 倍。

在经济复苏的预期下,市场出现反弹。2020 年随着疫情被阶段性控制,中共中央政治局召开会议首提"双循环",加快构建以国内大循环为主体、国内国际双循环相互促进的新发展格局,经济快速回暖。汽车行业受益于消费复苏,销量大幅提升,跑赢大盘获得超额收益。自 2020 年 7 月销量增速大幅回升,持续至 11 月销量增速再创新高。2021 年一季度受芯片紧缺的影响,销售增速出现回调,而自 4 月开始,自主品牌市占率回升持续至 8 月,并且随着芯片供给改善,10 月销量加速提升。

这一阶段估值和盈利出现轮动,首先由估值提升带动板块上涨,随后盈利改善接棒,盈利贡献大于估值,期间总体来看,盈利改善上涨 50.5%,估值上涨 11.4%。

从个股来看,乘用车和汽车零部件领涨,中通客车上涨 234.66%。细分板块来看,乘用车和汽车零部件分别上涨 151% 和 49%,领涨板块。

⊖　中华人民共和国工业和信息化部发布的《2021 年 12 月汽车工业经济运行情况》。

3.2 从传统大宗消费品到零配件国产化之旅

从 2005 ～ 2022 年长周期来看，18 年时间里汽车板块涨幅为 788%，同期沪深 300 指数涨幅为 294%，汽车板块超额收益达 494%，长期跑赢市场。

在这区间中，汽车板块估值的平均值为 22.98 倍，标准差为 10.9，如图 3-4 所示。整体来看，除去 2006 ～ 2008 年和 2009 年这两次行情以外，汽车行业的估值在 10 ～ 30 倍之间变化，2010 年以后的均值为 18 倍。

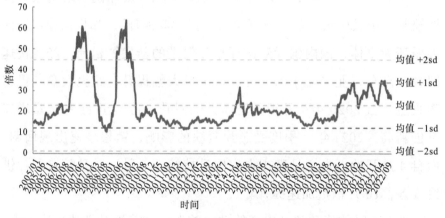

图 3-4 汽车板块估值的平均值为 22.98 倍

注：估值指标选取 PE（TTM，剔除负值）。
资料来源：Wind，财通证券研究所。

汽车是最重要的耐用消费品之一，与经济密切挂钩，是典型的周期型行业，研判汽车消费的需求主要关注三个方面：经济周期、财富效应、需求政策。汽车作为居民大件消费品，更新换代周期慢，目前我国的汽车消费市场逐渐接近于饱和状态，汽车销量增速在 0 ～ 5% 之间。在经济周期维度中，当经济上行时，居民对未来收入增长的预期较高，也更愿意扩大消费，此时汽车消费是耐用消费品中弹性最大的细分物件，海外发达国家经验皆是如此。在财富效应维度中，房地产在中国居民财产性配置中占比极高，因此中国居民的收入预期与海外发达国家略有差别，回顾国内历史上的汽车销售高峰，往往都发生在股市牛市之后，所以资产价格也是重要的跟踪信号之一。在需求政策维度中，汽车购置税、汽车牌照配额等政策也是影响汽车消费的核心因素之一，历轮汽车销量高峰也都伴随着汽车消费政策的出台，如图 3-5 所示。作为投资者，核心任务是从经济周期、财富效应、需求政策三个维度判断汽车需求的景气度变化，然后跟踪汽车的月度销量情况，预测行业市场表现。历史上汽车板块的超额收益行情均发生在汽车销量增长周期，板块超额收益大多由盈利增长和估值提升共同贡献。个股层面，领涨板块受销量增长的影响，零部件板块作为汽车上游企业板块，在细分的四次超额收益行情中均表现突出。市场从偏好小市值个股转向偏好大市值个股。

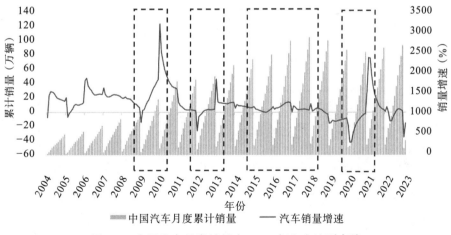

图 3-5　中国汽车月度销量在 2017 年左右达到高峰

资料来源：Wind，财通证券研究所。

近年来汽车行业的研判重心有所转变，从总量转向结构，一是新能源车的市场渗透率，二是国产企业对零部件的进口替代。新能源车和国产零部件在政策的支持下，市场渗透率不断提升，是周期性汽车行业中的成长方向，市场投资者更多以成长股的渗透率框架判断行业表现：在渗透率中低水平大举买入，在渗透率增速下降时调整市场估值，在渗透率增速稳定时重新介入并且采用 PEG 估值稳定投资这类成长股。

第 4 章　餐饮旅游行业

餐饮旅游行业包括酒店、餐饮、旅游和景区等细分行业，细分行业之间业绩高度相关。餐饮食材供应链的上、中、下游均呈现分散的特点：上游供应商主要是分散的农户或中小型供应商，中游多为中小加工商和流通商，下游是数量庞大的餐饮商户。旅游产业涉及饮食、住宿、出行、购物、娱乐、信息服务等十多个相关行业，景区是旅游产业链的核心，相对掌握主动权。旅游业拉动的相关行业达 110 个，其中对住宿业的贡献率超过 90%，对餐饮业和商品零售业的贡献率超过 40%[⊖]。

近两年餐饮旅游行业受疫情影响，2022 年全国餐饮业收入43 941 亿元，占到社会消费品零售总额的 10%，基本恢复到疫情前水平。2022 年受疫情影响，预制菜成为新的盈利模式，降低了堂食业务减少带来的影响。2022 年国内旅游人数达 25.3 亿人次，同比下降22.1%，恢复到 2019 年的 42.1%，实现国内旅游收入约 2.04 万亿元，

⊖　资料来源：中央政府门户网站《祝善忠：旅游业对扩内需调结构保增长意义重大》。

同比下降 30%，恢复到 2019 年的 30.7%，与疫情前仍有较大差距。

餐饮旅游行业作为可选消费品，其长期可持续发展主要依赖于宏观经济的增长及居民可支配收入的增加，属于周期性行业。从投资的角度看，餐饮旅游行业超额收益行情多来自在政策支持下的盈利向好和反弹行情，估值和盈利改善都可能助推餐饮旅游板块的超额收益行情。预制菜、线上化等因素的加入为行业预期提供了想象空间，判断餐饮旅游行业是否具有投资价值，应重点关注居民收入情况的改善。

4.1 超额收益多出现在产业有"新"内容、"新"变化时

2005 ~ 2022 年，餐饮旅游板块相对于沪深 300 指数的表现，我们选取了三个持续时间半年以上、回撤相对较小的阶段，供投资者关注与参考，如图 4-1 所示。

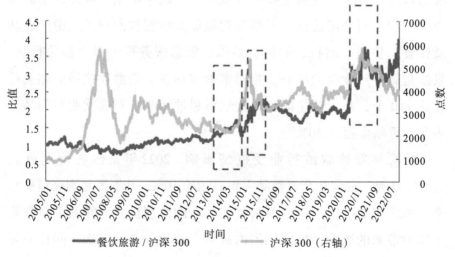

图 4-1　餐饮旅游板块相对于沪深 300 的三个超额收益阶段

注：餐饮旅游板块指数选自 Wind 主题指数。

资料来源：Wind，财通证券研究所。

4.1.1 阶段1："互联网＋"旅游，新模式成为上涨主力军

从 2013 年 7 月到 2014 年 11 月，餐饮旅游板块相对于沪深 300 指数的超额收益为 44.3%。国民收入再上新台阶，旅游需求持续旺盛。受益于互联网普及率的提升，在线旅游市场不断扩大。本轮超额收益来源于餐饮旅游行业的"戴维斯双击"。

中国旅游业的发展处于黄金发展阶段。政策上，国务院办公厅印发了《国民旅游休闲纲要（2013—2020 年）》，要求落实职工带薪休假制度，提高城乡居民旅游休闲消费水平，成为本阶段餐饮旅游板块的重要政策催化剂。

2013 年我国人均 GDP 突破 4 万元，居民收入的不断提高是旅游业发展的前提条件。2013 年我国人均 GDP 达到 43 497 元，2014 年上升至 46 912 元。根据国际旅游规律，人均 GDP 达到 5000 美元时，休闲旅游需求就会开始呈现爆发式增长。在旺盛的旅游需求驱动下，旅游业正迅速沿着出境和休闲两个维度扩张和演进。

免税销售额同比增速维持在较高水平，中国成为全球最大的出境旅游消费国。从 2013 年 7 月到 2014 年 11 月，免税销售额平均增速为 32.59%，整体处于较高水平。《2013 年中国旅游业发展报告》显示我国国际旅游支出高达 1020 亿美元，约占全球出境游消费总额的 9.5%，成为全球最大的出境旅游消费国。

在高端餐饮企业受限的情况下，连锁餐饮企业依靠高翻台率实现"薄利多销"，如图 4-2 所示。2013 年 2 月全国样本星级饭店客房平均出租率同比增速为 −21.9%，达到历史最低点。但消费回归理性使得大众餐饮企业分流了更多的客户群，连锁餐饮企业餐位数实现提升，由 2012 年的 143.4 万个上升至 2013 年的 148.6 万个，

依靠高翻台率实现"薄利多销"的商业模式，成为行业最行之有效的竞争策略。

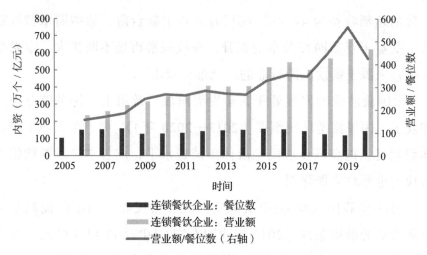

图 4-2　连锁餐饮企业依靠高翻台率实现"薄利多销"

资料来源：Wind，财通证券研究所。

　　在线旅游市场于 2013 年开始加速扩大。《中华人民共和国旅游法》于 2013 年 10 月 1 日正式实施，对传统线下旅行社进行多项规范，涉及质量保证金、宣传和产品价格等。在线旅游具有价格透明和产品丰富等优势，2013 年我国在线旅游市场规模为 2201 亿元，2014 年上升至 3140 亿元，同比增长 42.66%。以大数据、云计算和移动互联为代表的技术进步不断拓展旅行服务边界。

　　行业的景气度高企，"戴维斯双击"助推餐饮旅游板块超额收益。这个时间段处于牛市前期，市场整体低迷，市场寻找基本面向好的行业。在国民收入上台阶、国内需求推动经济增长的大背景下，餐饮旅游成为必然选择。行业整体景气高企，实现"戴维斯双击"。

餐饮旅游板块上涨 70.40%，其中估值增长 49.9%，盈利增长 10.96%。虽然市场整体低迷，但是该板块的估值仍然出现提升。

从具体个股的涨幅来看，位列涨幅榜前三位的分别是腾邦国际、西安饮食和 *ST 云网，涨幅分别为 291.4%、170.0% 和 149.5%。位于盈利改善前三位的个股分别是大连圣亚、凯撒旅游和西安旅游，其盈利改善分别为 648.7%、213.0% 和 122.5%。

4.1.2　阶段 2：促进旅游政策驱动跨境游、景区等成为领跑者

这一阶段从 2015 年 5 月到 12 月，持续时间长达 243 天，餐饮旅游板块涨幅为 17.0%，同期沪深 300 指数跌幅为 18.2%，餐饮旅游板块相对沪深 300 指数的超额收益为 35.2%。国务院办公厅印发《国务院办公厅关于进一步促进旅游投资和消费的若干意见》，其中最具惊喜的是在"优化休假安排，激发旅游消费需求"。在行业基本面持续向好的背景下，餐饮旅游在市场下跌中显示出防御属性，走出超额收益的独立行情。

在政策方面，国务院连续出台政策推动行业发展。国务院于 2015 年 1 月以及 7 月分别发布相关文件，针对增加旅游投资和消费提出了包括实施旅游基础设施提升计划、改善旅游消费环境等 6 方面、26 条具体政策的措施。

从需求端来看，人均 GDP 的不断提高为旅游业发展提供了支撑。2015 年，我国人均 GDP 为 49 922 元，人均旅游花费为 857 元，如图 4-3 所示，旅游需求尤其是出国游需求已呈现爆发式增长，这也使得旅游行业成为在我国经济转型这一大背景下为数不多的高景气度行业。

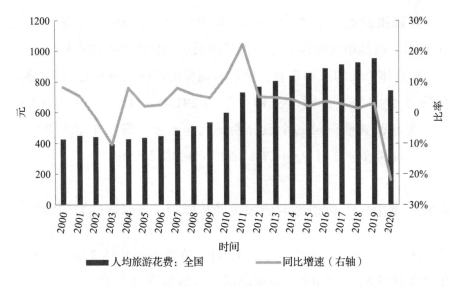

图 4-3　2015 年人均旅游花费为 857 元

资料来源：Wind，财通证券研究所。

在人均收入增加等因素的催化下，出境旅游市场迎来了"最好的时代"。2015 年，我国出境游客人数占总人口的 8%，该比例较日本、韩国等发达国家仍有较大空间。旅行社组织出境游客累计达 4758.12 万人次，境外旅游购买力位居世界第一。

在餐饮行业，翻台率进一步提高。2015 年连锁餐饮餐位数高达 158 万个，同比增速为 3.88%，实现营业额 517.45 亿元，同比增速为 27.03%。餐饮行业发展强势回稳，对消费的拉动作用也随之增强。

旅游板块整体市值较小，各大企业通过收购资产、并购企业等方式实现扩张，股价也在内生增长和潜在成长性的双重驱动下受到市场追捧。产业整合加速，寡头垄断格局初具雏形。2015 年，行业巨头强强联合，企业并购事件频频发生，线上和线下加速相互渗透。线上 OTA[⊖]代表携程、同程等向线下延伸；以线下为代表的万达（投资同程）、传统旅游上市公司代表中青旅（加大遨游网投入）等纷纷加速线上布局。2015 年在线旅游市场规模达到 4428.5 亿元，同比增速为 41.02%。

2015 年股市呈现大幅波动走势。期间，虽然多数行业呈下跌趋势，但在行业基本面逐渐改善的情境下，餐饮旅游板块却表现出强劲的上涨趋势。餐饮旅游凭借其基本面优势展现出防御特性，获得了超额收益。

2015 年 5～12 月期间，沪深 300 指数下跌 18.15%，餐饮旅游板块指数逆势上涨 16.98%，其中，估值增长 4.82%，盈利增长 54.4%。

从具体个股的涨幅来看，位列涨幅榜前三位的分别是凯撒旅游、大连圣亚和首旅酒店，涨幅分别为 424.3%、90.3% 和 59.8%。位于盈利改善前三位的个股分别是凯撒旅游、张家界和云南旅游，其盈利改善分别为 411.2%、99.8% 和 70.0%。

4.1.3　阶段 3：消费复苏，餐饮旅游成为优选项

这一阶段从 2020 年 4 月至 2021 年 4 月，持续时间长达 394 天，餐饮旅游板块涨幅为 179.1%，同期沪深 300 指数涨幅为 38.0%，餐饮旅游板块相对沪深 300 指数的超额收益为 141.1%。这一阶段疫情得到基本控制，复工复产有序推进，叠加政策精准扶持，餐饮旅游消费水平开始回升。免税销售额增长强劲，同时疫情加速餐饮行业向线上模式的转变，为餐饮旅游行业带来新的机遇。

⊖ OTA（Over The Air）是一项基于短消息机制，通过手机终端或服务器（网上）方式实现 SIM 卡内业务菜单的动态下载、删除与更新，使用户获取个性化信息服务的数据增值业务（简称 OTA 业务），是通过移动通信的空中接口对 SIM 卡数据及应用进行远程管理的技术。

在反弹行情下，估值驱动本轮超额收益。

在这一阶段复工复产有序推进，疫情负面影响逐渐减弱。新冠疫情使许多行业受到不同程度的影响，尤其是具有人员聚集性质的餐饮旅游行业。但是随着复工复产的推进以及政策的精准扶持，刺激了国内消费市场，餐饮旅游消费水平开始复苏。

2021年我国人均GDP达到80 976元，经济在后疫情时代快速恢复。在疫情对实体经济的冲击下，我国是全球少数在2020年实现经济正增长的国家之一。随着2021年人均GDP突破8万元，被疫情压制的休闲旅游需求也有足够的经济基础迎来反弹。

另外，此阶段政策刺激海购需求，免税销售额增长强劲。2020年6月，《海南自由贸易港建设总体方案》提出，放宽离岛免税购物额度至每年每人10万元，扩大免税商品种类，进一步刺激消费者对免税产品的需求。2020年4月免税销售额为13.81亿元，2021年4月上升至46.74亿元，同比增长238.44%。免税销售额的增长为旅游市场注入新的活力。

后疫情时代餐饮企业也迎来消费反弹。政府连续出台扶持政策，帮助餐饮企业渡过难关，2020年3月20日多部门联合要求所辖县区均为低风险的省份餐饮要全面复工营业，不得采取审批、备案等方式延缓开工；2020年3月24日，国务院常务委员会议明确在金融方面加快落实扶持餐饮等中小微企业政策。

2020年3月受疫情影响，餐饮收入为历史新低1832.0亿元，同比下降46.01%。4月开始，疫情基本已经受到控制，餐饮企业逐步复工复产，餐饮收入呈现稳步上升趋势。餐饮收入于10月同比回正，11月创历史新高，上升至4979.7亿元，同比增长0.32%，如图4-4所示。

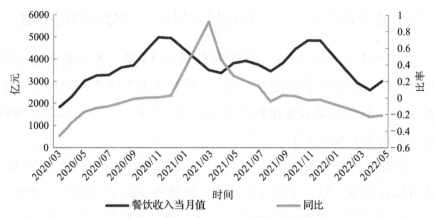

图 4-4　2020 年 11 月餐饮收入上升至 4979.7 亿元，创历史新高

资料来源：Wind，财通证券研究所。

疫情加速餐饮行业数字化转型，外卖等线上模式逐渐成为餐饮市场的主要发展方向。受疫情的影响，堂食模式受到较大冲击，使得餐饮企业加速了线上发展的步伐，团购、直播等线上营销模式也为餐饮行业带来新的机遇。

从移动 APP 活跃用户数来看，外卖等线上餐饮恢复迅速。2020年 8 月美团和饿了么的移动 APP 活跃用户数分别为 4719.1 万人和9602.1 万人，相比 3 月活跃用户水平增长均超过 26%。

餐饮旅游板块上涨 155%，其中估值上涨 815%，复苏弹性得到市场认可，估值提升推动餐饮旅游板块取得超额收益。受疫情影响，社会消费品零售总额（后称社零）中餐饮收入在 2020 年前 9 个月同比增速均为负，因此盈利对板块涨幅负贡献，为 −34%。

从具体个股的涨幅来看，居涨幅榜前三位的分别是锦江酒店、首旅酒店和宋城演艺，涨幅分别为 186.8%、93.6% 和 59.6%。位于盈利改善前三位的个股分别是三特索道、西安饮食、中科云网，盈利改善分别为 821.0%、243.3% 和 76.3%。

4.2 消费升级主力军，新场景聚集地，细分牛股诞生地

自 2005 年到 2022 年，持续时间长达 18 年，餐饮旅游行业指数与沪深 300 指数走势趋于一致，比重在 1 上下浮动，2013 年起至 2022 年，餐饮旅游行业指数相对于沪深 300 指数存在持续的超额收益，比重基本都大于 1。

从餐饮旅游板块估值的变化情况来看，估值的平均值为 75 倍，估值标准差为 133，如图 4-5 所示。整体来看，在 2007 ～ 2008 年的牛市行情中，餐饮旅游板块并没有取得过高估值，餐饮旅游板块的估值高峰出现在 2020 年。我们通过拆分估值和盈利改善的涨幅，从长周期来看，超额收益中盈利改善贡献大于估值，其中盈利改善涨幅为 320.03%，估值涨幅为 146.69%。

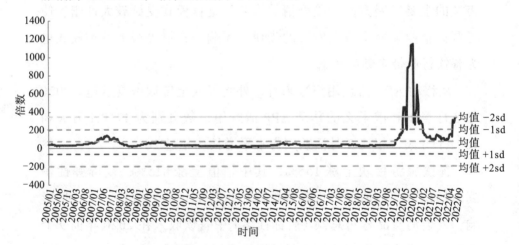

图 4-5 餐饮旅游板块估值的平均值为 75 倍

注：估值指标选取 PE（TTM，剔除负值）。

资料来源：Wind，财通证券研究所。

纵观 18 年来的餐饮旅游板块行情，超额收益来自在政策支持下盈利向好和反弹行情。餐饮旅游行业仍处于稳步发展期，行业中绝

大部分上市公司具备不可替代的旅游资源，以保证该板块基本面的韧性。互联网等因素的加入使得这一板块具有一定的想象空间，基本面稳定也决定了业绩验证并不困难。展望未来，随着我国人均可支配收入的持续提高，餐饮旅游行业的发展空间仍旧巨大。

抛开传统的餐饮、旅游、酒店等消费，伴随着经济发展和人均GDP的提高，我们也看到了诸如免税、露营、人造钻石等越来越多的新消费模式和场景的出现。同时，在 A 股进入全面注册制的新时代背景下，越来越新的消费公司映入眼帘，诸如人力资源类、赛事运营类等。展望未来，餐饮旅游行业有望成为新消费业态和场景下的牛股诞生地。

第 5 章　医药（医疗服务）行业

　　医药行业涉及研发、制药、医疗器械、医药零售以及医疗服务等多个环节。不同的环节本质上差距较大，例如创新药与海外经济、流动性高度相关，而制药、医疗器械受到国内政策影响较大。本章我们重点讨论医疗服务板块。

　　医疗服务板块基本以民营企业为主，原因在于国内医疗服务的供需错配。随着老龄化进程加速、人均可支配收入提高带来的保健消费倾向，医疗服务的刚性需求持续增加，公立医院已无法完全满足大众医疗需求，民营医疗服务规模快速扩大。2010～2022年，公立医院收入规模年增长12.5%，同期民营医院的收入规模年增长高达22.6%，大约是公立医院的2倍。民营医疗作为医疗资源的有效补充，在资本支持下连锁化经营。眼科、牙科、医美等专科医疗服务百花齐放，爱尔眼科、通策医疗在A股也被戏称为"眼科茅台""牙科茅台"。本章我们将介绍医疗服务在早期改革与技术发展下获得的超额收益，以及新型医疗服务带领的行业走向。

5.1　超额收益来源于估值，远大于业绩催化

2007 ~ 2022 年，医疗服务板块相对于沪深 300 的表现，我们选取了持续时间半年以上、回撤相对较小的四段超额收益行情，供投资者关注和参考，如图 5-1 所示。

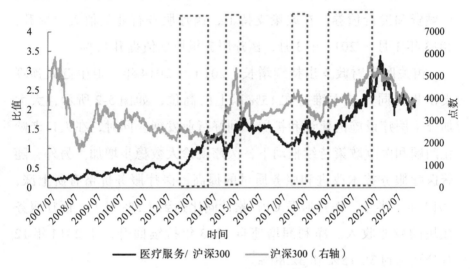

图 5-1　医疗服务板块相对于沪深 300 的四个超额收益阶段

注：医疗服务板块指数为申万二级行业指数。

资料来源：Wind，财通证券研究所。

5.1.1　阶段 1：医疗改革财政支出增加，医疗服务价格上行

2013 年 1 月 ~ 2014 年 3 月，医疗服务板块涨幅为 128.80%，相对于沪深 300 指数超额收益达 151.13%。医疗改革持续深入，行业准入标准和融资渠道同步放宽，使得行业估值大幅提高。同时，相关财政支出持续增长，医疗服务价格提高，行业基本面有所改善。2013 年，医疗服务板块的营业收入、归母净利润增速同步回升。

2013 年 7 月,《关于印发深化医药卫生体制改革 2013 年主要工作安排的通知》提出要进一步深化医药卫生体制改革,随着医疗改革持续深入,积极推进公立医院改革,提高医疗服务的质量和效率。2013 年 10 月,国务院发布《关于促进健康服务业发展的若干意见》,提出放宽市场准入,同时支持符合条件的健康服务企业上市融资和发行债券。在政策支持下,医疗服务行业估值大幅提升,2013 年 1 月~2014 年 3 月,医疗服务板块估值提升 83%。

相关医疗财政支出持续增长,2010~2014 年,卫生健康预算支出累计同比基本维持在 15% 以上的高位,如图 5-2 所示,大大加强了医疗设施的建设和扩展,利好行业发展。同时,在人口老龄化问题和医改政策持续推动下,医疗就诊人数稳步增加。另外,随着医疗服务技术改进和服务质量的提高,医疗服务价格有所上涨,2013 年下半年,医疗服务 CPI[⊖]累计同比达到 1.5% 以上。医疗服务板块的营业收入、净利润增速自 2013 年持续回升,于 2014 年 12 月分别达到 30.15% 和 32.80%。

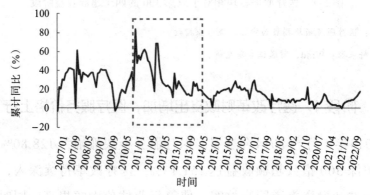

图 5-2 2010~2014 年,卫生健康预算支出累计同比维持高位

资料来源:Wind,财通证券研究所。

⊖ 居民消费价格指数。

此轮超额收益阶段处于市场由牛转熊阶段，整体来看大盘处于下降趋势，板块实现一段独立行情，超额收益达151.13%，持续时间长达413天。2013年1月到6月期间，受益于海内外流动性宽松，A股市场处于牛市行情之中。美联储主席于2013年7月暗示政策转向，美债利率大幅跳升，对全球资本市场产生扰动影响，国内银行间市场出现流动性压力，市场开启熊市行情。

从医疗服务板块来看，沪深300指数下跌22.33%，板块上涨128.80%，实现了151.13%的超额收益，其中估值增长82.98%，盈利增长25.04%，估值的贡献大于盈利的贡献。

从个股来看，大市值风格占据优势，迪安诊断涨幅达249%。具体来看，大市值个股平均涨幅为112%，小市值个股平均涨幅为4%。

5.1.2　阶段2：医改政策红利提振板块活跃度

2015年1～10月，医疗服务板块上涨123.25%，相对于沪深300指数的超额收益达125.18%。2015年1～10月行业估值提升105%。在基本面方面，随着人口老龄化程度的加深和健康意识的提高，对医疗服务的需求不断增长，在此期间医疗服务CPI累计同比由1.75%提升至2.3%，2015年12月，营业收入和归母净利润同比增速分别达到40.87%和30.66%。

2015年是我国医疗改革的关键一年，政府出台了一系列医改政策，利好医疗服务板块的长期发展，提高了市场预期。行业IPO和并购重组频发，整体来看，2015年医疗服务板块IPO和重组事件完成数量分别为20起、23起，相较2014年分别增加8起、11起。2015年4月，华润双鹤以37亿元收购华润赛科100%股权，开启华润集团医药资产整合大幕。并购事件提高了行业关注度，板块活跃度显著提升。

政策利好不断，提高市场预期，带来行业估值大幅提高。在牛市背景下，行业实现领涨，在熊市背景下则展现出较强的抗跌特性。2015 年 1～10 月，医疗服务行业估值提升 105%。

医疗服务价格进入上升通道，行业基本面进一步改善。随着人口老龄化程度的加深和人们健康意识的提高，对医疗服务的需求不断增长。同时，医疗科技的不断进步和医疗服务的升级也为行业发展带来新的机遇，2015 年起医疗服务价格进入上升通道，其间医疗服务 CPI 累计同比由 1.75% 提升至 2.3%。行业基本面有显著改善，2015 年 12 月，营业收入和归母净利润同比增速分别达到 40.87% 和 30.66%。

从行业来看，此轮超额收益行情贯穿熊牛，可以进一步拆分为两段。第一段是 2015 年 1～6 月，受益于沪港通推出叠加降息周期开启，股市进入牛市行情，沪深 300 指数上涨 43.38%，医疗服务板块领涨大盘，实现 123.94% 的超额收益。第二段是 2015 年 7～10 月，市场开启熊市行情，医疗服务板块表现出较强的抗跌能力。2015 年下半年，一方面美国预期开启加息周期，另一方面欧洲央行开启定向长期再融资操作，美元指数暴涨。在二者共同影响下，人民币面临贬值压力。此阶段，沪深 300 指数下跌 31.60%，医疗服务板块展现出抗跌能力，实现 15.11% 的超额收益。

从医疗服务板块来看，沪深 300 指数下跌 1.93%，板块上涨 123.25%，实现 125.18% 的超额收益，其中估值增长 105.30%，盈利增长 8.74%，估值的贡献大于盈利的贡献。

从个股来看，大市值风格占据优势，宜华健康涨幅达 283%。具体来看，大市值个股平均涨幅为 108%，小市值个股平均涨幅为 91%。

5.1.3　阶段3：新技术、新服务，提高板块估值

2017 年 11 月～2018 年 7 月，医疗服务板块上涨 37.13%，相对于沪深 300 指数的超额收益达 52.40%。

政策促进行业健康发展，新型医疗服务注入增添活力。2017～2018 年，多项支持医疗服务行业发展的政策接连出台，如《关于促进"互联网＋医疗健康"发展的意见》等，促进了医疗服务行业的结构优化和升级，推动医疗服务的高质量发展。

2017 年，中国科学家成功克隆猴子，并通过基因编辑技术创造了多种人类疾病模型，这一技术有望用于开发新的药物和新的治疗手段。同时，随着人们对健康和医疗的关注不断增加，医疗服务也不断创新，新型的医疗服务模式不断涌现，如互联网医疗、家庭医生等。医疗新技术叠加新的服务模式，行业增长获得新的驱动力，互联网医疗得以快速发展，市场对行业的预期提升。

此轮超额收益行情处于由牛转熊的行情阶段，医疗服务板块领涨大盘，实现了一轮独立行情，超额收益达 52.40%，持续时间长达 233 天。2017 年是一轮震荡牛市，原因是美元单边下跌利好全球经济发展，同时国内经济形势发展向好，市场在此背景下表现强劲。进入 2018 年 2 月，随着中美贸易摩擦开启，市场开始下行。同时，美联储政策超预期紧缩，国内去杠杆速度加快，在内外政策收紧的背景下，市场开启了一轮熊市行情。

从医疗服务板块来看，沪深 300 指数下跌 15.27%，板块上涨 37.13%，实现了 52.40% 的超额收益，其中估值增长 25.07%，盈利上涨 9.63%，估值的贡献大于盈利的贡献。

从个股来看，小市值风格占据优势，泰格医药涨幅达 129%。具体来看，大市值个股平均涨幅为 2%，小市值个股平均涨幅为 13%。

5.1.4 阶段4：医疗服务需求因新冠疫情而剧增

2019年6月~2021年6月，医疗服务板块上涨240.70%，相对于沪深300指数超额收益达204.15%。

该阶段内，中美关系紧张、新冠疫情席卷全球，受外部经济政治环境的影响，同时国内经济增长放缓，经济发展的不确定性增大。在此背景下，医药行业依托刚需和较高的盈利能力，获得了市场的青睐，2019年12月，药明康德的机构投资持股比例由2018年的25%上涨至63%，如图5-3所示。2019年6月至2021年6月，行业涨幅居市场第四位，行业估值增长近150%。

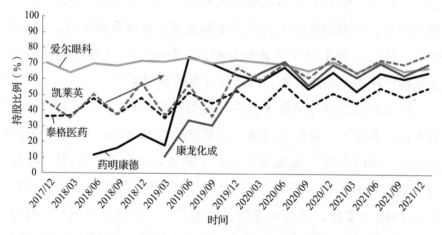

图 5-3　2019年起，行业机构持股比例显著上升

资料来源：Wind，财通证券研究所。

新冠疫情暴发后，新型诊疗模式发展迅速，龙头企业表现抢眼，细分行业景气开始分化，其中，医疗研发外包、疫苗景气度最高，中药、医药流通受疫情影响相对表现较差，但医疗服务板块整体表现为增长态势。疫情也促进了新型医疗服务模式的发展，远程医疗

服务占比超过 60%，为行业贡献新增动力。另外，行业龙头积极拓展，泰格医药销售净利率由 2019 年的 34.79% 增长至 2021 年的 65.06%，进一步推动了医疗服务板块的整体盈利改善。

从行业来看，超额收益达 204.15%，持续时间长达 735 天。此轮超额收益阶段处于结构牛行情期间，医疗服务板块领涨大盘。2019 年 6 月～2020 年 6 月，市场处于长周期结构牛行情阶段。自 2019 年到 2020 年年初，在国家经济结构调整和经济稳定增长的背景下，科技类、消费类行业表现较好。进入 2020 年 3 月，由于新冠疫情，市场受到一定影响，大盘表现为横盘震荡，但结构性机会不断涌现，医疗服务板块实现了一段独立行情。

从医疗服务板块来看，沪深 300 指数上涨 36.55%，板块上涨 240.70%，实现了 204.15% 的超额收益，其中估值上涨 149.74%，盈利上涨 36.42%，估值的贡献大于盈利的贡献。

从个股来看，在本轮行情中，市场风格偏好大市值个股。具体来看，大市值个股平均涨幅为 277%，小市值个股平均涨幅为 173%。

5.2　医药投资涵盖消费股、周期股、成长股多重特征

总结来看，自 2007 年到 2022 年，医疗服务板块涨幅为 759%，同期，沪深 300 指数仅为 3%，医疗服务板块长期大幅跑赢市场。

从医疗服务板块估值的变化情况来看，市盈率估值的平均值为 78.14 倍，估值标准差为 43.50，如图 5-4 所示。

外生因素是行业获得超额收益的重要原因，例如政策、市场环境以及突发公共卫生事件等。医疗服务行业的细分赛道包括医疗研发外包和医院、诊断服务等，其中医疗研发外包占比超过 55%，是

整个板块的核心组成部分。医疗服务板块具有需求稳定、竞争激烈的特点。医疗服务支出在全国居民消费支出中的占比逐年提高，居民人均就诊次数也呈现增长趋势，行业需求稳定增长。卫生机构数量逐年增加，非公立医院类型卫生机构占比持续提高，行业竞争激烈程度有所提升。在此背景下，行业难以实现盈利的大幅增长。

图 5-4　医疗服务板块市盈率估值的平均值为 78.14 倍

注：估值指标选取 PE（TTM，剔除负值）。

资料来源：Wind，财通证券研究所。

医疗服务板块具备较强的抗跌特性，有三段超额收益行情均发生在大盘下跌区间。医疗服务板块的抗跌特性主要来自以下四个方面。其一，必要性强。医疗服务是社会必需品，无论经济环境如何，医疗服务的需求是稳定不变的。其二，行业壁垒高。医疗服务行业的准入门槛较高，需要相对较高的技术门槛、资金投入和政策支持。其三，政策支持。政府普遍重视医疗服务行业的发展，并出台了一系列政策来促进其健康发展，这也为医疗服务板块带来了一定的稳定性。其四，耐久性高。医疗服务具有较高的耐久性，需要较长的周期和较大的成本才能进行替代或更新，这也增加了医疗服务行业的稳定性。

从估值和盈利的角度来看，估值是行业超额收益的主要来源。回顾四轮超额收益阶段，四段超额收益均是戴维斯双击，主要贡献均是行业估值。与医疗服务行业获得超额收益的原因多来自外生因素相对应，医疗服务板块的盈利基本保持稳定增长，很难实现大幅增长，因此行业的超额收益多由估值贡献。

具体个股表现，大市值个股更占优。除第三阶段的超额收益以小市值个股领涨外，其他三个阶段均由大市值个股领涨。这与医疗服务行业具备较高的行业壁垒密切相关。由于医疗服务行业需要相对较高的技术门槛、资金投入和政策支持，因此大市值个股往往更加占优，同时大市值个股也具备更高的抗风险能力。第三阶段正值新型医疗快速发展阶段，科技在行业的发展中变得更加重要，因此市场对小市值个股的成长性抱有期待，故此阶段表现为小市值个股领涨。

第6章　农林牧渔（畜牧养殖）行业

　　畜牧养殖是消费行业中典型的供给驱动型周期性行业，居民对于猪、鸡等产品的消费需求长期较为稳定，而供给端则受养殖周期和疫病的影响。中国是全球最大的猪肉消费国家之一，猪肉是中国人日常饮食中不可或缺的组成部分。根据中国国家统计局的数据，2022年中国猪肉产量为5541万吨。中国人均猪肉消费量为39.7千克，远高于全球平均水平。

　　猪肉是老百姓菜篮子里的重要商品，猪肉价格是我国CPI的重要影响因素，稳猪价对于稳物价而言具有重要意义，往往在猪价快速上涨期，国家会采取投放储备猪肉等调控措施。

　　中国养殖行业经历了多轮供给侧结构性改革，头部上市公司规模越来越大，如牧原股份、温氏股份、新希望等。猪肉价格是影响企业盈利的根本因素，一轮完整的猪周期时间跨度在4～5年，因此，猪肉价格是我们研究畜牧养殖行业行情演绎的重要方向。

6.1 超额收益大多数因突发事件使行业出清，猪价上行

2005～2022 年，畜牧养殖板块相对于沪深 300 指数的表现，我们选取了持续时间半年以上、回撤相对较小的五段超额收益行情供投资者关注和参考，如图 6-1 所示。

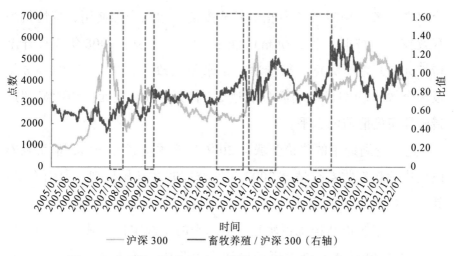

图 6-1 畜牧养殖板块相对于沪深 300 的五个超额收益阶段

注：畜牧养殖板块指数选自申万二级行业。

资料来源：Wind，财通证券研究所。

6.1.1 阶段 1："猪蓝耳病" 使其成为 2008 年熊市的那抹红

从 2007 年 11 月到 2008 年 7 月，持续时间长达 240 天，畜牧养殖板块跌幅为 5.8%，同期沪深 300 指数跌幅为 48.8%，畜牧养殖板块相对于沪深 300 指数的超额收益为 43%。2006 年三季度，猪蓝耳病疫情在全国多地暴发，之后迅速蔓延至全国，导致生猪价格持

续上涨。2008 年一季度，生猪价格升至 17.5 元 / 千克，猪粮比[⊖]达到 10.2 的高点。

　　从市场来看，猪蓝耳病疫情推动生猪价格上涨，板块防御性支撑行业实现超额收益。猪蓝耳病疫情推动猪价进入上行周期，行业盈利有所改善。2006 年入夏后，猪蓝耳病疫情在全国多地暴发，猪价随之上涨。2007 年 5 月猪蓝耳病疫苗开始在全国使用，疫情得到有效控制。彼时，生猪价格已涨至 12 元 / 千克，2008 年 3 月升至 17.5 元 / 千克的高点。猪价攀升带来盈利改善，2007 年和 2008 年板块个股平均归母净利润分别达 2.5 亿元和 1.4 亿元，均明显超过猪蓝耳病疫情前的水平。

　　这一轮周期中的猪价上涨自 2006 年三季度就已开始，但畜牧养殖板块的超额收益行情至 2007 年四季度时才开始出现，原因有二：其一，虽然猪价表现出持续上涨，但在 2007 年下半年疫情得到控制之前，市场仍然担忧板块基本面未来的不确定性；其二，2006 年三季度至 2007 年三季度市场恰逢牛市阶段，属于必需消费品的农林牧渔、食品饮料等行业，由于相对其他行业缺乏弹性，在所有行业中涨幅排名相对靠后。2008 年一季度，生猪价格维持在 16 元 / 千克以上。如图 6-2 所示。

　　从行业来看，此轮超额收益行情发生于熊市阶段，2017 年以来，我国对外贸易大幅提升，积累了大量的外汇储备，与此同时，国内流动性不断扩张，经济呈现出过热迹象。中国人民银行为平抑经济波动开始收紧货币政策，2008 年开始经济活动逐渐进入降温周期。而在 2008 年下半年，美国的次贷问题急速加剧，进一步演变为全球性的金融危机，进一步冲击全球市场，我国股市因此开始走熊，

⊖ 猪粮比为生猪价格 / 玉米饲料价格。

畜牧养殖板块防御性特征显现，实现一段独立行情。本轮行情，估值下跌 54.4%，盈利增长 107%，本次上涨估值的贡献为负，全部由盈利贡献。

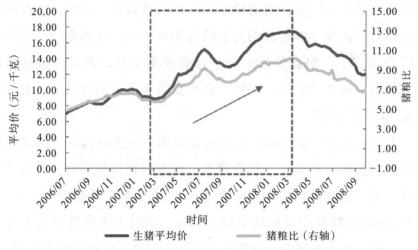

图 6-2　2008 年一季度生猪价格维持在 16 元 / 千克以上

资料来源：Wind，财通证券研究所。

从个股来看，大市值高盈利风格占优，福成股份涨幅达 12%。本轮行情中，市场风格偏好小市值个股。具体来看，大市值个股平均跌幅为 31%，小市值个股平均跌幅为 0。由于该阶段畜牧养殖板块的个股数量较少，且个股多表现为下跌状态，因此该风格分析存在局限性。

从具体个股的涨幅来看，涨幅榜前三位分别是福成股份、新五丰、正邦科技，涨幅分别为 12%、8%、7%。本阶段盈利改善最优的前三位分别是罗牛山、福成股份、新五丰，盈利改善分别为 3791%、16%、15%。

6.1.2 阶段2：始于干旱、减产，粮价上行的成本端推动涨价行情

从2009年7月到2010年2月，持续时间长达200天，畜牧养殖板块涨幅为49.2%，同期沪深300指数跌幅为13.6%，畜牧养殖板块相对于沪深300指数的超额收益为62.8%。在2009～2010年旱情的影响下，粮食价格上涨，行业成本上升，叠加仔猪价格回升，猪肉价格持续上涨。同时，在大盘震荡下行的背景下，畜牧养殖板块防御性凸显。

从市场来看，粮食减产推升行业成本，在大盘震荡下凸显板块稳健性。粮食减产提高了行业成本，同时仔猪价格回升，猪肉价格持续上涨。2009年和2010年春季，我国遭遇了罕见的干旱天气，导致2009年粮食产量同比下降1.79%，同时玉米价格进入上涨通道，行业成本因此提高，如图6-3所示。同时，仔猪价格开始回升，生猪出栏量稳步下降。叠加进入下半年，畜牧养殖行业进入需求旺季，猪肉价格持续上涨，但猪粮比基本稳定，行业平均成本和平均利润同步增长，行业基本面保持良好。

大盘震荡下行，板块稳健性凸显，估值大幅提升。2009年7月以后，由于投资者悲观预期和政策引导相互博弈，市场表现为长期下行、短期波动的态势。在此背景下，畜牧养殖板块的稳健性优势显现，行业涨幅相对靠前，市场对畜牧养殖板块的关注度提高。

从行业来看，此轮超额收益行情发生于股票市场震荡调整时期，畜牧养殖板块领涨大盘，实现超额收益。2009年7月四大国有商业银行新增人民币贷款较前几月大幅减少，从而引发投资者的担忧，市场开始新一轮回调。直至2009年10月，随着政府发布积极的预期引导，配合2009年8月经济数据出色的表现，市场再次回升。

2010 年 1 月，货币政策正式转向，地产调控不断升级，市场再次进入回调。整体来看，该阶段处于市场震荡下行区间。

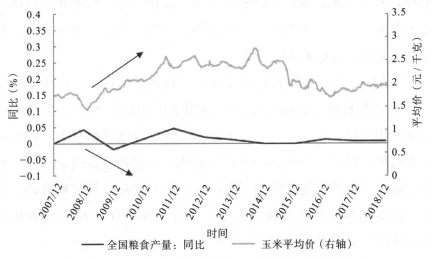

图 6-3　2009 年全国粮食减产，玉米价格进入上涨通道

资料来源：Wind，财通证券研究所。

在本轮行情中，估值增长 120.9%，盈利下降 30%，本次上涨盈利的贡献为负，全部为估值的贡献。

从个股来看，大市值风格占优，罗牛山涨幅达 161%。本轮行情中，市场风格偏好大市值个股。具体来看，大市值个股平均涨幅为 48%，小市值个股平均涨幅为 11%。

从具体个股的涨幅来看，涨幅榜前三位分别是罗牛山、正邦科技、新五丰，涨幅分别为 161%、34%、23%。本阶段盈利改善最优的前三位分别是新五丰、新希望、正邦科技，盈利改善分别为 104%、34%、24%。

6.1.3　阶段 3：微观事件加速行业出清，养殖补贴加速行业回暖

从 2012 年 12 月到 2014 年 10 月，持续时间长达 674 天，畜牧

养殖板块涨幅为92.7%，同期沪深300指数涨幅为17.5%，畜牧养殖板块相对于沪深300指数的超额收益为75.2%。2013年，生猪行业利空消息不断，生猪价格短期波动、长期下降，行业在业绩承压之下表现不佳。但在2012～2014年，养殖补贴政策力度加大，利好行业发展，板块关注度提高。

从市场来看，养殖补贴力度加大，板块估值提高。板块业绩承压，盈利并非此轮超额收益的驱动因素。2013年年初，生猪价格提前快速下跌，而后家禽行业遭受H7N9型禽流感的侵袭，同时奶牛养殖效益低下，乳业被困于信任危机，畜牧业全线表现不佳。此外，随着进入第三轮猪周期下行区间，生猪价格呈现短期波动、长期下降的趋势，行业面临巨大业绩压力，2012年、2013年板块平均净利润分别下降52.8%、63.2%，如图6-4所示。

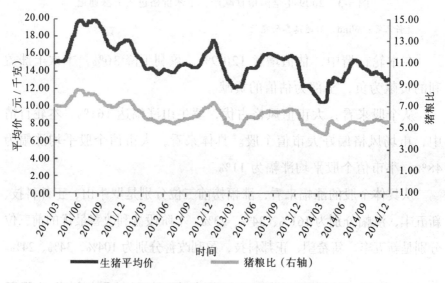

图6-4 生猪价格波动较大，整体处于下降区间

资料来源：Wind，财通证券研究所。

畜牧养殖补贴政策力度加大，利好行业发展，市场给予板块估值的提升。2012 ～ 2014 年中央一号文件中均对"农业补贴"工作做出强调。2013 年农业部出台《2013 年畜牧良种补贴项目实施指导意见》，规定了畜牧良种补贴的相关标准、补贴范围及数量。2013 年财政部加大对畜牧养殖行业的资金支持力度。2013 年 8 月，中央财政累计下拨畜牧发展扶持资金 29 亿元，比 2012 年同口径增加 2 亿元。

猪周期尾声延缓到来，价格底时长超预期，市场关注度提前回升，拉动板块估值提升。2009 ～ 2014 年猪周期持续时间相对较长，尤其是周期末尾的价格底长期持续，超出了市场预期。2012 年年底，猪价出现上涨，叠加利好政策出台，市场根据猪周期经验做出积极判断，行业关注度提升，随即抬升行业估值。然而，在诸多外生利空因素的影响下，此轮价格底波动剧烈、时间较长，导致本轮超额收益行情相对特殊。

2014 年 10 月，超额收益行情戛然而止，主要原因是市场出现供过于求的现象。在猪肉价格长期低迷的状态下，养猪户逐渐摒弃惜售心理，猪肉供应量增加，导致市场供应过剩。全球经济放缓也对我国经济和消费水平产生影响，进一步抑制了居民对猪肉的需求，导致了市场价格的下降。另外，政府采取一系列措施稳定畜牧养殖行业的发展，例如降低关税和释放国家储备猪肉，以促进猪肉的进口和降低价格。总的来说，这些因素共同影响了 2014 年下半年猪肉价格的下降。

此轮板块超额收益行情贯穿市场熊牛行情，可以进一步拆分为两段，第一段是 2012 年 12 月～ 2013 年 5 月，第二段是 2013 年 6 月～ 2014 年 10 月。

第一段市场处于牛市行情区间，畜牧养殖板块领涨大盘。2012

年下半年，美国经济下行压力加大，美联储9月推出QE3$^{\ominus}$政策，同时不断扩大资产规模，美债利率下降，新兴市场流动性增加。同时我国国内加大稳增长力度，保持信贷宽松并以"新型城镇化"刺激内需。在此背景下，市场开启了一轮牛市，板块与大盘同频共振，期间增长43.6%，实现超额收益18.2%。

第二段市场处于熊市行情区间，畜牧养殖板块再次展现出较强的防御性，实现了一段独立行情。2013年5月，随着美联储主席按时缩小购买债券规模，美债利率逐渐提高。2013年6月，我国银行间市场出现流动性危机，监管政策未同步，市场出现流动性紧缩。在此背景下，开启一轮熊市行情。此阶段沪深300指数下跌6.3%，畜牧养殖板块实现40.5%的超额收益。

从畜牧养殖板块来看，在整个阶段，板块上涨92.7%，实现了75.2%的超额收益，其中估值增长275.9%，盈利下降60.3%，本次上涨盈利的贡献为负，全部由估值贡献。

从个股风格来看，本轮行情中，市场风格偏好小市值个股。大市值个股平均涨幅为53%，小市值个股平均涨幅为159%。

从具体个股的涨幅来看，涨幅榜前三位分别是鹏都农牧、福成股份、华英农业，涨幅分别为1642%、366%、177%。本阶段盈利改善最优的前三位分别是福成股份、天邦食品、罗牛山，盈利改善分别为350%、53%、49%。

6.1.4 阶段4："猪丹毒"和"猪肺疫"下的"戴维斯双击"

从2015年1月到2016年5月，持续时间长达497天，畜牧养殖板块涨幅为54.3%，同期沪深300指数跌幅为15%，畜牧养殖板

$\ominus$　QE3一般指第三轮量化宽松。

块相对于沪深 300 指数的超额收益为 69.3%。2014 年下半年爆发了新一轮的猪瘟疫情，危害程度仅次于阶段 1。2015 年起猪肉供给偏紧，供需缺口扩大，猪价进入上涨周期。2016 年下半年生猪价格上行至 21.2 元 / 千克，猪粮比上行至 11.2。猪瘟疫情的暴发同时也促进了居民对鸡肉的替代性消费，鸡养殖行业与猪养殖行业共振上涨。

从市场来看，猪瘟疫情冲击下生猪供给收缩，替代性消费提升鸡养殖需求。猪瘟疫情暴发开启猪价上涨周期，同时利好鸡养殖行业。2014 年下半年一轮以猪丹毒和猪肺疫为主的猪瘟疫情暴发，危害程度仅次于阶段 1。为控制猪瘟疫情蔓延，养殖户主动减少生猪存栏量。2014 年下半年至 2016 年上半年，全国生猪存栏量和屠宰量持续同比下降。猪价进入上涨周期，2016 年二季度生猪价格由 11.6 元 / 千克上行至 21.2 元 / 千克。同时，替代性消费刺激鸡肉需求，2015 年国内鸡肉消费量达 1327 万吨，同比增长 3.4%，逆转两年来的负增长局面。

此轮超额收益行情发生于股票市场由牛转熊阶段，可以进一步拆分为两段，第一段是 2015 年 1 ~ 6 月，第二段是 2015 年 7 月 ~ 2016 年 5 月。

第一段市场处于牛市阶段。2015 年牛市行情延续，随着杠杆资金大量入市，牛市到达顶点。此阶段沪深 300 指数增长 46.5%，畜牧养殖板块领涨，实现超额收益 56.8%。

第二段市场由高波动状态进入横盘调整。2015 年 6 月，一方面 IPO 供给加速扩大，另一方面证监会发布消息要求证券公司对外部接入进行自查并清理场外配资，市场瞬而由牛转熊，此后进入一段高波动阶段，随着救市政策落地，市场进入横盘调整。此阶段沪深 300 指数下跌 42%，畜牧养殖板块表现出较强的抗跌特性，实现超额收益 17.9%。

本轮行情，估值下跌 41.2%，盈利增长 162.5%，本次上涨估值的贡献为负，全部由盈利贡献。

从个股风格来看，本轮行情中，市场风格偏好小市值个股。大市值个股平均涨幅为 53%，小市值个股平均涨幅为 159%。

从具体个股的涨幅来看，涨幅榜前三位分别是益生股份、天邦食品、民和股份，涨幅分别为 412%、301%、298%。本阶段盈利改善最优的前三位分别是牧原股份、正邦科技、新五丰，盈利改善分别为 518%、473%、449%。

6.1.5 阶段 5：非洲猪瘟推动养殖供给侧改革龙头集中的行情

从 2018 年 3 月到 2019 年 3 月，持续时间长达 356 天，畜牧养殖板块涨幅为 98%，同期沪深 300 指数跌幅为 7.5%，畜牧养殖板块相对于沪深 300 指数的超额收益为 105.5%。2018 年下半年，农业供给侧结构性改革，养殖龙头集中化，中小型养殖户退出市场，猪价开始回升，8 月非洲猪瘟疫情暴发进一步强化了供需矛盾，推涨猪价。2019 年一季度，生猪价格上涨至超过 20 元 / 千克，猪粮比提升至 10.1。同时鸡价也处于上涨阶段，共同推动畜牧养殖行业基本面的改善。

从市场来看，非洲猪瘟导致供给急剧收缩，猪肉价格翻倍增长，行业基本面得到改善。2018 年 3 月，生猪价格持续探底，养殖户压栏及二次育肥抄底，市场适重猪源短时偏紧，猪价打破下行趋势逐渐上行。2018 年 8 月，非洲猪瘟疫情暴发，多省采取了封锁疫区、禁止调运的措施，地区供求结构失衡，生猪存栏量和屠宰量迅速下降，猪价实现跨越式上涨，生猪价格由 10 元 / 千克上升至超过 20 元 / 千

克，如图 6-5 所示。同时鸡价也处于上涨阶段，白羽肉鸡均价由 7
元 / 千克上涨至 10 元 / 千克，共同推动畜牧养殖行业基本面的改善，
2019 年畜牧养殖板块归母净利润达 308 亿元，远远超过疫情前水平。

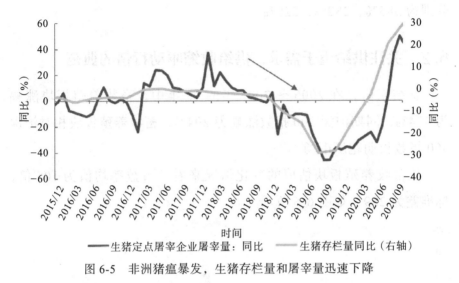

图 6-5　非洲猪瘟暴发，生猪存栏量和屠宰量迅速下降

资料来源：Wind，财通证券研究所。

此轮超额收益行情处于熊市阶段，畜牧养殖板块再次展现防御
属性，实现了一段独立行情。进入 2018 年，供给侧结构性改革推
涨中游制造成本，去杠杆给举债扩张企业带来债务危机，市场表现
不容乐观。随着 2018 年 3 月，中美贸易摩擦加剧，我国股市开始
走熊。直至 2018 年年底逆周期调节开启，2019 年年初央行实施宽
松的货币政策，市场才逐渐开始上行。

本轮行情中，估值增长 84.4%，盈利增长 7.4%，估值的贡献大
于盈利的贡献。

从个股风格来看，本轮行情中，市场风格偏好小市值个股。大
市值个股平均涨幅为 111%，小市值个股平均涨幅为 139%。

从具体个股的涨幅来看，涨幅榜前三位分别是正邦科技、民和股份、益生股份，涨幅分别为 316%、257%、255%。本阶段盈利改善最优的前三位分别是圣农发展、仙坛股份、民和股份，盈利改善分别为 385%、282%、229%。

6.2 关注供给重于需求，供给收缩驱动行情的典范

总结来看，在 2005 ～ 2022 年的 18 年中，畜牧养殖板块涨幅为 474%，同期沪深 300 指数涨幅为 294%，畜牧养殖板块相对沪深 300 指数长期跑赢市场。

从畜牧养殖板块估值的变化情况来看，市盈率均值为 105 倍，标准差为 289，如图 6-6 所示。

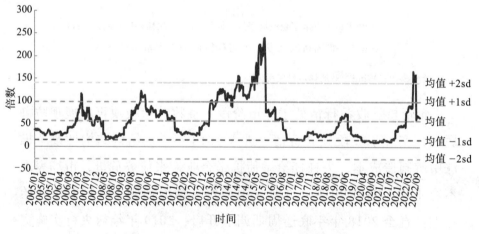

图 6-6 畜牧养殖板块市盈率均值为 105 倍

注：估值指标选取 PE（TTM，剔除负值）。

资料来源：Wind，财通证券研究所。

畜牧养殖是典型的供给驱动型行业，扰动供给的主要因素包括猪瘟疫情、行业供给侧结构性改革出清、其他农业产出等。猪肉、

鸡肉属于必需消费品，居民总体需求较为稳定，因此供给变动主导了猪价和鸡价的变动，尤其在发生疫病时，供给缺口会快速扩大，并且在半年乃至一年都难以恢复，造成猪价、鸡价爆发式上涨后再进入缓慢的提价过程，最终直到疫病结束、供给修复，商品价格开始不断下跌，因此畜牧养殖板块的行情往往兼具爆发性和持续性，5段超额收益行情有3段与猪瘟疫情相关，如阶段1的猪蓝耳病、阶段4的猪丹毒和猪肺疫、阶段5的非洲猪瘟。影响供给的因素还包括行业供给侧结构性改革，在猪养殖行业最为明显，受限于资金、技术等因素，散养户养殖成本高、防疫管控差、长期面临亏损，因此散养户正在逐步退出市场。温氏股份等集团化养殖龙头集中度提升，也为市场提供更多供给稳定、价格低廉的食品。此外，粮食价格也与猪价息息相关，主要影响猪肉养殖成本，因此猪粮比也是市场跟踪的核心指标之一[⊖]，如图6-7所示。

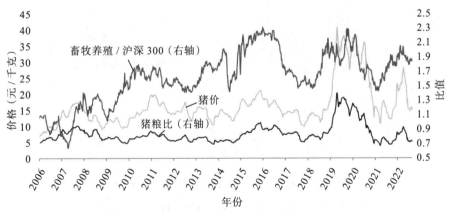

图6-7　猪价和猪粮比是畜牧养殖板块超额收益核心指标

资料来源：Wind，财通证券研究所。

猪价是畜牧养殖行情关注的核心指标。猪价决定上市的猪养殖

———————————

⊖　6：1是过往的盈亏平衡点。

企业的盈利预期，因此畜牧养殖板块的超额收益行情基本都发生在猪价的上行周期。猪价也是CPI波动的主要来源，于是投资者归纳总结出"当CPI上行（即猪价上行）时，畜牧养殖板块会产生超额收益"，如图6-8所示。但我们也需要注意，猪价决定盈利预期而非真正的盈利增长，畜牧养殖板块的超额收益并非要见到财务报表上的盈利增长，历次猪瘟既会影响猪价也会影响企业的出栏量，同期财报上畜牧养殖行业反而可能是普遍大幅亏损的。猪养殖行业是典型的周期型企业，景气度博弈性强，在猪价进入底部还未反转时，市场便有所反应；而猪价见顶之前，投资者大多获利了结，因此当猪养殖企业实现大幅盈利时，往往已经见到股价高点并开始下跌。

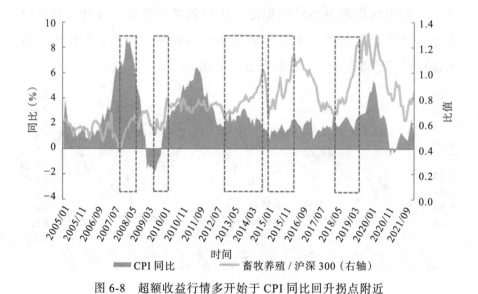

图 6-8　超额收益行情多开始于 CPI 同比回升拐点附近

资料来源：Wind，财通证券研究所。

畜牧养殖行业具备典型的防御性特征。5段超额收益均发生在市场处于熊市或者横盘震荡行情期间，极具防御性特征，如图6-1

所示。股价在熊市中暴跌有两方面原因：其一，牛市期间资产估值过分抬升，避险情绪导致"杀估值"[⊖]；其二，在"外需走弱，投资熄火"的悲观预期下，市场预计公司业绩将下行。对应来看，板块在这两方面都存在防御性：其一，上一轮牛市中涨幅较小，估值虚高程度较低；其二，必需消费品业绩相对稳定，同时板块猪瘟疫情得到控制、猪价持续攀升，盈利基本面有所改善。

行情演绎逐步从大市值领涨转向小市值领涨。2012年以后，超额收益行情期间均表现为小市值个股领涨。由于阶段1超额收益行情期间板块内上市公司数量过少，因此不做参考。阶段2超额收益行情内表现为大市值个股领涨，而此后的3轮超额收益均表现为小市值个股领涨。原因可能有两方面：其一，2012年后，政府出台一系列扶持中小企业的政策，其中包括针对小市值股票的政策，比如股票交易印花税减免等，这些政策利好小市值养殖企业；其二，在2012年后，大型养殖企业普遍面临产能过剩、环保限制、食品安全等问题，导致业绩增长速度放缓，市场认可度下降。相比之下，小市值公司相对规模较小，往往能够灵活应对市场变化，具有更强的生命力和成长潜力，这也推动了市场对小市值养殖企业的认可和投资热情。

⊖ 当业绩的增长放缓、不及预期估值达到历史较高分位水平时，即使上市公司业绩增长，股价也会大幅滑落的现象，就叫作"杀估值"。

第7章　食品饮料（白酒）行业

中国酒文化源远流长，自古以来酒成为文人墨客笔下抒发情感的重要载体。作为生活中不可或缺的商品，酒是中国人情感交流的载体，在各类商业会谈、婚庆喜事等活动中扮演着重要角色。

在 A 股市场上，白酒板块也举足轻重地影响着大盘的行情演绎。截至 2022 年 12 月 31 日，有 20 家白酒公司在 A 股上市。贵州茅台以 2.17 万亿元的市值"称霸"沪深 300 指数市场，以一己之力撑起白酒板块的天下。由于独具消费属性和"护城河"优势，茅台在境外资金眼中也是"核心资产"的代表。不仅常年位居陆股通十大热门交易榜首，还带动整个白酒板块成为代表境外资金动向的"风向标"。因此，白酒板块在内外部资金的持仓中均处于十分重要的位置。

7.1　超额收益在经济复苏后期或市场弱势期

2005 ～ 2022 年，白酒板块相对于沪深 300 的表现，我们选取了四个持续时间半年到 1 年以上、回撤相对较小的阶段，供投资者关注与参考，如图 7-1 所示。

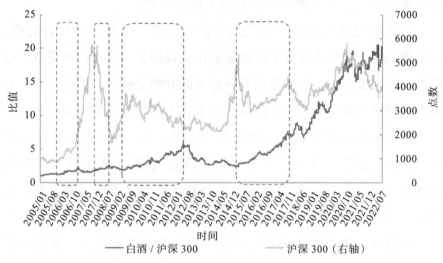

图 7-1　白酒板块相对于沪深 300 的超额收益行情

注：白酒板块指数选择中信二级行业分类。

资料来源：Wind，财通证券研究所。

7.1.1　阶段 1：地产热和基建热推动白酒量增

2006 年 1 月～ 2007 年 1 月，持续时间长达 364 天，白酒板块涨幅为 349%，同期沪深 300 指数涨幅为 141%，白酒板块相对于沪深 300 指数的超额收益为 208%。在 2013 年之前，白酒的销量与地产基建投资增速相关度较高。而本轮超额收益来源正是受益于房地产市场投资景气度回升带动的白酒量增和市场处于牛市初期低风险偏好注重业绩基本面的特征。

2005 年，国家出台了一系列调控措施，从土地供应、贷款发放、住房公积金管理、抑制房价到全行业的综合调控等，房地产受到严格调控与监管，投资开发增速下滑。2006年，房地产投资增速逐月回升，增速超过20%。在2013年之前，房地产开发和基建投资的规模较大，是白酒销量提升的主要驱动力。

2006年是A股整体牛市的起步阶段，当时市场风险偏好较低，市场更关注公司基本面和业绩能够立即兑现的公司。而白酒受益于地产投资的回暖，销量大幅度提升，基本面有明显改善。因此，我们看到白酒板块在此阶段相较于沪深300表现出较为明显的超额收益。

本轮超额收益阶段，白酒板块上涨336%，其中盈利上涨推动62%，由于处于牛市中，估值对板块涨幅贡献169%。从具体个股的涨幅来看，位列涨幅榜前三位的分别是泸州老窖、山西汾酒、水井坊，其涨幅分别是679%、457%、389%。

本阶段位于盈利改善前三位的个股分别是泸州老窖（盈利改善486%）、金种子酒（盈利改善115%）、古井贡酒（盈利改善108%）。在这一阶段，由于贵州茅台业绩基数较大，盈利增速较缓，作为龙头企业其涨幅主要由估值贡献。而涨幅首位的泸州老窖涨幅近7倍，约5倍是由盈利改善贡献的。

7.1.2 阶段2：熊市防御属性助力超额收益

2007年9月～2008年9月，持续时间长达378天，白酒板块跌幅为31.03%，同期沪深300指数跌幅为60.85%，白酒板块相对于沪深300指数的超额收益为29.82%。白酒板块业绩增速虽然较2005～2006年有所下滑，但在2008年危机背景下白酒相比于钢铁等周期性行业免疫程度更高，并且从策略行业的比较思维来看，白酒板块业绩稳定性和防御性更好。

本轮白酒板块上涨的主要原因，一方面是业绩稳定性在2008年

危机大背景下更高，另一方面是从行业配置角度，其更具有相对优
势。从 2005～2007 年以来，房地产作为经济增长的引擎，一直处
于高速发展阶段。与此对应，当时白酒板块业绩高增速的阶段其实
是从 2005 年年底到 2006 年，如图 7-2 所示。

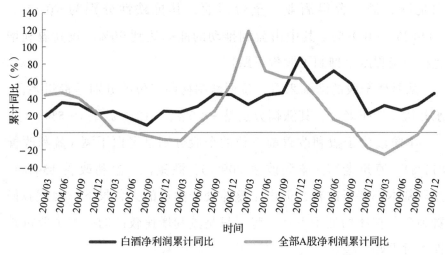

图 7-2　白酒净利润累计同比下滑弱于全部 A 股净利润累计同比

资料来源：Wind，财通证券研究所。

　　从行业角度来看，白酒板块虽然增速最快的阶段已经过去，但
是其业绩增长相较于钢铁等周期性行业在 2008 年危机背景下，免
疫程度相对更高，如图 7-3 所示。白酒板块比其他板块更具稳定性、
防御性，受到投资者青睐。

图 7-3　白酒超额收益凸显其防御属性和行业配置思维

资料来源：Wind，财通证券研究所。

本轮超额收益阶段，白酒板块下跌34%，但盈利贡献仍为91%。由于处于熊市，几乎所有行业涨幅都为负，因而其估值对涨幅的贡献接近−65%。

本轮白酒行业板块性下跌34%，个股抗跌性排行前三位分别是酒鬼酒、舍得酒业、皇台酒业，其抗跌性分别为−0.52%、−0.98%、−0.99%。其中由盈利推动的涨幅达到90%，较高盈利增速在一定程度上抑制了股价下跌。

从具体个股的涨幅来看，位列涨幅榜前三位的分别是贵州茅台、水井坊、泸州老窖，其涨幅分别是−8.0%、−13.4%、−19.5%。

本阶段位于盈利改善前三位的个股分别是老白干酒（盈利改善811%）、泸州老窖（盈利改善209%）、酒鬼酒（盈利改善154%）。盈利基本都有所改善，但由于整体处于熊市的大背景下，因此我们看到个股整体均处于下跌趋势，只是盈利增速较高的一些个股抗跌性相对更好一些。

7.1.3 阶段3："四万亿计划"带动白酒量价齐升

这一阶段持续时间长达1155天，白酒板块涨幅为175%，同期沪深300指数跌幅为12.36%，白酒板块相对于沪深300指数超额收益为187.36%。

受到2008年全球金融危机的影响，为了稳定经济增长预期，中国政府推出扩大内需的"四万亿计划"，大力推进民生工程、基础设施、生态环境建设等相关工程。因此，我们看到在计划推出以后，以基础设施投资为代表的投资累计同比增速高达50%。以贵州茅台、五粮液、泸州老窖为代表的白酒出现量、价同时提升的情况，其中产量同比增速达30%左右，如图7-4所示，出厂价也提升了 1.5 ～ 2 倍，基本面呈现持续改善的良好势头。

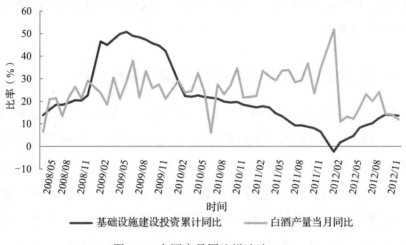

图 7-4　白酒产量同比增速达 30%

资料来源：Wind，财通证券研究所。

在金融危机以后，中国政府出台"四万亿计划"，短期来看对稳增长的决心和信心的作用较为明显。但由于 2008 年金融危机、2010 年欧债危机等外部因素的持续扰动；叠加内部 CPI 持续上行、央行上调存款准备金率，内部存在着"滞胀"的悲观预期。所以市场无论从企业盈利，还是流动性和风险偏好的角度来看都较为谨慎。因此，我们看到投资者对以白酒为代表的业绩基本面较为确定的板块和方向相对更有信心。

本轮超额收益阶段，白酒板块上涨 155%，其中盈利上涨推动 176%，由于处于熊市中，估值反而对板块涨幅有 -8% 的贡献。盈利上升是股价上涨的主要推动力，而估值略有下降。

从具体个股的涨幅来看，位列涨幅榜前三位的分别是金种子酒、古井贡酒、酒鬼酒，其涨幅分别是 823%、654%、464%。与盈利改善前三位一致，金种子酒盈利改善 1600%、古井贡酒盈利改善 1413%、酒鬼酒盈利改善 798%。这再次说明了本轮白酒超额收益来源于盈利改善。

7.1.4 阶段 4：库存出清与消费升级带来量价双升

2015 年 6 月～ 2017 年 12 月，持续时间长达 924 天，白酒板块涨幅为 142%，同期沪深 300 指数跌幅为 13.07%，白酒板块相对于沪深 300 指数的超额收益为 155.07%。经过 "塑化剂" ⊖等事件影响后，白酒在库存出清、棚改货币化、消费升级等多重基本面因素和以陆股通、MSCI 为代表的境外资金追逐稀缺性核心资产等市场面因素的双重刺激下，使得白酒板块迎来了一段持续两年多的大牛市行情。

白酒行业在 2013 ～ 2015 年，一直处于去库存化阶段，市场表现也呈现出萎靡不振。经过了两年左右的时间消化，白酒板块在库存出清、棚改货币化、消费升级等多重因素的刺激下，白酒产量首先在 2014 年年底见底回升，如图 7-5 所示，白酒价格在 2014 年年初逐步企稳，继而量价齐升带动白酒行业基本面的好转。

经历了 2013 ～ 2015 年创业板以互联网为代表的大牛市，在去杠杆的大背景下，市场经历了快速调整，市场风险偏好也快速下降。由 "讲故事" 到注重业绩基本面，核心资产风格逐步成为市场共识。与此同时，随着中国资本市场的逐步开放，从沪股通、深股通再到 MSCI 将 A 股纳入其中，使得以贵州茅台为代表的稀缺性核心资产成为投资者追捧的对象，如图 7-6 所示。

⊖ 塑化剂也被称为增塑剂，是一种高分子材料助剂。塑化剂可通过消化道、呼吸道、皮肤吸收、静脉输液等途径进入人体，从而对机体产生毒性作用。

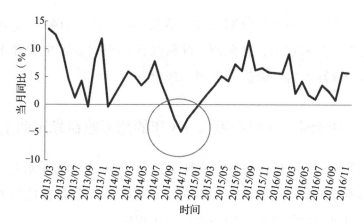

图 7-5　白酒产量当月同比在 2015 年年初左右产生拐点

资料来源：Wind，财通证券研究所。

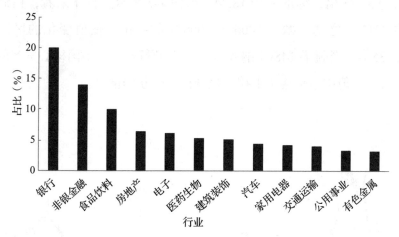

图 7-6　食品饮料行业在 MSCI 纳入 A 股成分中占比约为 10%

资料来源：Wind，财通证券研究所。

　　本轮白酒板块产生超额收益行情，板块上涨 152%，其中盈利上涨贡献 58%，估值贡献 59%，两者几乎是 1∶1。

　　从具体个股的涨幅来看，位列涨幅榜前三位的分别是贵州茅台、水井坊、五粮液，其涨幅分别是 226%、225%、183%。本阶段位于盈利改善前三位的个股分别是舍得酒业（盈利改善1144%）、山西汾酒（盈利改善320%）、酒鬼酒（盈利改善299%）。这主要和本阶段整个市场偏好大白马价值股抱团的现象有关。

7.2 "护城河"让白酒板块18年的超额收益稳定向上

白酒板块经历过多轮量价周期，拉长到18年的周期来看，即从2005年到2022年，白酒板块相对于沪深300指数存在持续的超额收益，中间变化的仅是超额收益的具体程度。

2005～2022年白酒板块估值的变化情况来看，市盈率估值的平均值为34.85倍，标准差为18.44，如图7-7所示。整体来看，白酒估值在2017年之前，抛开2006～2008年的牛市，估值变化的区间在25～35倍。伴随着MSCI纳入A股，白酒行业作为中国核心资产的典型代表，估值中枢也逐步上移，呈现出一个新的格局。

图7-7 白酒市盈率估值的平均值为34.85倍

注：估值指标选取PE（TTM，剔除负值）。

资料来源：Wind，财通证券研究所。

　　白酒板块的配置价值在弱市行情中更为显著。白酒行业的防御属性受益于消费行业特性，即稳定现金流所带来的确定性溢价，不同于银行业，白酒行业来自其低估值的安全边际。所以我们看到，白酒板块的超额收益在 2016 年以前基本发生在市场走熊的阶段。随着 A 股国际化程度的提高，境外资金在 2016 年开始成为影响市场的重要投资者。白酒在这些新增资金眼中不仅是普通的消费品，还是代表中国在全球独一无二的核心资产。因此 2016 年之后，白酒行情的逻辑从业绩驱动逐步转向估值驱动。同时也带动了 A 股各个行业板块中龙头的估值重塑，带来了一轮持续两年之久的核心资产牛市。

第 2 部分　周期品

　　周期性行业的景气度博弈特性最强，行业景气度变化主要源于两个核心因素：供给和需求。供给逻辑方面，供给侧结构性改革、行业集中度提升往往带来景气度上行的投资机会，例如 2017 年供给侧结构性改革，需求稳定而供给收缩，行业内盈利重新分配倾向龙头公司。需求逻辑方面，驱动因素一方面是宏观经济顺周期，另一方面行业自身具有周期性需求，例如房地产周期会影响上游产业链需求。

　　此外，周期性行业往往受库存周期影响。在经济运行中，厂商生产过多时就会形成存货，从而减少生产，而库存减少时，厂商又会加大生产，存在以 3 年左右为一轮的有规律的上下波动。根据需求和库存的变化方向可以分成四个阶段，分别为被动去库存（需求提升和库存下降）、主动补库存（需求提升和库存上行）、被

动补库存（需求下降和库存上行）、主动去库存
（需求下降和库存下降）。

　　我们将通过供给、需求和库存周期等角度，
分析周期板块在过去 18 年间的超额收益行情，
以供投资者参考。

第 8 章　钢铁行业

钢铁是我国重要的工业基础。从总量角度来看，我国一直以来都是全球最大的钢铁消费国，2022 年折合粗钢表观消费量[⊖]为 9.60 亿吨，在全球占据着五成左右的份额。其中，建筑行业和制造行业是钢铁的两大下游。前者包括了基建和地产，后者则涵盖了机械、汽车、家电以及能源化工等。从具体细分领域来看，基建、地产和机械占据了 70% 左右的钢铁消费。这些领域是我国宏观经济的重要支撑，因此钢铁需求在一定程度上也是我国经济的"晴雨表"。近年来随着"高速增长"转为"高质量增长"，钢铁的下游需求也开始有所放缓。

此外，我国常年占据着全球钢铁生产的"霸主之位"。2022 年我国粗钢产量为 10.13 亿吨，以一己之力贡献了全世界 54% 的钢铁，而排名第二的印度仅占 6.6%。影响我国钢铁产量的因素主要有两个：铁矿石的进口和政策调控。前者作为钢铁行业的上游，间接

⊖　粗钢表观消费量根据统计局所公布的产量数据以及海关总署公布的进出口数据计算得到，其计算公式为：表观消费量＝粗钢产量＋进口量－出口量。

影响钢铁的价格和产量。由于澳大利亚的铁矿石具有成本优势，所以澳大利亚是我国铁矿石的主要进口来源国。后者则是通过"去产能""产能置换"等方式直接影响钢铁产量。这也是近几年影响我国钢铁行业格局的主要因素。

8.1 超额收益从需求扩张走向供给收缩

2005 ～ 2022 年，钢铁板块相对于沪深 300 指数的表现，我们选取了五个持续时间半年以上、回撤相对较小的超额收益阶段，如图 8-1 所示。

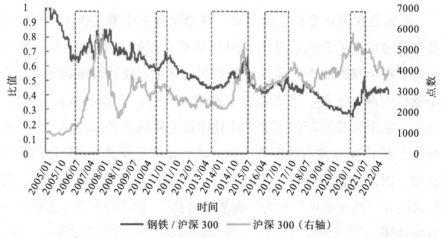

图 8-1 钢铁板块指数相对于沪深 300 的五个超额收益阶段

注：钢铁板块指数选自中信一级行业分类。

资料来源：Wind，财通证券研究所。

板块超额收益通常发生在钢价上行期，如表 8-1 总结所示。前两个阶段（2006 ～ 2011 年）下游需求旺盛，钢铁产能持续扩充，板块收获强劲的行业收益。2011 年后，经济增速放缓，下游需求持续不振，同时前期产能过剩，钢铁行业基本面恶化，开启漫漫衰退路。

表 8-1　钢铁业超额收益通常发生在钢材量价齐升时期

阶段	供给变化	期初期末库存变化	钢价变化	需求（房地产/基建等）
2006 年 10 月～2007 年 9 月	27.00%	29%	19%	增加（经济高速增长期）
2010 年 10 月～2011 年 4 月	7.81%	−2%	10%	增加（"四万亿计划"提振内需）
2013 年 11 月～2015 年 6 月	5.83%	40%	−31%	不振（经济增速换挡但地产放松）
2016 年 5 月～2017 年 9 月	4.59%	−13%	51%	增加（棚改货币化）
2021 年 2～9 月	−0.30%	−34%	25%	增加（行情修复、需求回暖）

注：供给变化以"粗钢产量变动"为计算方式，钢价变化以"钢价综合指数变动"为计算方式。

资料来源：Wind、中国钢铁业协会、财通证券研究所。

第三阶段（2013～2015 年），行业不利因素出清，下游需求不振，铁矿石价及钢价齐跌，行业主动减产，在衰退中孕育新机。此时经济结构调整，同时"一带一路"及地产松绑强化需求提升预期，叠加流动性宽松，板块与市场共振实现超额收益。

供给侧结构性改革后，板块由估值转为盈利驱动；同时需求对钢价的驱动力下降，来自供给端的价格拉升逻辑增强。后两个阶段（2016～2021 年）钢铁业压产限产，同时淘汰落后产能，前十大钢企产能占比提升至 41.5%。

从库存周期角度看，钢铁作为周期品与煤炭相似，超额收益阶段多数会发生在钢铁行业主动补库存期间，在这个阶段行业供需关系改善，推动钢价上涨，库存上行，如图 8-2 所示。

8.1.1　阶段 1：内外需求共振，钢材"量价齐升"

从 2006 年 10 月到 2007 年 9 月，持续时间长达 342 天，钢铁板块涨幅为 453%，同期沪深 300 指数涨幅为 359%，钢铁板块相对沪深 300 指数的超额收益为 94%。主要驱动力来自出口增加与房地产投资上升，钢材需求扩大，钢价上涨超 50%。这一阶段国内外经济态势良好，需求高涨，推动钢材"量价齐升"，价格指数从 100 上升至 160，产量同比增速保持在 10% 以上。

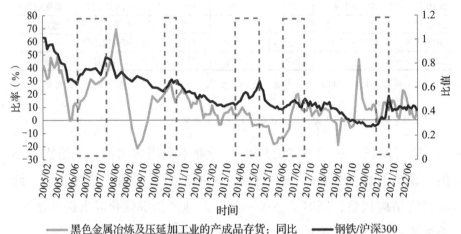

图 8-2　超额收益阶段多发生在钢铁行业主动补库存期间

资料来源：Wind、财通证券研究所。

从市场来看，经济实现两位数增长，下游需求火爆推动钢价涨幅超过 50%。在 WTO 红利下，宏观经济发展迎来"黄金年代"，钢铁成为高景气行业的代表之一。2006 ～ 2007 年，中国 GDP 保持两位数增长，分别达 12.7% 与 14.3%，增速创历史新高。房地产投资完成额累计同比增加 33%（见图 8-3），钢铁代表的上游资源品行业持续高景气。钢铁库存处于低位，下游需求强劲，钢价上涨超 50%。期间，钢材库存均值为 602 万吨。房地产投资完成额同比增速均值近 30%，基建投资增速 42%。国内需求快速释放，钢材价格指数上涨超过 50%，产量同比增速均值为 20%。这一阶段，钢铁所

属的黑色金属冶炼产品库存同比从 9% 上涨到 28%，钢铁企业主动
补库存。

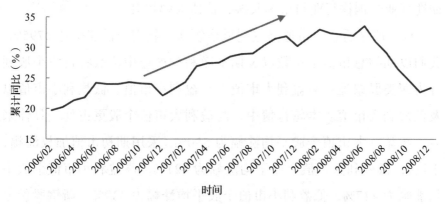

图 8-3   2006 ~ 2007 年房地产投资完成额累计同比增加 33%

资料来源：Wind、财通证券研究所。

　　从行业来看，超额收益为 94%，持续时间约 12 个月。2005 年
6 月～ 2007 年 10 月，股权分置改革叠加宏观经济高增速，股票牛
市效应显著提升，居民资金快速入市，A 股牛市启动，这一阶段沪
深 300 指数涨幅超 540%。2006 年 10 月～ 2007 年 9 月，作为宏观
高景气的"五朵金花"之一，钢铁业从前期跟涨到牛市中后期实现
超额收益。2006 年二季度，在中信一级行业中，钢铁行业净利润
为 263.47 亿元，位列第二，估值最低，为 10 倍。同时，2006 年四
季度钢铁净利润增速转正，并维持高速增长，叠加下游以地产链为
主的需求持续释放，2006 年 10 月～ 2007 年 9 月，钢铁指数上涨
453%。

　　从板块来看，2006 年 10 月～ 2007 年 9 月，沪深 300 指数上涨
359%，钢铁行业实现 94% 的超额收益，其中盈利增长 77.03%，估
值增长 437.69%，估值贡献大于盈利。牛市背景下，行业高景气带

来本轮超额收益行情。这一阶段，钢价上涨，需求旺盛带动钢铁企业整体盈利改善。同时，牛市启动，市场投资者情绪高涨，作为周期性行业，钢铁行业与市场共振，估值大幅提升。

从个股来看，大市值高盈利风格领涨，新钢股份涨幅达 2795%。我们以期初总市值中位数以及期末净利润增速中位数将行业个股划分为四类股票池：高盈利大市值、高盈利小市值、低盈利小市值以及低盈利大市值。本轮行情中，高盈利大市值个股更占优。具体来看，高盈利大市值个股平均涨幅为 550%（采用期初市值加权涨幅，下同），低盈利大市值个股平均涨幅为 421%，高盈利小市值个股平均涨幅为 427%，低盈利小市值个股平均涨幅为 439%。新钢股份上涨 2795%，韶钢松山盈利改善 1669%，从具体个股的涨幅来看，位列涨幅榜前三位的分别是新钢股份、本钢板材、八一钢铁，其涨幅分别是 2795%、1051%、784%。在这一阶段，个股盈利普遍上涨，但估值贡献仍占据较大比重。

8.1.2 阶段 2：政策提振内需，行业企稳回升

从 2010 年 10 月到 2011 年 4 月，持续时间长达 182 天，钢铁板块涨幅为 21.04%，同期沪深 300 指数跌幅为 2.33%，钢铁板块相对沪深 300 指数的超额收益为 23.37%。这一阶段驱动力来自政策刺激下游需求提升、抬高钢价，钢价上涨超 40%。为应对经济危机，"四万亿计划"提振内需，降准降息等逆周期调节措施力度大。2010 年和 2011 年，保障房建设进程加快。同时，在扩大内需的财政政策刺激下，汽车产量与家电产量不断上升。钢铁业需求回暖，涨幅超过大盘。

从市场来看，这一阶段 GDP 增速放缓，积极的财政政策以实

现稳增长为目标。在扩大内需的财政政策刺激下，钢铁下游需求稳步上升，库存下降，钢价上涨超 40%。2011 年全国财政住房保障支出同比增速为 61%，房地产开发投资增速从 2009 年年初的 1% 升至 2010 年 6 月的 38%，如图 8-4 所示。2008 年四季度开始，央行多次降准降息。为应对经济下行压力，2008 年四季度一个季度内，中长期贷款利率下降近 30%，存款准备金率下调 14%，M2 同比增速从 2008 年 11 月的 14% 升至 2009 年 11 月的 30%。同时，个人住房贷款加权平均利率最低下降至 2009 年 6 月的 4.34%，2009 年 3 月～2010 年 5 月居民中长期贷款率基本保持 100% 以上增长。

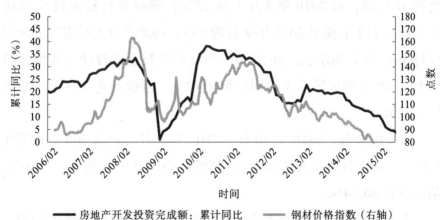

图 8-4　2010 年 6 月房地产开发投资完成额累计同比增速 38%

资料来源：Wind、财通证券研究所。

从行业来看，超额收益为 23%，持续时间约 7 个月。2008 年 11 月～2010 年 11 月，逆周期政策力度空前，企业利润修复，A 股开启小牛市。2009 年 9 月创业板开启驱动市场风格转向中小盘。受政策收紧和次贷危机影响，沪深 300 指数从 2007 年 10 月到 2008

年11月大幅下跌。"四万亿计划"等强逆周期政策开启后，沪深300指数V形反转，上升至2009年8月的3800点附近。2009年四季度、CPI及PPI转正后快速上升，央行开始收紧流动性，存款准备金率从2010年1月的16%上调至2011年1月的19%。2009年四季度企业盈利见顶、预期落实，同时创业板开板，市场风格切换，大盘宽幅震荡，中小板领涨，2009年9月~2010年11月中小综指上涨85%。2010年10月~2011年4月，盈利集中释放，钢价坚挺叠加保障房开工预期，钢铁板块走出了一轮独立行情。这一阶段，沪深300指数小幅下跌2%，钢铁板块实现23%的超额收益。这一阶段正处于钢铁行业利润集中释放期，2010年12月库存指数为1280，较2010年3月下降29%；螺纹钢价格指数从2010年7月的112上涨至2011年8月的143；房地产开发投资完成额均保持30%以上的增长。2010年三季度钢铁行业归母净利润增速超200%，2011年保障房支出同比增加61%，钢铁行业从跟涨到走出独立行情。

从板块来看，2010年10月~2011年4月，沪深300指数下降2.33%，钢铁行业实现23.37%的超额收益，其中盈利下降21.6%，估值增长40.34%。

从个股来看，高盈利大市值风格领涨，南钢股份涨幅达238%。本轮行情中，市场风格仍以高盈利大市值占优。具体来看，高盈利大市值个股平均涨幅为42%，低盈利大市值个股平均涨幅为2%，高盈利小市值个股平均涨幅为15%，低盈利小市值个股平均涨幅为13%。位列涨幅榜前三位的分别是南钢股份、广泽股份、包钢股份，其涨幅分别是238%、204%、169%。

8.1.3 阶段 3:"一带一路"产能输出,驱动预期改善

从 2013 年 11 月到 2015 年 6 月,持续时间长达 581 天,钢铁板块涨幅为 243.10%,同期沪深 300 指数涨幅为 131.16%,钢铁板块相对沪深 300 指数的超额收益为 111.94%。这一阶段驱动力来自需求改善预期,期间行业利空出清,"一带一路"及地产松绑,需求预期强化,行业估值提升。由于 2012 年盈利明显下滑与信贷政策收紧,钢铁企业开始"主动性"减产。2014 年后钢铁产量同比下降明显,不断向 0 趋近。牛市中,对业绩良好的预期叠加货币宽松带动钢铁估值超过大盘。

从市场来看,基本面底部出清,预期向好。经济增速放缓,地产链疲软,产能过剩导致钢价下降超 60%。这一时期房地产开发投资完成额同比增速由 2013 年年初的 23% 降至 2015 年年底的近 0;基建成为稳增长的抓手,基建同比增速均保持在 20% 以上,如图 8-5 所示。由于地产链占钢铁下游需求近 4 成,钢铁行业投资大幅增加,行业出现较为明显的产能过剩。钢价指数从 2011 年 9 月的 139 下降到 2015 年的 54。经济结构转型,"一带一路"产能输出预期叠加房地产调控放松,货币政策宽松。"一带一路"倡议提出后,钢铁"产能输出"预期升温。地产政策持续宽松:2014 年"930 新政"后,"认贷不认房";2015 年"330 新政"后,二套房最低首付比例由 60% ~ 70% 降至 40%。在货币政策方面,2014 年年底央行开始连续降准降息,中长期贷款利率下降超 20%,央行存款准备金率下调超过 10%。

从行业来看,超额收益达 112%,持续约 20 个月。2013 年 11 月~2015 年 6 月,A 股由结构性牛市切换至杠杆性牛市。2013 ~ 2014 年

成长板块领涨，大盘继续探底，呈现结构牛，这一阶段钢铁小幅跑赢大盘。2014 年年底沪港通开通，央行降准降息，杠杆资金入市。全 A 股市场由成长板块领涨逐步演绎成全面牛市。2013 年 11 月～2015 年 6 月，钢铁底部利空出清，产能输出预期，叠加房地产松绑，钢铁领涨。2011～2015 年铁矿石指数下降 70%，钢价下降 60%；行业主动压产减产，2013～2015 年钢材库存下降 37%，2015 年钢铁产量同比增速首次低于 0。同时，钢铁政策不断利好，在"一带一路"倡议的背景下，钢铁出口增幅超 100%；从"930 新政"到"330 新政"，房地产政策逐步松绑。

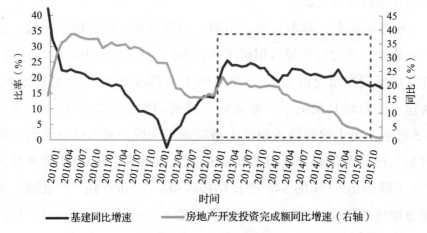

图 8-5　2013～2015 年，基建同比增速保持在 20% 以上

资料来源：Wind、财通证券研究所。

从板块来看，2013 年 11 月～2015 年 6 月，沪深 300 指数上涨 131.16%，板块上涨 243.1%，钢铁行业实现 111.94% 的超额收益，其中盈利下降 130.48%，估值增长 301.05%。

从个股来看，本轮行情，市场风格转向高盈利小市值个股。具体来看，高盈利大市值个股平均涨幅为 194%，低盈利大市值个股平均涨幅为 240%，高盈利小市值个股平均涨幅为 259%，低盈利小市值个股平均涨幅为 195%。从具体个股涨幅来看，位列涨幅榜前三位的分别是沙钢股份、重庆钢铁、包钢股份，其涨幅分别是 696%、687%、634%。盈利改善前三位分别是河钢股份（盈利改善 614%）、南钢股份（盈利改善 536%）、鞍钢股份（盈利改善 398%）。大部分企业业绩下滑，但估值提升明显。

8.1.4 阶段 4：供给侧结构性改革，行业再度"回春"

从 2016 年 5 月到 2017 年 9 月，持续时间长达 476 天，钢铁板块涨幅为 58.22%，同期沪深 300 指数涨幅为 24.57%，钢铁板块相对沪深 300 指数的超额收益为 33.65%。这一阶段驱动力来自供给侧压产叠加棚改促需求，钢价上涨超过 80%。去产能从 2016 年开始，用 5 年时间压减粗钢产能 1 亿～ 1.5 亿吨。需求稳定，产量减少驱动钢价上涨，带来大盘回升时期的超额收益。

从市场来看，供给侧结构性改革叠加棚改货币化，钢价上涨 83%。经济增速放缓，去产能政策持续进行，企业盈利基本面改善。2016 年 5 月至 2017 年 9 月，实际 GDP 增速下降 3%。2015 年 12 月中央经济工作会议提出"三去一补一降"⊖，去产能被摆在首要位置，资源配置得到有效优化。同时，全 A 股市场利润回暖，归母净利润同比增速由 2016 年二季度的 -7% 上升至 2017 年三季度的近 20%。供给侧结构性改革卓有成效，棚改货币化提振需求，钢价上涨 83%。随着供给侧结构性改革的推进，钢铁业去产能与淘汰落后产能双管齐下，从 2016 年下半年起，钢材产量同比增速不断下滑，并在 2017 年 5 月开始负增长，如图 8-6 所示。2016 年四季度钢铁

⊖ "三去一降一补"即去产能、去库存、去杠杆、降成本、补短板五大任务。

业归母净利润由负转正，行业盈利能力大幅提升。从库存周期阶段划分看，钢铁行业库存同比由负转正，行业处于主动补库存阶段。

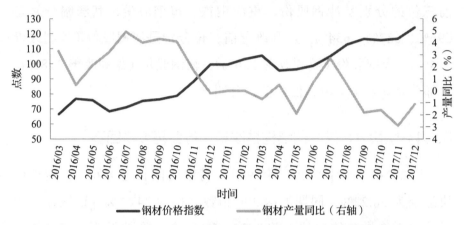

图8-6　2016～2017年钢铁产量同比增速不断下滑，价格指数上涨83%

资料来源：Wind、财通证券研究所。

从行业来看，超额收益达34%，持续约15个月。2016年2月至2018年1月，资本市场进一步开放，A股回归"价值"。这一阶段市场拥抱价值风格，其中沪深300指数从2821点上涨到4403点。这一期间基本面表现良好，A股盈利增速和净资产收益率均在2016年二季度触底反弹；资本市场改革持续进行，2016年2月证监会取消QFII[⊖]和RQFII[⊜]投资比例限制，2016年12月深港通开始启动，北向资金持股比例由0.3%提升至1.8%。2016年5月至2017年9月，供给侧压产效果初显，棚改提供需求支撑，钢铁盈利大幅提升，此阶段钢铁领涨，相对沪深300指数实现超额收益34%。2017年三季度钢铁行业归母净利润环比增加73%，钢铁板块

⊖　是指合格的境外机构投资者。

⊜　是指人民币境外合格机构投资者。

指数从 1263 上涨到 1819。期间，以食品饮料和家电为代表的消费行业领涨，煤炭、有色等资源品涨幅位居前列。

从板块来看，2016 年 5 月～ 2017 年 9 月，沪深 300 指数上涨24.57%，板块上涨 58.22%，钢铁行业实现 33.65% 的超额收益，其中盈利上涨 65%，估值下降 63%。本轮钢铁超额收益行情由盈利驱动。

从个股来看，本轮行情中，市场风格切换至高盈利小市值个股。具体来看，高盈利大市值个股平均涨幅为 83%，低盈利大市值个股平均涨幅为 49%，高盈利小市值个股平均涨幅为 123%，低盈利小市值个股平均涨幅为 18%。从具体个股的涨幅来看，涨幅榜前三位分别是三钢闽光、方大特钢、南钢股份（509%、195%、168%）。本阶段盈利改善前三的个股分别是宝钢股份（盈利改善 1073%）、新钢股份（盈利改善 1013%）、方大特钢（盈利改善 1009%）。

8.1.5　阶段 5：供需错配，盈利大幅改善

从 2021 年 2 月到 9 月，持续时间长达 212 天，这一阶段钢铁板块涨幅为 82.52%，同期沪深 300 指数下跌 13.67%，钢铁板块相对于沪深 300 指数的超额收益为 96.19%。这一阶段驱动力来自供应链受阻及供给收缩，钢价上涨超过 40%。2021 年碳中和概念继续升温，钢铁业供给侧结构性改革持续推进，压产效果显著，叠加需求边际回暖，行业盈利改善。

从市场来看，供应链受阻加之环保限产，钢价上涨 42%，盈利来自供给端的逻辑增强。原材料供应方面，运输成本及铁矿石价格提高：受疫情影响，国际货运受压，2021 年 1 ～ 9 月干散货指数上涨 276%；2021 年 1 ～ 7 月铁矿指数上涨 42.9%。产量方面，环保

限产效果显著。以钢铁为代表的黑色金属冶炼及压延加工业，2019年碳排放量占比为18.9%；钢铁占制造业碳排放比重较高。市场需求弱复苏，国内地产及基建增长有限，国外需求增加但占比仅10%。2021年国内疫情得到有效控制，地产和基建弱复苏：2021年2～4月，地产投资完成额两年当月均速分别为11%、8.95%和9.2%；基建投资两年当月均速分别为8%、10%和8%。国外需求增加但占比低，欧美等消费国在强有力的财政补贴刺激下，汽车等耐用消费品复苏强劲。2021年1～9月，中国钢铁出口同比增速均值为49%。这一阶段，钢铁企业库存同比从 -3% 增长到10%，企业主动补库存，预期上行。

从行业来看，超额收益达94%，持续约8个月。2019年1月～2021年3月，A股开启新一轮慢牛，始于流动性宽松，后期基本面改善接力。2018年金融去杠杆及中美贸易摩擦发生后，2019年年初央行全面降准1个百分点，2020年一季度全A股市场归母净利润同比增速见底。2021年二季度经济增速达到高点后边际下滑，由于各行业基本面周期不同，市场价格出现分批下跌。2021年2～9月，沪深300下降14%。2021年2～9月，钢铁供应链受阻，行业环保限产，钢价上涨42%，相对于沪深300实现超额收益96%。钢铁产量增速从2021年3月的21%下降到11月的-15%，行业压产效果显著。行业盈利于2021年9月见顶，归母净利润同比增加147%，如图8-7所示，与大盘盈利错期。钢铁板块在本轮牛市末期接续上涨83%，走出独立行情。

从板块来看，2021年2～9月，沪深300指数下跌13.67%，板块上涨82.52%，钢铁行业实现96.19%的超额收益，其中盈利上涨113.25%，估值下降2.82%。本轮钢铁板块上涨由盈利驱动。

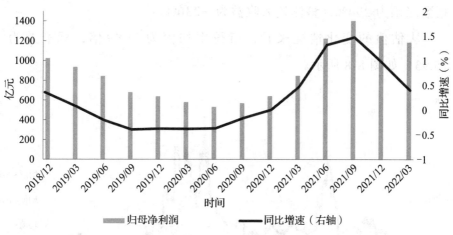

图 8-7　2021 年 9 月钢铁行业归母净利润同比增加 147%

资料来源：Wind、财通证券研究所。

从个股来看，高盈利小市值风格占优，海南矿业涨幅达 433%。本轮行情中，市场风格继续偏好高盈利小市值个股。具体来看，高盈利大市值个股平均涨幅为 111%，低盈利大市值个股平均涨幅为 23%，高盈利小市值个股平均涨幅为 146%，低盈利小市值个股平均涨幅为 70%。从具体个股的涨幅来看，位列涨幅榜前三位的个股分别是海南矿业、太钢不锈、包钢股份，其涨幅分别是 433%、258%、226%。涨幅前三位的个股盈利也大有改善，分别为 781%、338% 和 972%。本阶段位于盈利改善前三位的个股分别是安阳钢铁（盈利改善 1396%）、包钢股份（盈利改善 972%）、海南矿业（盈利改善 781%）。

8.2　典型的周期品，非长牛而是阶段牛

纵观 18 年的钢铁行业情况，行业总涨幅为 64%，同期沪深 300

指数涨幅为 294%，整体超额收益为 -230%。

从估值的变化情况来看，市盈率均值为 21.49 倍，标准差为 15.93，如图 8-8 所示。

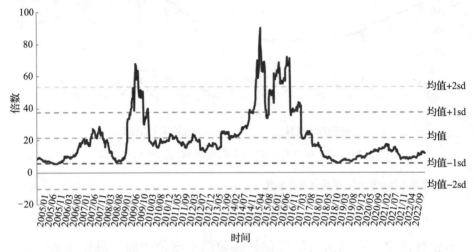

图 8-8　钢铁行业市盈率均值为 21.49 倍

注：估值指标选取 PE（TTM，剔除负值）。

资料来源：Wind、财通证券研究所。

在 A 股市场，钢铁股具有较强的周期属性，整体表现也与宏观经济发展息息相关。在经历了宏观高景气的"黄金时代"后，以钢铁、煤炭为代表的强周期板块发展也跟随经济增速放缓，从"五朵金花"沦为了"夕阳红"。复盘过去 18 年的钢铁股投资行情，前三轮超额收益均来自估值的拉动，而供给侧结构性改革开始出现的两轮行情则是盈利的贡献更大。这背后也说明了市场对钢铁股的"信仰"不再。与煤炭一样，长期持有钢铁股也并不是一个明智的投资选择。往后看，钢铁股的行情驱动可能更多来自政策对供需格局的调控。

供给侧结构性改革后，行业超额收益由估值驱动转为盈利驱动，同时源于供给端的盈利改善逻辑不断增强。在个股层面，盈利改善是个股收益取胜的主线，2011 年后钢铁行业产能逐步过剩，市场风格切换，由前期偏好高盈利大市值个股转向高盈利小市值个股。从长周期看，钢铁行业难见长期投资价值，需要重点关注政策性或突发性盈利改善行情。

回到 A 股投资中，对于钢铁、煤炭等强周期板块而言，超额收益的把握要重点关注国家经济相关政策及供给侧结构性改革带来的供需关系改善，强周期板块超额收益行情一般与周期品价格高度相关。同时，从库存周期阶段看，企业主动补库存阶段很可能出现超额收益行情，这一指标也可以作为判断钢铁、煤炭等强周期板块是否具有投资价值的依据之一。

第 9 章 煤炭行业

煤炭是我国重要的传统能源资源，主要用于燃烧后产生电和热，具有广泛的工业用途。煤炭价格的波动不仅会对上中游工业品的成本产生影响，还会间接传导到下游消费品。因此煤价的稳定对整个国民经济发展起到关键作用。

在我国，与煤炭流通行业相关的企业数量众多，国企和民企均有。但考虑到上游资源品的战略地位、开采的安全问题以及近年来对环保的重视，我国自 2017 年以后针对煤炭、钢铁以及化工等高耗能产业进行了一轮大规模的供给侧结构性改革。一方面加快关停小矿小产，另一方面通过专业化重组的方式来打通上下游产业链，提高生产效率，例如 2017 年中国神华与中国国电合并成为全球最大的煤化工集团——国家能源投资集团，资产规模高达 1.8 万亿元。

传统意义上，我们讨论的煤炭以开采煤矿资源为主，但实际上煤炭产业链涵盖了多个环节，包括煤矿的开采、洗选、焦煤的炼制、煤炭制品的流通以及下游煤化工产品的生产等。此外，煤炭根据不同用途可分为两大类：动力煤和焦煤。前者主要用于发电，65% 的动力煤用于火力发电，20% 左右用于建材，其他消费分布在冶金、化工等领域。后者主要用于钢铁冶炼，是炼焦和钢铁行业重要的上游原材料。因此不同品种的煤炭价格也能在一定程度上反映其对应下游的需求强弱，进而推测出当下宏观经济的景气程度。

9.1 超额收益来源于供需错配下的煤价上行

2005 ～ 2022 年，煤炭共有四轮超额收益行情，供需是核心矛盾。根据煤炭板块相对于沪深 300 指数的表现，我们选取了四个持续时间半年以上、回撤相对较小的阶段，供投资者关注与参考，如图 9-1 所示。

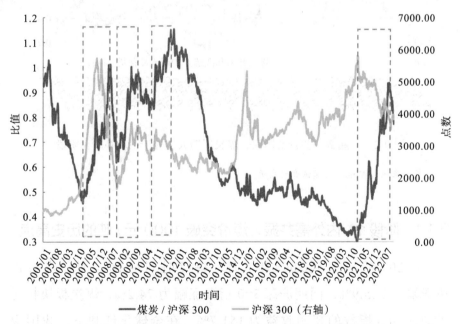

图 9-1 煤炭板块相对于沪深 300 的四个超额收益阶段

注：煤炭板块指数选自中信一级行业分类。

资料来源：Wind，财通证券研究所。

煤炭行业能否获得超额收益，驱动力主要来源于供需，煤价是重要指标。从供给端来说，煤炭的供给主要受政策的影响。去产能政策带来的供给端压缩是影响煤炭供给的核心要素。从需求端来说，发电（54%）、钢铁（16%）和水泥（12%）为代表的三大产业直接影响煤炭的景气程度。从库存周期来看，超额收益行情期间大多处于主动补库存阶段，此时需求提升，库存上行，如图 9-2 所示。

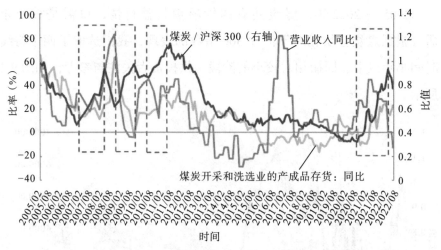

图 9-2   超额收益行情期间，煤炭周期大多处于主动补库存阶段

资料来源：Wind，财通证券研究所。

9.1.1   阶段 1：内外需共振，煤价突破 1000 元／吨的历史高点

自 2007 年 1 月到 2008 年 5 月，持续时间约 16 个月，煤炭板块涨幅为 225.9%，同期沪深 300 指数涨幅为 74.2%，煤炭板块相对于沪深 300 指数的超额收益为 151.7%。在全球化红利下，我国宏观经济高速增长，2007 年 GDP 总量同比增长 14.20%，处于历史高位。国务院曾出台政策，提出"争取用三年左右时间，解决小煤矿

问题"的目标。国家安全生产监督管理局出台配套文件，并且明确煤炭资源整合后的矿井规模。政策出台后煤炭产能大幅减少，煤价突破1000元/吨的历史新高，煤炭行业于2007年迎来黄金时代。

从市场来看，经济高速增长促进需求，去产能政策压供给。全球化红利下，我国宏观经济高速增长。2001年加入WTO后，我国贸易顺差连年大增，在2006年、2007年以50%的增速快速扩大。在贸易红利的加持下，实体经济高景气，2007年GDP同比增速高达14.20%，处于历史高位；工业增加值和工业企业利润双双向好，就业形势乐观。出口量的快速上升也带来了企业盈利的历史高点，从2005年的负增长到2007年一季度的118%。

政策促进去产能，煤价在供需错配的背景下出现翻番。2001年后小煤矿违法违规生产现象严重，生产安全事故频发的同时产能过剩。国务院就此类问题于2005年出台政策，政策出台后煤炭产量大幅减少，三年时间共计淘汰落后产能3亿吨。煤价从2007年年初的460元/吨飙升至1000元/吨，涨幅超过一倍。

具体对应到下游需求来说，在2007年1月～2008年5月这一阶段，受益于经济高速发展，发电产量需求增加15.6%，同时叠加地产和固定资产投资的增加，水泥产量需求增加13.4%，粗钢产量需求增加16.2%，如图9-3所示。从库存来看，这一阶段煤炭库存量同比从13.6%逐渐上升至23.5%，需求量提高，库存量上行，煤炭行业主动补库存。

从行业来看，煤炭行业作为牛市下的"五朵金花"之一，走出了一轮持续16个月的行情，超额收益达151.7%。

A股在2005～2007年走出了一轮超级"繁荣牛"，背后除了实体经济繁荣以外，贸易顺差的持续扩大、人民币汇率改革带来的人民币升值均提供了超额的流动性，2007 年全年 M2 同比增速一直在 20% 上下高位运行，各类资产价格开始出现快速上涨势头。

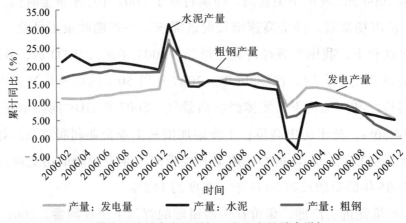

图 9-3　煤炭下游需求全面增加，发电产量需求增加 15.6%

资料来源：Wind，财通证券研究所。

　　与投资直接相关的地产、基建链条受到市场广泛关注，煤炭、钢铁、有色、银行与地产作为当时的"五朵金花"均受益于行业高景气，跑出了超额收益行情。

　　从板块来看，在这个阶段，煤炭板块上涨 225.9%，其中估值上涨 169.8%，盈利上涨 33.8%，本阶段涨幅中估值贡献大于盈利贡献。

　　从个股来看，高盈利小市值个股盈利受益，助推个股上涨。这一阶段高盈利小市值个股表现突出，个股涨跌幅排名前三位的个股期初平均市值约 25 亿元，平均涨幅近 700%。从具体个股的涨幅来看，位列涨幅榜前三位的是云维股份、冀中能源、蓝焰控股，涨幅分别是 913.57%、736.61%、630.88%。本阶段位于盈利改善前三位的个股分别是国际实业、美锦能源和安泰集团，盈利改善分别为 1366.41%、614.37%、606.82%。本轮行情中，受煤价上涨影响，上市煤企仅 5 家亏损。兖州煤矿、山西焦煤等大型煤企在本轮行情中也获得了较大的成长。

9.1.2 阶段2: 政策发力，煤价反弹至 700 元 / 吨

从 2008 年 11 月到 2009 年 12 月，持续时间约 13 个月，煤炭板块涨幅为 212.2%，同期沪深 300 指数涨幅为 113.1%，煤炭板块相对于沪深 300 指数的超额收益为 99.1%。我国于 2008 年年底出台政策刺激经济稳增长，配合降准和降息，M2 同比增速达到 20% 以上。从 2008 年三季度开始，山西、河南、贵州等省出台资源整合政策，煤炭产能在 2009 年出现大规模减小，同时受益于财政刺激，经济快速反弹，煤炭价格快速反弹到 2007 年的价格水平，煤炭行业演绎超额收益行情。

从市场来看，"四万亿计划"带来新一轮需求刺激，积极的财政政策和宽松的货币政策创造新一轮用煤需求。2008 年全球爆发金融危机，我国经济发展面临巨大压力，GDP 增速在当年四季度大幅跌至 7.1%。为了应对经济增长回落的压力，我国出台"四万亿计划"，旨在加大民生工程、基础设施等的投入，促进经济平稳增长。政策出台之后落地迅速，对投资的提振效果立竿见影。2009 年年初的基建投资增速就开始迅速提升，全年最高增速超过 50%。2009 年的财政支出增速也保持在较高水平，直到 2009 年下半年政策开始调整之后增速才逐渐回落。

"四万亿计划"带来的投资需求使煤价重回 2007 年的较高水平。煤价在金融危机爆发后连续三季度下跌明显，而强刺激的作用使得煤价从 550 元 / 吨快速回弹至约 700 元 / 吨，逐渐接近 2007 年较高水平。煤价的反弹来自固定资产投资驱动，发电产量增加 0.29%，

水泥产量增加 13.34%，粗钢产量增加 4.35%，推动煤炭需求增长，如图 9-4 所示。

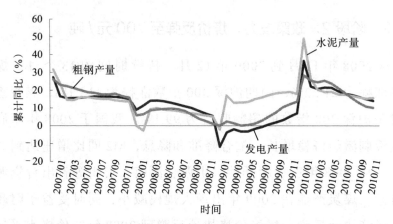

图 9-4　"四万亿计划"发力下，煤炭下游需求企稳回升

资料来源：Wind，财通证券研究所。

从行业来看，这一阶段煤炭行业超额收益为 99%，持续时间约为 13 个月。经济危机后，受"四万亿计划"影响，沪深 300 指数在 2009 年整体处于反弹过程，由 1600 点左右反弹至约 3600 点。

政策拐点也是本轮超额收益的起点。一系列政策带动市场预期开始改善，煤炭板块在 11 月完成了筑底回升，并开启了本轮超额收益的行情。

从板块来看，本阶段上涨 212.2%，由估值贡献，盈利负贡献。估值涨幅为 171.6%，盈利跌幅为 8.6%。

从个股涨幅来看，高盈利小市值个股估值受益排名前列，恒源煤电涨幅约 700%。本轮高盈利小市值个股领涨。从具体个股的涨幅来看，位列涨幅榜前三位的分别是恒源煤电、盘江股份和开滦股份，其中，恒源煤电涨幅为 691.49%、盘江股份涨幅为 536.53%、开滦股份涨幅为 438.47%。

本阶段位于盈利改善前三位的个股分别是：华阳股份盈利改善 99.98%、恒源煤电盈利改善 86.30%、大有能源盈利改善 50.49%。本轮大市值企业整体盈利涨幅不大，甚至有的盈利减少，而部分小市值企业股价上涨主要来源于去产能政策利好带来的估值上升，估值涨幅位于前三的个股涨幅均大于 150%。

9.1.3 阶段 3：政策余威下供给收缩，煤价突破 800 元/吨

从 2010 年 9 月到 2011 年 9 月，持续时间长达 12 个月，煤炭板块涨幅为 17.9%，同期沪深 300 指数下跌 12.0%，煤炭板块相对于沪深 300 指数的超额收益为 30%。本轮行情中煤炭需求受到经济向上发展的利好，仍有小幅提升。此阶段是去产能政策的执行期，煤炭产能持续压缩，供给增速首次下降至个位数水平，煤价站上 800 元/吨，突破前期高点。在供需错配的情况下，煤炭走出独立行情，取得超额收益。

从市场来看，财政刺激和去产能政策持续发力。在 2009 年强财政政策的刺激下，此阶段经济仍处于回落前阶段，GDP 增速仍维持在 10% 附近，PMI[⊖]在 51% 左右波动。由于经济的向好发展，煤炭的需求仍然呈现出小幅上升的趋势。

然而在 2011 年，宽松政策开始转向，货币政策越收越紧。存款准备金利率提升至 21.5%，达到历史最高水平，宏观基本面回落格局已定。此外，由于前期房地产发展过热，2010 年开始房地产受到严格调控，2010 年和 2011 年，限购和限价政策贯穿地产行业。经济回落趋势和地产调控政策使得煤炭从 2010 年起景气度受挫，估值一蹶不

⊖ 采购经理人指数。

振，此后再难回到 2007 ～ 2009 年高至 50 倍的估值巅峰时期。

　　具体对应到下游需求来说，在 2010 年 9 月 ～ 2011 年 9 月这一阶段，用煤需求仍然受到上一阶段宽松财政政策利好的延续，有小幅提升，但此阶段煤炭下游需求量较前两个超额收益阶段开始出现回落，其中用电量增加 13.1%，水泥产量增加 16.2%，钢铁产量增加 10.6%。从库存周期看，这一阶段煤炭库存同比从 15.3% 爬升至超过 30% 后有轻微回落，需求旺盛，煤炭企业主动补库存。

　　从行业来看，超额收益为 30%，持续时间约 12 个月。在紧缩货币政策下，市场对流动性收缩的担忧逐渐发酵，大盘自此步入熊市，A 股从 3300 点震荡下行至 2500 点。

　　在财政刺激下，煤炭需求快速启动，延续至此阶段，与此同时行业产能受到政策的限制，供给端受限。在这个阶段，煤价攀升至 845 元 / 吨，相应的煤炭超额收益也在 2011 年下半年达到历史峰值，如图 9-5 所示。

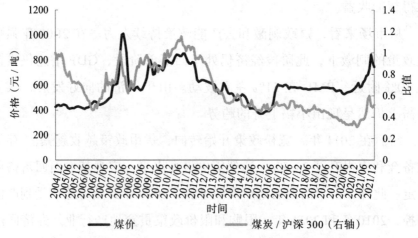

图 9-5　2010 ～ 2011 年，去产能政策持续发力，煤价提升约 18%

资料来源：Wind，财通证券研究所。

煤炭需求滞后于经济发展，仍有小幅提升，加之去产能政策持续发力，煤炭行业集中度提高，在供需提升的情况下煤炭板块表现良好，走出超额收益行情。截至 2011 年，煤炭行业前 8 位的公司产煤量达 12.27%，同比增长 17%，规模以上企业盈利持续改善，同比增长 32.3%。

从板块来看，煤炭板块上涨 17.9%，主要由盈利贡献，盈利上涨 23.5%，由于市场低迷，估值对板块涨幅负贡献，估值下跌 7.4%。

从个股来看，高盈利小市值个股领涨，青海春天个股涨幅约 124%。从具体个股的涨幅来看，位列涨幅榜前三位的分别是青海春天、安通控股和山西焦化，分别为 124.40%、98.27% 和 91.65%。盈利涨幅前三位分别是青海春天、国际实业和盛和资源，盈利涨幅分别是 3095.41%、367.79% 和 287.39%。青海春天作为期初市值不到 20 亿元的小市值企业，个股涨幅和盈利涨幅都高居首位。

9.1.4 阶段 4："双碳"限产能，煤价重回 2011 年高点

从 2021 年 2 月到 12 月，持续时间长达 10 个月，煤炭板块涨幅 60.1%，同期沪深 300 指数下跌 9.9%，煤炭板块相对于沪深 300 指数的超额收益为 70.0%。2020 年 9 月，我国提出"碳达峰"和"碳中和"的"双碳"政策目标，推进产业结构，调整能源结构。为了提升煤炭质量，煤炭行业限产现象明显，供给端偏紧。与此同时，此阶段正处于用煤旺季，煤炭需求旺盛，出现供不应求的情况，煤价抬升，重回 2010 年前的高峰，超额收益独立行情启动。

从市场来看，供需问题成为超额收益的核心驱动力。2021 年全球经济在复苏趋势下，大宗商品均出现不同程度涨价。剔除基期效应后，GDP 增速放缓，受大宗商品涨价影响，同期 PPI 由负转正，

逐渐走高至 13.5%。

与前几轮超额行情不同，2021 年 2～12 月，货币和财政均未出现此前的大规模刺激政策，M2 和社融[⊖]增速在 9% 左右波动，房地产开发完成额增速约 8%，固定资产投资完成额增速为 3%。而用电量由于经济发展的影响也未见明显增长，因此在这一阶段，煤炭行业的需求量没有明显涨势，需求并非本阶段煤炭牛市的核心驱动力。

供给侧结构性改革和双碳政策使煤炭产能出清，为煤炭行业带来时隔已久的"春天"。为了提升煤炭质量，煤炭行业限产能现象明显，供给端成为这一阶段行情的核心驱动力。

从行业来看，超额收益为 70%，持续时间约 10 个月。国内需求疲软，经济复苏力度有限，市场震荡调整，沪深 300 指数从 6000 点走低至 5000 点。

在调整能源结构的背景下，高质量煤炭的号召使得产能受限，产能清退效果明显，供给端大幅收缩。从需求来看，房地产开发完成额增速约 8%，固定资产投资完成额增速为 3%。而用电量由于经济发展的影响也未见明显增长。供需错配下，煤价抬升至 830 元 / 吨，煤炭板块走出独立行情。从库存周期来看，煤炭行业库存同比摆脱下行趋势，由负转正，进入主动补库存阶段。2021 年 2～12 月，限产能引煤价抬升，如图 9-6 所示。

从板块来看，煤炭板块本阶段上涨 60.1%，由盈利贡献，盈利上升 73.2%。估值负贡献，本阶段估值下降 3.1%。

从个股来看，高盈利大市值个股和高盈利小市值个股涨幅居前。从具体个股的涨幅来看，位列涨幅榜前三位的分别是兖矿能源、华阳股份和云维股份，涨幅分别为 169.70%、146.36% 和 128.22%。

⊖ 社会融资规模。

本阶段位于盈利改善前三位的个股分别是陕西黑猫、永泰能源和宝泰隆，盈利改善分别为3596.62%、2310.76%%和943.94%。本轮行情中大市值公司受益于盈利攀升，位列个股涨幅前列，初始市值超400亿元的兖矿能源个股涨幅排名居首。

图 9-6 2021 年 2 ~ 12 月，限产能引煤价抬升

资料来源：Wind，财通证券研究所。

9.2 新时代，煤炭关注"双碳"要求下的供给侧逻辑

长周期来看，2005 ~ 2022 年的 18 年中，煤炭板块整体跑输市场，仅有阶段性超额收益行情。

从煤炭板块估值的变化情况来看，市盈率估值的平均值为 17.24 倍，估值标准差为 11.39，如图 9-7 所示。整体来看，2007 ~ 2008 年的牛市行情中煤炭板块并没有取得过高估值，煤炭板块的估值高峰出现在 2015 年牛市行情中，煤炭主要行情阶段的估值在 10 ~ 40 倍之间变化。

图 9-7　煤炭板块市盈率估值的平均值为 17.24 倍

注：估值指标选取 PE（TTM，剔除负值）。

资料来源：Wind，财通证券研究所。

　　对于煤炭板块而言，长期持有可能并不是一个明智的投资选择。由于煤炭作为典型的周期板块，煤价和企业盈利等方面并不稳定，因此在 A 股对其定价上不愿意给予过高的估值，这也是为什么在过去 18 年长周期角度下，盈利贡献了 1.2 倍的涨幅，而估值下降导致煤炭板块仍然跑输了沪深 300 指数。

　　回到 A 股市场，作为典型的周期板块，煤炭股的行情与煤炭价格息息相关。因此，我们在判断煤炭股是否具备投资价值时，往往需要去研究行业的供需格局，煤炭价格从需求拉升到供给驱动，未来也应重点关注对煤炭供需调控的产业政策。历史上来看，煤炭股的行情往往出现在煤价上行周期或者煤价高位。同时从库存周期的角度看，煤炭超额收益行情通常处于煤炭企业主动补库存阶段，即库存销售比维持在低位时，在投资时也需要重点关注煤炭库存周期变动。

第10章　建材（水泥）行业

　　水泥是建筑行业中不可或缺的基本建材，其作用在于黏合和固化不同材料，被广泛用于房地产开发建设和道路、桥梁等基础设施建设。水泥产业的上游主要包括矿山开采和原材料加工，下游则主要是房地产和基建等。从下游需求来看，工程承包和自用混凝土是水泥销售的主要渠道，占据了销售总量的 70% 左右。

　　我国是世界上水泥产量和销量最大的国家，在全球水泥行业中的地位非常重要。从产量来看，根据国家统计局发布的数据，2022年全国水泥产量达到 21.18 亿吨，同比下降 10.8%。根据国际水泥协会发布的数据，2022 年全球的水泥产量为 41.63 亿吨，其中中国的产量占比约 51%，中国的水泥产量已经连续多年居世界第一。从销量来看，我国的水泥销量也一直居世界第一，根据国际水泥协会发布的数据，2019 年全球水泥销量为 42.66 亿吨，其中中国的销量为 21.68 亿吨，占全球总销量近 51%。

　　我国水泥产业中的企业竞争格局相对集中，具有一定的行业集中度。大型水泥生产企业拥有较大的规模和市场份额，如中国建材、海螺水泥等。同时，小型水泥生产企业也占据一定市场份额，但是随着供给侧结构性改革持续推进和环保政策趋严，小型生产企业面临较大的生存压力，长期来看行业的供给格局逐渐改善。

10.1 超额收益与宏观调控相关，价格上行，盈利驱动

2005 ～ 2022 年，水泥行业指数相对于沪深 300 的表现，我们选取了四个持续时间半年以上、回撤相对较小的超额收益阶段行情，供投资者关注和参考，如图 10-1 所示。

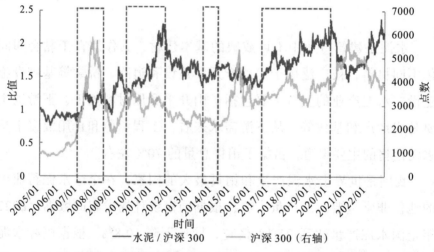

图 10-1　水泥行业指数相对于沪深 300 的四个超额收益阶段

注：水泥行业指数选自中信二级行业分类。

资料来源：Wind，财通证券研究所。

10.1.1 阶段 1：宏观高景气，行业乘"需"而上

从 2006 年 11 月到 2009 年 3 月，持续时间长达 833 天，水泥板块涨幅为 160.20%，同期沪深 300 指数涨幅为 32.87%，水泥板块

相对沪深 300 指数的超额收益为 127.33%。该阶段的主要动力来自宏观经济高增长，地产基建投资带动水泥需求旺盛，水泥价格一度接近约 400 元 / 吨。

从市场来看，经济高增长叠加"四万亿计划"拉动行业需求。宏观经济超高速增长，带动地产行业高景气，水泥需求保持较高水平。2006 ～ 2007 年，我国宏观经济持续高速增长，2007 年 GDP 增速高达 14.3%。在经济高增速背景下，房地产投资额进入高水平增长阶段，2006 年 9 月～ 2008 年 12 月房地产投资完成额累计同比维持在 25% 以上。同时，2007 年 2 月以后，房屋新开工面积同比增速快速回升，2007 年 5 月～ 2008 年 6 月房屋新开工面积累计同比超过 15%，最高达到 27%。水泥需求在该阶段保持较高水平，2006 年 11 月～ 2007 年 12 月，水泥产量累计同比超过 10%。

"四万亿计划"直接提高基建投资，带动水泥行业需求回春。受 2008 年金融危机的影响，水泥行业也随之经历"寒潮"，水泥产量累计同比大幅下降，由 2007 年 12 月的 12% 下跌至 2008 年 12 月的 2.5% 左右。为应对金融危机，2008 年 11 月，国务院常务会议推出"四万亿计划"扩大内需，大力推进民生工程、基础设施和生态环境建设等，铁道部也计划在 3 年内投资 3.5 万亿元用于铁路基本建设。大量基建开工直接抬升对水泥的需求，2008 年 11 月～ 2009 年 3 月，基建投资完成额累计同比由 20% 提高到 45%，同期水泥产量累计同比由 2% 跃升到 9%，如图 10-2 所示。

从行业来看，超额收益为 127.34%，持续时间长达 833 天。此轮超额收益行情可以进一步拆分为两段。

第一段是 2006 年 11 月～ 2008 年 1 月，水泥行业处于牛市行情，经济从复苏走向过热。期间沪深 300 指数涨幅达到 255.51%，水泥板块与大盘同频共振，实现超额收益 149.60%。

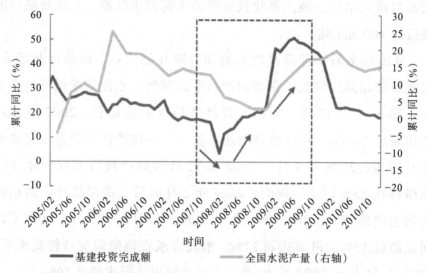

图 10-2 "四万亿计划"刺激下，基建投资和水泥产量大幅跃升

资料来源：Wind，财通证券研究所。

第二段是 2008 年 11 月～ 2009 年 3 月，"四万亿计划"推出，市场深 V 形反弹，重回牛市行情。2018 年 11 月，国务院常务会议提出"四万亿计划"扩大内需，市场止跌反弹。期间，水泥板块涨幅达到 124.46%，实现 92.86% 的超额收益。

从板块来看，在这个阶段，沪深 300 指数增长 32.87%，板块上涨 160.20%，水泥行业实现 127.34% 的超额收益，其中估值下降 45.89%，盈利增长 380.88%。

本次上涨全部由盈利贡献，估值的贡献为负。从个股来看，高盈利小市值风格占优，宁夏建材涨幅为 863%。本轮行情中，市场风格偏好高盈利小市值个股。具体来看，高盈利小市值个股平均涨幅为 388%，领先其他风格。高盈利大市值个股平均涨幅为 112%，低盈利大市值个股平均涨幅为 188%，低盈利小市值个股平均涨幅为 231%。

从具体个股的涨幅来看，涨幅榜前三分别是宁夏建材、青松建化、天山股份，涨幅分别为 863%、483%、446%。本阶段盈利改善的前三个股分别是尖峰集团（盈利改善 1003%）、祁连山（盈利改善 200%）、宁夏建材（盈利改善 670%）。

10.1.2 阶段2：新一轮投资周期遇上"拉闸限电"

从 2009 年 11 月到 2011 年 6 月，持续时间长达 596 天，水泥板块涨幅为 60.73%，同期沪深 300 指数跌幅为 14.37%，水泥板块相对沪深 300 指数的超额收益为 75.10%。该阶段一方面受益于"四万亿计划"下地产和基建的景气延续，另一方面得益于 2010 年下半年开始的"拉闸限电"压缩供给，水泥均价达到 450 元 / 吨的高点，行业基本面得到改善。

为应对金融危机冲击，央行联合财政部等政府有关部门实施一系列"救市"行动。宏观经济政策方面，央行接连降准降息，流动性逐渐宽松，GDP 同比最终于 2009 年 3 月触底，同年 9 月重回 10% 的高水平区间，并持续至本轮超额收益阶段结束。

地产税收减免和降低首付比例双管齐下，同时各地区也积极采取购房补贴等形式刺激地产需求。房地产投资额和房屋新开工面积同比增速于 2009 年二季度双双触底回升，到 2009 年 11 月均恢复至 15% 以上。一系列"救市"行动开启了新一轮的固定资产投资周期，水泥产量累计同比在本阶段持续维持 15% 高位，最高达到 19.74%，为 2007 年以来的最高水平。2009 年四季度，地产景气回升，水泥行业需求改善，如图 10-3 所示。

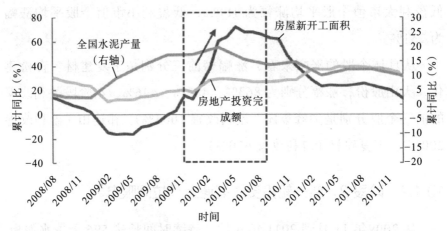

图 10-3　2009 年四季度，地产景气回升，水泥行业需求改善

资料来源：Wind，财通证券研究所。

2010 年 9 月、10 月，水泥产量同比增速下降到 10% 左右，为
2005 年以来同期增速的最低水平。在水泥产量短时减少的情况下，
华东地区水泥价格在 2010 年下半年迎来飞涨，由 300 元 / 吨上涨至
超过 500 元 / 吨，华中地区也涨至 450 元 / 吨。水泥行业盈利显著
增厚，2010 ～ 2011 年水泥行业利润总额与 2011 年 6 月水泥制造业
利润总额比高达 158%

从行业来看，超额收益为 75.10%，持续时间长达 596 天。此轮
超额收益行情可以进一步拆分为两段。

第一段是 2009 年 11 月～ 2010 年 7 月。我国经济复苏强劲，市
场对投资过热的担忧开始显现。2010 年 4 月，央行再次上调存款准
备金、重启 3 年期央票发行、严格收紧房地产信贷政策。随着政策
收紧，水泥板块指数和沪深 300 指数同步下行，但是受益于行业高
景气支撑，相比于沪深 300 指数下跌 27.25%，水泥板块指数仍实
现 10.84% 的超额收益。

第二段是 2010 年 7 月～ 2011 年 6 月。"拉闸限电"导致水泥行业产出受限，供不应求的情况导致水泥价格攀升，行业整体盈利改善。期间，水泥板块涨幅达到 92.28%，实现超额收益 74.57%。

从板块来看，沪深 300 指数下降 14.37%，板块指数上涨 60.73%，水泥行业实现 75.10% 的超额收益，其中估值下降 23.18%，盈利增长 109.25%。

本次上涨估值的贡献为负，全部由盈利贡献。本轮行情中，市场风格继续偏好高盈利小市值个股。具体来看，高盈利大市值个股平均涨幅为 76%，低盈利大市值个股平均涨幅为 73%，高盈利小市值个股平均涨幅为 107%，低盈利小市值个股平均涨幅为 74%。

从具体个股的涨幅来看，涨幅榜前三分别是天山股份、四川双马和华新水泥，涨幅分别为 211%、170%、153%。本阶段盈利改善的前三个股分别是万年青（盈利改善 651%）、尖峰集团（盈利改善 219%）、福建水泥（盈利改善 200%）。

10.1.3　阶段 3：地产松绑，"铁公基"发力

从 2013 年 7 月到 2014 年 4 月，持续时间长达 281 天，水泥板块涨幅为 29.22%，同期沪深 300 指数涨幅为 3.17%，水泥板块相对于沪深 300 指数的超额收益为 26.05%。2012 年年底，有关地产和基建的政策出台，带动投资增速快速回升，水泥需求出现边际改善，从 2013 年二季度起水泥产量增速由 5% 回升至 10%。另外，2013 年落后产能淘汰和限制新增产能的工作力度逐渐加强，水泥价格受益于供需格局改善，2013 年全年上涨约 50 元 / 吨。

从市场来看，地产基建触底回升改善需求，去产能政策发力优化供给。宏观经济政策转向宽松，地产基建触底回升，水泥行业边

际需求改善，如图 10-4 所示。2012 年以来，央行两次降息，两次下调存款准备金率，并首次实施不对称降息，以稳定经济增长。同时房地产政策也逐渐宽松，2012 年，多个城市公积金政策松绑，下半年首套房利率降至 85 折。在宏观经济和地产调控放松的条件下，地产基建触底回升，房地产投资增速一度触及 30%，基建投资增速重回 25% 的水平。在旺盛的需求带动下，2013 年二季度的水泥产量增速由 5% 回升至 10%。

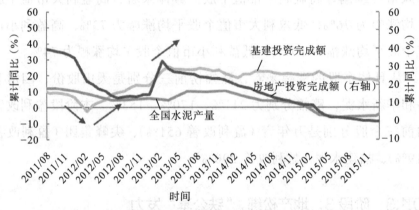

图 10-4　地产基建触底回升，水泥行业边际需求改善

资料来源：Wind，财通证券研究所。

去产能发力叠加环保政策趋严，水泥行业产能大幅收缩。2013年 5 月，国家发展改革委联合工业和信息化部发布《关于坚决遏制产能严重过剩行业盲目扩张的通知》，将水泥等行业的产能过剩矛盾列为当年的工作重点之一，严厉遏制产能过剩行业的新增产能。另外，2013 年环保要求有所提高，大气污染治理政策实施，脱硝减排不利于行业内中小企业的发展。在此背景下，2013 年水泥行业新增设计产能减少至 0.94 万吨，相比上年下降 41.25%。同时，水泥价

格也于 2013 年迎来拐点开始上行，2013 年全年上涨约 25 元 / 吨，产能收缩对行业的利好初现。

煤炭价格进入下行通道，水泥行业盈利改善。燃料在水泥制造成本的占比中位于首位，其中煤炭是水泥生产的第一大燃料。2013 年煤炭行业的"黄金十年"迎来终结，煤炭价格进入下行通道，2013 年全年煤炭价格指数下降 5.27%。受益于成本的低位运行和水泥价格的上涨，水泥行业的盈利大幅改善，2014 年水泥行业成本费用利润率提升至 9.9%。

从行业来看，超额收益为 26.04%，持续时间长达 281 天。此轮超额收益行情可以进一步拆分为两段。

第一段是 2013 年 7 ～ 12 月，市场保持平稳运行态势。期间，水泥行业去产能再发力，供给压缩明确，同时随着进入下半年水泥需求旺季，水泥板块跑赢大盘，获得 19.12% 的超额收益。

第二段是 2014 年 1 ～ 4 月，市场延续平稳运行态势。春节后水泥需求进入淡季，但随着天气转暖，开工复工重新激活需求，水泥板块再度振作，延续超额行情，实现超额收益 6.38%。

从板块来看，沪深 300 指数增长 3.17%，板块上涨 29.22%，水泥行业实现 26.04% 的超额收益，其中估值下降 7.15%，盈利增长 39.17%。本轮行情正值 A 股从创业板独立牛市向价值股结构牛市转型期间，货币政策全面宽松利好估值修复。

本次上涨全部由盈利贡献，估值的贡献依然为负。本轮行情中，市场风格偏好不明显。具体来看，高盈利大市值个股平均涨幅为 19%，低盈利大市值个股平均涨幅为 40%，高盈利小市值个股平均涨幅为 13%，低盈利小市值个股平均涨幅为 5%。2013 年股债双杀估值探底，水泥板块普涨导致市场风格偏好不明显。

从具体个股的涨幅来看，涨幅榜前三分别是金隅集团、海螺水泥、福建水泥，涨幅分别为65%、47%、30%。本阶段盈利改善的前三位个股分别是上峰水泥（盈利改善4703%）、青松建化（盈利改善1443%）、冀东水泥（盈利改善606%）。

10.1.4 阶段4：供给侧优化驱动水泥涨价

从2016年6月到2020年5月，持续时间长达1427天，水泥板块涨幅为170.71%，同期沪深300指数涨幅为28.75%，水泥板块相对于沪深300指数的超额收益为141.96%。与上一阶段类似，地产基建政策与供给侧结构性改革共振，行业格局优化，景气度有所回升，水泥价格中枢维持在440元/吨的高位。

从市场来看，地产基建复苏带来稳定需求，供给侧结构性改革驱动价格上涨。在地产政策放松的背景下，地产基建开启了一轮长上行周期，为水泥行业提供稳定需求。随着2013年宏观经济压力加剧，2014年地产政策开始转向，全国商品房销售均价到2015年触底反弹，地产投资则于2015年底探底回升。2016年二季度国家财政政策再度加码，PPP项目⊖加速落地，重点工程陆续施工，拉长地产销售景气周期。进入2016年，房屋新开工面积累计同比由负转正并重回20%的高增长水平，同时基建投资完成额累计同比维持在20%左右。在地产基建高景气拉动下，水泥产量同比也实现由负转正。

供给侧结构性改革结合环保限产，使得水泥供给压缩更加确定，水泥价格再度攀升。2015年12月中央经济工作会议首次提出"三去一降一补"的任务目标。2016年5月国务院办公厅印发《关于促

⊖ PPP项目最简明的定义，就是采用政府和社会资本合作模式的投融资项目。

进建材工业稳增长调结构增效益的指导意见》，对新增产能的限制进一步严格，提出 2017 年年底前，暂停实际控制人不同的企业间的水泥熟料产能置换，2020 年年底前，严禁备案和新建扩大产能的水泥熟料建设项目。同时，环保限产和错峰生产进一步压缩供给。2016 ～ 2018 年每年水泥熟料新增设计产能仅 2000 余万吨，有效遏制了过剩产能盲目扩张的状况。与此同时，水泥库容比由 75% 持续下降至接近 50%，水泥行业的议价能力进一步加强，水泥价格出现一轮强势的全国性普涨，如图 10-5 所示。

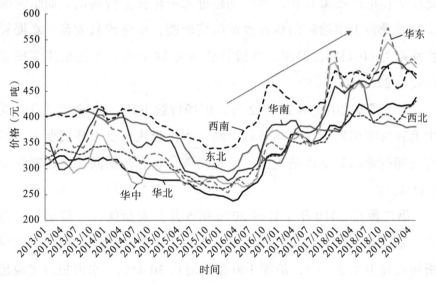

图 10-5　2016 ～ 2018 年，水泥价格出现全国性普涨

资料来源：Wind，财通证券研究所。

随着供给侧结构性改革深化，水泥产量增速有效放缓，水泥价格维持高位，行业利润持续增加。进入 2019 年，地产持续回暖，房地产开发投资完成额累计同比由 −2.3% 回升至 9.4%，水泥产量累计同比由 2018 年的 5% 以下回升至 5% 以上。2020 年年初随着

逆周期调节落地，房地产开发投资完成额和水泥产量累计同比同步回升，水泥行业需求稳步增长。在供给端，随着供给侧结构性改革的持续深化，行业错峰生产逐渐常态化，水泥产量同比增速在5%左右低位运行，同时水泥价格维持在450元/吨左右，水泥行业利润再增加，2019年和2020年水泥行业利润均突破1800亿元。

从行业来看，超额收益为141.97%，持续时间长达1427天。此轮超额收益行情可以进一步拆分为三段。

第一段是2016年6月～2018年1月，市场稳步上行。随着宏观经济和地产政策放松，地产基建进入一轮长上行周期，而水泥板块同时受益于供给侧结构性改革压缩产能，最终跑赢大盘。水泥板块涨幅为60.41%，沪深300指数涨幅为38.10%，水泥板块实现超额收益22.31%。

第二段是2018年2～12月，市场持续下跌。2018年2月，受中美贸易摩擦影响，市场开始下跌。水泥板块虽受大环境所累，但有前期行业高景气度的支撑，呈现出震荡状态，期间实现超额收益9.11%。

第三段是2019年1月～2020年5月，大盘保持平稳运行。地产、基建在政策调控下持续回暖，水泥板块景气延续。期间，水泥板块涨幅为103.39%，沪深300指数增长30.45%，水泥板块实现超额收益72.95%。

从板块来看，沪深300指数增长28.75%，板块上涨170.71%，水泥行业实现141.96%的超额收益，其中估值下降82.22%，盈利增长1422.90%。

本次上涨仍然全部由盈利贡献，估值的贡献为负。从个股来看，高盈利大市值风格占优，华新水泥涨幅为557%。本轮行情中，市场风格偏好高盈利大市值个股。具体来看，高盈利大市值个股平均涨幅为 367%，低盈利大市值个股平均涨幅为 83%，高盈利小市值个股平均涨幅为 138%，低盈利小市值个股平均涨幅为 113%。

从具体个股的涨幅来看，涨幅榜前三分别是华新水泥、上峰水泥、海螺水泥，涨幅分别为 557%、370%、336%。本阶段盈利改善的前三个股分别是上峰水泥（盈利改善 122 234%）、华新水泥（盈利改善 9239%）、宁夏建材（盈利改善 8456%）。

10.2 行情一般在地产景气周期后开启

2005 ～ 2022 年的 18 年中，水泥板块涨幅为 739%，同期沪深 300 指数涨幅为 294%，水泥板块长周期跑赢市场。经历过去四轮的水泥板块超额收益行情，历史平均市盈率为 30.69 倍，标准差为 31.23，如图 10-6 所示。

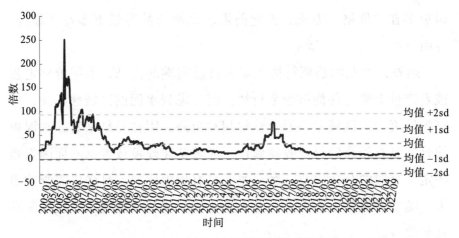

图 10-6　2005 ～ 2022 年，水泥板块平均市盈率为 30.69 倍

注：估值指标选取 PE（TTM，剔除负值）。

资料来源：Wind，财通证券研究所。

　　回到 A 股市场，水泥行业是典型的周期性行业之一，行情表现与水泥价格和下游地产基建的景气度密切相关。由于水泥不易储存、运输半径等问题，价格主要受供需影响，而受库存的影响不大。水泥价格是行业超额收益行情的同步指标，行业超额收益阶段都伴随着水泥价格的上涨。房屋新开工面积是水泥超额收益的领先指标，水泥行业的超额收益行情一般在地产高景气之后开启。

　　我们发现水泥行业的超额收益在 2015 年以前均出现在宏观周期的向上期间，原因在于过去经济主要通过基建和地产投资拉动，能够对水泥行业产生直接的需求驱动。随着地产周期弱化，对水泥的需求也出现了放缓，2015 年水泥产量出现了 25 年以来的首次下降，随后行业生态恶化，产能利用率一路降至 70% 以下。水泥价格在 2016 年 3 月创下 8 年新低后，供给侧结构性改革开始发力。随着产能优化，行业格局改善带来水泥价格企稳。这轮涨价周期也是第四段超额收益的演绎区间。与过去三轮行情相比，这轮超额收益的逻辑更多在"价格"方面，而此前需求高增长的背景更多在"数量"方面。

　　此外，水泥的超额行情主要来自盈利端的拉动，水泥价格走强或者产量上涨往往能够带来行情。但考虑到水泥的区域性特征，价格弹性更大的区域龙头股价涨幅相对更高，因此总结来看，水泥板块行情具有较高的行业收益属性，区域基建政策或者基本面因素则决定了个股的超额收益。区域龙头具有规模优势，且受供需影响更大。随着行业集中度上升，龙头企业利润增长幅度更大，盈利驱动超额收益。

第 11 章　建筑行业

　　建筑行业业务体量大，与我国诸多产业都有密切联系，上游产业链包括建筑材料、机械设备、设计等领域，下游产业链包括房地产、城市规划、装饰等领域，在我国国民经济运行中占据重要的地位。国家统计局数据显示，从 2005 年到 2022 年，建筑行业总产值从 3.5 亿元增加到 31.2 万亿元。

　　建筑作为地产后周期板块，行业景气度与固定资产投资增速具有较强的正相关关系。自 2012 年我国经济结构调整以来，固定资产投资增速放缓，国家为维持经济的平稳增长，先后出台一系列相关政策，主题投资成为建筑行业的投资新动力。

　　我国上市建筑企业以央企、国企为主，截至 2022 年 12 月 31 日，共有 158 家建筑企业上市，其中央企 21 家，地方国企 47 家，包括行业著名的八大建筑央企，分别为中国建筑、中国交建、中国化学、中国铁建、中国中铁、中国电建、葛洲坝以及中国中冶。美国《工程新闻记录》（ENR）发布的 2022 年"最大 250 家全球承包商"榜单中，共 4 家中国企业进入前 10 强，中国交建、中国电建、中国建筑、中国铁建分别位列第 3 位、第 6 位、第 7 位和第 10 位。

11.1　超额收益发生于主题催化叠加估值底部提升

2005 ～ 2022 年，建筑板块相对于沪深 300 的表现，我们选取了四个持续时间半年以上、回撤相对较小的超额收益阶段行情，供投资者关注和参考，如图 11-1 所示。

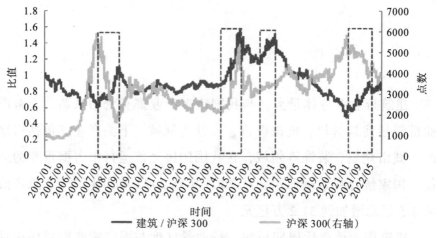

图 11-1　建筑板块相对于沪深 300 的四个超额收益阶段

注：建筑板块指数选自中信一级行业分类。

资料来源：Wind，财通证券研究所。

建筑行业是典型的地产后周期，四段超额收益行情与宏观流动性以及地产基建景气度密切相关，如图 11-2 所示。对四段超额收益行情期间进行复盘，"M2-M1" 均呈现上升趋势，同时新增社融也表现为增长趋势。在建筑行业超额收益中，估值的贡献大于盈利的贡献。四段行情均表现为高盈利大市值个股领涨，大市值的建筑企业在业务规模、市场占有率、盈利能力等方面通常有更好的表现，同时也具备更高的抗风险能力，能够在市场波动时保持相对稳定。

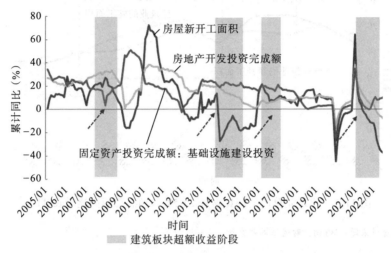

图 11-2　地产基建景气度与建筑板块的超额收益密切相关

资料来源：Wind，财通证券研究所。

11.1.1　阶段 1：政策刺激内需，行业利润增长 41%

从 2007 年 11 月到 2009 年 1 月，持续时间长达 417 天，建筑板块跌幅为 33.95%，同期沪深 300 指数跌幅为 62.94%，建筑板块相对于沪深 300 指数的超额收益为 28.99%。随着 2008 年全球金融危机的不利影响逐渐发酵，我国出台"四万亿计划"刺激经济增长，全年固定资产投资额增速达到 27%。固定资产投资额的稳定增长为建筑业公司经营带来利好。

2008 年 11 月，"四万亿计划"出台后，固定资产投资额增速再提速达到 27%，房地产和基建投资增速均位于 23% 左右。受益于政策支持，房地产和基建投资大幅拉动建筑业务规模，2008 年建筑行业总产值同比增长 21.5%，利润总额同比增长 41%，如图 11-3 所示。

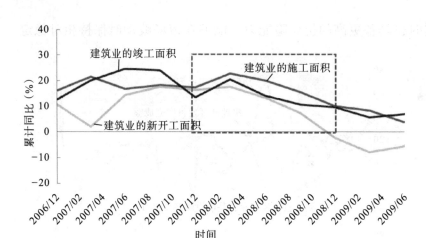

图 11-3　建筑业总产值同比增长 21.5%，利润总额同比增长 41%

资料来源：Wind，财通证券研究所。

　　此轮超额收益行情贯穿熊牛，可以进一步拆分为两段，第一段是 2007 年 11 月～ 2008 年 11 月，第二段是 2008 年 12 月～ 2009 年 1 月。

　　第一段中，股市进入熊市行情，建筑板块凭借稳固的业绩支撑仍然获得超额收益。2008 年下半年美国次贷危机升级为全球金融危机，熊市行情愈演愈烈，此阶段，沪深 300 指数下跌 67.96%，建筑板块凭借利润增长，抗跌能力强，实现了 17.82% 的超额收益。

　　第二段中，市场进入深 V 形反弹阶段，建筑板块与大盘同频共振。2008 年 11 月，随着"四万亿计划"推出和房地产政策逐渐放松，股票市场完成深 V 形反弹。此阶段，沪深 300 指数上涨 15.68%，建筑板块领涨大盘，实现 16.79% 的超额收益。

　　在本轮超额收益阶段，估值下降 44.59%，盈利增长 15.13%。估值的贡献为负，超额收益全部由盈利贡献。

　　从个股来看，高盈利大市值风格占优，隧道股份涨幅达 5%。从具体个股的涨幅来看，涨幅榜前三分别是隧道股份、宏润建设、粤水电，涨跌幅分别为5%、-8%、-9%。

11.1.2　阶段2:"一带一路"概念驱动，估值历史底部

从2014年1月到2015年6月，持续时间长达507天，建筑板块涨幅达332.26%，同期沪深300指数涨幅为136.26%，建筑板块相对于沪深300的超额收益为195.89%。随着"一带一路"倡议的提出，建筑企业逐渐打开海外市场。同时，从2014年到2015年，人民银行累计降息6次，累计下调贷款基准利率1.65%，流动性表现宽松。

"一带一路"帮助建筑企业打开海外市场，带动国内基建投资约4000亿元。其中，我国对外承包工程业务新签合同额于2015年同比增长10%，首次突破2000亿元。在政策的拉动下，2014～2015年基建投资增速有所增长，并基本维持在20%以上高位运行。

进入2014年，随着货币政策转向宽松，各项刺激内需的政策出台，2014年11月，人民银行开启降息操作，股票市场开启一轮牛市行情。从2014年到2015年，随着贷款基准利率的大幅下调，一般贷款利率同步快速走低，中长期贷款的增速在逐步回升。该阶段内，2014年、2015年上半年新增社融同比增速分别为10%、15%，M2同比增速超过M1同比增速5%左右。在"一带一路"倡议推动下，建筑板块成为市场热点，交易活跃度提升，叠加流动性宽松的催化，板块估值从历史底部快速提升约225%，如图11-4所示，带动板块领涨大盘。

此轮超额收益阶段处于牛市行情期间，这一阶段建筑行业超额收益195.89%。2014年，IPO重启，沪港通获批，推动股票市场大

涨。同时，货币政策开始转向逐渐宽松。两融业务[⊖]快速发展，股票市场演绎杠杆牛市行情。建筑估值在历史底部大幅提升，带动板块领涨大盘。

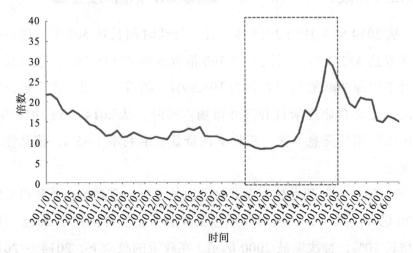

图 11-4　2014 年 1 月～ 2015 年 6 月，建筑板块估值提升约 225%

资料来源：Wind，财通证券研究所。

此阶段估值增长 225.36%，盈利增长 22.14%，估值的贡献远大于盈利。

从个股涨幅来看，高盈利大市值风格占优，中国中铁涨幅达 843.33%。从具体个股的涨幅来看，涨幅榜前三分别是中国中铁、中化岩土、杭萧钢构，涨幅分别为 843.33%、663.27%、560.65%。

11.1.3　阶段 3：PPP 与 "一带一路" 共振，估值阶段低位

从 2016 年 6 月到 2017 年 4 月，持续时间长达 301 天，建筑板块涨幅为 51.03%，同期沪深 300 指数涨幅为 14.35%，建筑板块相

⊖ 两融业务指的是融资融券交易，该业务分为融资交易和融券交易两种类型。

对于沪深 300 指数的超额收益为 36.68%。期间，市场行情表现为
横盘震荡，建筑行业基本面表现出色受到市场关注，社融存量同比
和新增社融规模均有提高，流动性转向宽松，行业估值从阶段低位
提升约 41%。

　　PPP 模式从供给端带给建筑企业新机遇，就 PPP 项目的分布产
业来看，交通运输与市政工程占据绝大部分比重。2016～2017 年，
PPP 项目总入库数从 7000 个上升至 14 000 个，总投资额由 8 万亿
元上升至 18 万亿元，如图 11-5 所示，2017 年一季度时，PPP 项目
总投资额同比增长 66%。

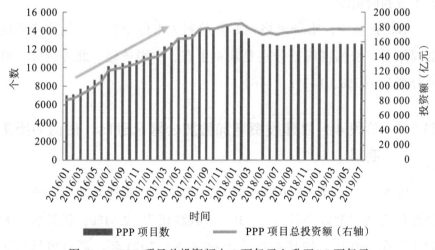

图 11-5　PPP 项目总投资额由 8 万亿元上升至 18 万亿元

资料来源：Wind，财通证券研究所。

　　随着"一带一路"进程加快，建筑企业海外市场拓展加速，
2017 年我国对外承包工程业务新签订合同额突破 2600 亿元。同时，
行业经营情况有明显改善，2017 年一季度建筑行业总产值增速回升
至 10.8%，企业总收入增长 6.3%，利润总额增长 12.6%。

该阶段,市场行情表现为横盘震荡,建筑行业受益于 PPP 项目、"一带一路"倡议的利好,基本面表现出色的同时市场关注度提升,行业日均成交量排名靠前。M2 同比增速与 M1 同比增速之差强势回升,社融存量同比和新增社融规模都呈上升趋势,流动性转向宽松。在该背景下,行业估值从低位提升约 41%。

随着 2015 年牛市行情进入尾声,2016 ~ 2017 年股票市场表现欠佳,开启了长时间的横盘调整,小幅上涨之后很快进入回调,整体来看表现平稳。建筑板块在政策带动下,估值大幅提升领涨大盘。

在这个阶段,估值增长 40.95%,盈利上涨 3.12%,估值的贡献大于盈利的贡献。

本轮行情中,市场风格偏好高盈利大市值个股。从具体个股的涨幅来看,涨幅榜前三分别是蒙草生态、中国核建、北方国际,涨幅分别为 167%、147%、146%。

11.1.4 阶段 4:基建投资增加叠加公募 REITs,估值为历史底部

从 2021 年 2 月到 2022 年 5 月,持续时间长达 454 天,建筑板块涨幅为 28.33%,同期沪深 300 指数跌幅为 32.51%,建筑板块相对于沪深 300 指数的超额收益为 60.84%。2021 年,新冠疫情得到控制,宏观经济开始复苏,基建投资回暖。同年,公募 REITs 发布上市,拓宽了企业的融资渠道。在宏观经济下行的压力下,国企表现更稳健,订单和利润保持积极增长,2021 年"八大央企"新签合同额累计同比增长 19.29%,期间国债收益率持续下行,流动性充裕催化行业估值从历史底部提升 41%。

2021 年,政府积极增加基础设施投资,基建投资增速大幅增

长，2021 年 2 月基建投资增速达到 36.6%，实现 2005 年以来的历史最高增速，如图 11-6 所示。2021 年 2 月，政府支出累计同比高达 10.5%，其他相关财政支出增速也逐步回升，促进建筑行业转暖。同时，我国整体流动性宽松，国债收益率持续下降，从 2021 年 2 月初到 2022 年 5 月底下降约 0.43%。M2 同比增速与 M1 同比增速之差强势上升，一度达到 11.7%，至 2022 年 5 月稳定在 6.5% 左右。

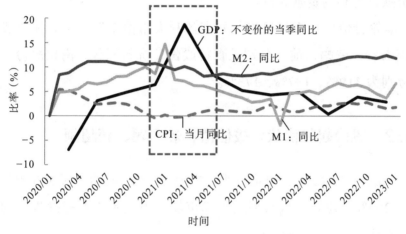

图 11-6　2021 年初，GDP 增速回升，宏观经济好转

资料来源：Wind，财通证券研究所。

　　沪深交易所首批 9 只基础设施公募 REITs 于 2021 年 6 月 15 日发布上市交易公告书，预计发行规模达到 302.67 亿元。首批 9 只公募 REITs 的发行，标志着国内公募 REITs 试点工作正式落地，有利于广泛筹集项目资本金，同时可有效盘活存量资产，提高基础设施企业的再投资能力，并为持有较多运营类基建资产的央企提供市场化退出路径。

　　2021 年国内需求表现为持续走弱，同时，外需虽强但内需渐弱，多重因素影响下市场表现为横盘震荡。进入 2022 年，受多重因素影响，股票市场持续走熊。但随着疫情阶段性得到控制，建筑板块的央企表现更稳健，2021 年新签合同额累计同比增加 19.29%。流动性转向宽松，公募 REITs 提升行业热度，助力板块估值抬升，实现独立行情。

此阶段估值增长 40.90%，盈利下降 8.93%。本次上涨全部由估值贡献，盈利的贡献为负。

本轮行情中，市场风格偏好高盈利大市值个股。从具体个股的涨幅来看，涨幅榜前三分别是森特股份、杭州园林、南化股份，涨幅分别为 319%、187%、173%。

11.2 股价起起伏伏，拔估值、炒主题、获超额

2005 ～ 2022 年，建筑板块涨幅为 229%，同期沪深 300 指数涨幅为 294%，建筑板块长周期跑输市场，因此更需要把握板块的阶段性行情。

从建筑板块估值来看，市盈率估值的平均值为 19.76 倍，标准差为 13.83，如图 11-7 所示。整体来看，除去 2007 年和 2009 年这两次行情，建筑行业的估值在 10 ～ 30 倍之间变化。

建筑板块获得超额收益的核心条件包括估值处于历史低位，在主题催化和流动性充裕的背景下，估值实现提高，大市值的建筑企业在每轮超额收益行情中均领涨板块。

纵观过去四轮超额收益行情背后的逻辑，我们不难发现建筑板块大多都来自估值驱动，也就是所谓的主题行情。除了第一轮"四万亿计划"，地产、基建投资切切实实地带来了建筑企业的业绩

大幅上涨，其他三轮行情基本来自主题行情带来的估值修复。因此我们进一步思考就可以发现，在当前宏观经济难有大刺激的背景下，建筑板块的投资价值首先取决于其是否具备估值历史低位和流动性充裕两个必要条件。在此之外，订单落地这样能够被市场观察到的数据催化也尤为重要。

图 11-7　建筑板块市盈率估值的平均值为 19.76 倍

注：估值指标选取 PE（TTM，剔除负值）。

资料来源：Wind，财通证券研究所。

第12章 交通运输（航空）行业

随着我国人均GDP迈入1万美元大关，各类消费服务也开始"百花齐放"。在商旅需求快速增长的背景下，飞机也已成为大众的首要出行方式。中国航空运输业的航班密度、旅客客运量等各项指标都快速增长，北上广深也已成为全球重要的航空枢纽。

就市场普遍认知而言，航空股的表现一般与汇率和油价的相关性较高。我们复盘2005年至今的航空板块走势，汇率的影响显著大于油价。原因在于后者可以通过套期保值或者提高燃油附加税费的方式来减弱对公司经营的影响。相比之下，作为典型的重资产行业，汇率变动带来的杠杆效应尤为明显。以三大航空公司2021年年报披露的数据为例，人民币兑美元升值1%，将导致中国国航、中国东航和南方航空净利润分别增加3.17亿元、2.22亿元和3.22亿元，约占当年净利润的1.7%、1.7%和2.9%。

12.1 超额收益关键在于汇率升值、油价下行

从2005年至今，航空板块相对于沪深300共有四个超额收益阶

段，如图 12-1 所示。

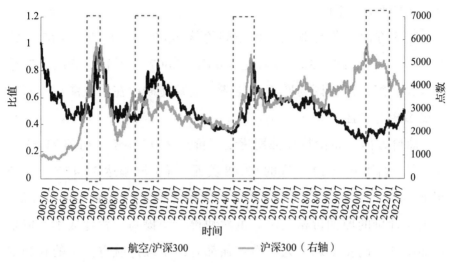

图 12-1　航空板块相对于沪深 300 的四个超额收益阶段

注：航空板块指数选自中信二级行业分类。

资料来源：Wind，财通证券研究所。

12.1.1　阶段 1：人民币升值超过 4%，业绩与估值共振

从 2007 年 7 月到同年 12 月，持续时间长达 6 个月，航空板块涨幅为 181%，同期沪深 300 指数涨幅为 40%，航空板块相对沪深300 指数的超额收益为 141%，人民币升值主导本轮行情。一方面，在国内外金融经济周期错位下，人民币在 2007 ～ 2008 年相对美元升值。另一方面，油价上涨受到燃油附加费上调的对冲，虽然航油成本规模增长，但是在营业成本中占比下降。在此期间，航空行业供需保持平稳。在从快牛到震荡的市场中，航空板块的业绩改善先进攻后防御。在此阶段，航空板块的超额收益主要由盈利驱动。

同期，人民币兑美元升值幅度达 4.18%。同时，尽管油价上涨31.47%，可是燃油附加费的大幅度上调，一定程度上对冲了航油成本的升高。叠加人民币升值带来的财务费用减少，整体上扩大了航空公司的利润空间。

汇率方面，美元兑人民币中间价从 2007 年 7 月初的 7.62 下跌至同年 12 月底的 7.30，跌幅达 4.08%。2007 年年底，美国金融危机开始发酵，但中国与欧美的经济、金融周期存在错位滞后，短期人民币相对走强。

油价方面，布伦特原油期货结算价从 2007 年 7 月初的 71.41 美元 / 桶一路攀升至 12 月底的 93.88 美元 / 桶，涨幅达 31.47%。2007 年下半年，原油供不应求，供求缺口保持稳定，叠加人民币升值，以美元计价的原油价格上涨。虽然油价上涨提高了营业成本，但是燃油附加费同步上调、人民币走强都有助于维持航空公司的利润空间。2007 年民航局曾小幅上调燃油附加费，2008 年更是大幅上调燃油附加费⊖。以三大航空公司为例，受到人民币升值影响，三大航空公司在 2007 年的财务费用从 26.6 亿元下降至 −6.1 亿元，本币升值对航空公司业绩的表现影响较大。

下游需求方面，2007 年民航总周转量同比增速维持在 15% 左右。2007 年国内实际 GDP 同比增速维持在 14% 左右的高速发展区间，支撑航空需求维持高增长：民航总周转量同比增速一季度至四季度分别为 13.8%、15%、14.3% 和 13.9%。

从行业来看，本轮超额收益的行情可以分成两段，但背后驱动都在于业绩改善，如图 12-2 所示。第一段出现在 2007 年 7 ～ 9 月，市场走出"快牛"行情，沪深 300 指数从 3700 点一路涨至 5500 点。同时人民币走强叠加经济高景气，具备强周期属性的航空板块相对大盘跑出一轮"进攻"行情，超额收益接近 99%。此后，随着油价

⊖ 国内航班 800 公里以下调至 80 元，800 公里以上调至 150 元。

涨幅扩大至 14.5%，而人民币小幅走弱、民航周转量回落，市场对航空业绩的持续性产生怀疑，导致航空先于市场出现调整。

第二段出现在 2007 年 11 ～ 12 月。为了抑制经济过热，货币政策和财政政策双双收紧，央行在 2007 年 6 次加息、10 次上调法定存款准备金率；中央政府也实施了严格的抑制投资过快增长的措施，房地产市场迎来了提高首付比例、按揭利率等密集调控政策。市场在此阶段有所回调，呈现震荡走势。与此同时，人民币再度快速走强，随着各大航空公司陆续大幅上调燃油附加税费，市场预期油价成本被转嫁，业绩向好又驱动航空板块再度先于市场企稳回升，跑出独立行情，超额收益超过 35%。

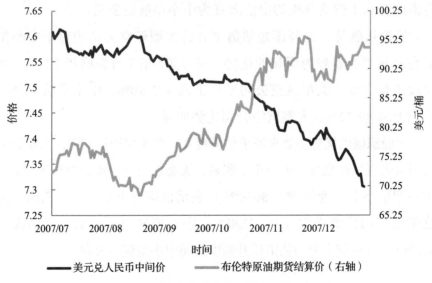

图 12-2 业绩改善带来的两段超额收益行情

资料来源：Wind，财通证券研究所。

板块方面，航空板块上涨 168%，其中盈利上涨 189%，估值涨幅为 151%，盈利和估值双升是本轮超额收益行情的直接表现。

从具体个股的涨幅来看，位列涨幅榜前三位的分别是南方航空、中国国航、东方航空[⊖]，其涨幅分别是226%、180%、122%。而本阶段位于盈利改善前三位的个股分别是南方航空（盈利改善211%，涨幅226%）、海航控股（盈利改善69%，涨幅118%）、中国东航（盈利改善56%，涨幅122%）。

按照航空公司的分类标准，如果当年航空公司的机队飞机[⊜]数量超过200架，那么该航空公司为大型航空公司，否则为中小型航空公司。根据2007年年报，当时南方航空、东方航空、中国国航分别运营332架、223架、220架飞机，而海南航空运营66架飞机。因此在2007年，南方航空、东方航空、中国国航为大型航空公司，海南航空和主营直升机的中信海直为中小型航空公司。

无论从股价、盈利还是估值来看，大型航空公司相对于中小型航空公司都有着较为明显的优势。从2007年7月到同年12月，在个股涨幅方面，大型航空公司平均上涨175.90%，中小型航空公司平均上涨80.72%，大型航空公司优势明显。

个股涨幅的优势主要来源于估值提升：在业绩增长方面，大型航空公司的表现虽然也好，但差距不明显，大型航空公司业绩增长52.03%，中小型航空公司业绩增长36.92%；在估值提升方面，在此期间，大型航空公司估值平均提升195.88%，中小型航空公司估值平均提升32.79%，大型航空公司估值提升幅度远超中小型航空公司。

12.1.2　阶段2：出行需求高景气，汇率升值造就独立行情

从2009年11月到2010年10月，持续时间长达12个月，航

⊖　东方航空股票名称为中国东航。
⊜　包含货机、客机、公务机。

空板块涨幅为81%，同期沪深300指数跌幅为3%，航空板块相对于沪深300指数的超额收益为84%。航空板块先后获得了"强需求、强汇率"两股驱动力。经济繁荣和世博会的召开对商旅出行带来一定催化，航空客运、货运均量价齐升，行业步入高景气上行周期。此外，人民币在2010年汇率改革后出现2%的升值，对航空股业绩带来贡献。此阶段航空板块超额收益主要由盈利驱动。

出行需求旺盛和人民币升值先后驱动航空板块行情上涨，如图12-3所示。在此期间，民航周转量同比增速最高超过20%，人民币汇率升值达2.01%，油价上涨10.57%。商务和旅游出行的需求改善是航空高景气的主线。2008年年底"四万亿计划"出台，中国经济再度走向"高速运转"的节奏，从2009年四季度到2010年二季度，国内实际GDP增速一直保持在10%以上，2010年一季度甚至超过12%，经济增速支撑了大众对航空需求的增速。此外，受到信贷政策冲击，商务出行需求大幅提升，同时2010年世博会进一步推动旅游出行。大众对航空业的需求旺盛，反映在民航总周转量的同比增速上，航班客座率也大幅提高了4%。

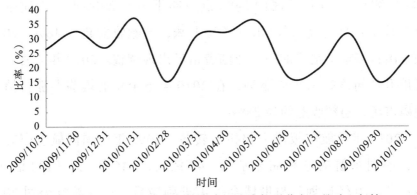

图12-3 航空板块在本轮行情中表现出中枢震荡向上的独立行情

资料来源：Wind，财通证券研究所。

进入 2010 年下半年，虽然出行需求下滑，但人民币升值接力驱动航空板块继续走强。2010 年人民币进入快速升值通道，升值幅度为 2.01%。以三大航空公司为例，相比 2009 年，2010 年财务费用从 42 亿元下降至 -5.6 亿元，本币升值对航空公司业绩表现影响较大。

在此期间，油价在美国量化宽松刺激、美元贬值的推动下，也走向了上行通道。布伦特原油期货结算价涨幅达 10.57%，给航空公司成本控制带来较大压力。2010 年下半年油价上涨与燃油附加费的上调形成对冲。燃油附加费制定权下放，在 2010 ~ 2011 年实施 7 次燃油附加费上调。

此外，2009 ~ 2010 年中国民航业发生两次大规模横向并购，产业整合带来协同效应预期，进而带动估值提升：2010 年 1 月，东方航空完成对上海航空的吸收合并；同年 4 月，中国国航增资控股深圳航空。横向并购有助于大型航空公司整合资源，扩大竞争优势。

2009 年下半年开始，随着"四万亿计划"等强刺激政策完成经济复苏的使命后，财政政策与货币政策逐步回归常态，央行通过连续抬高正回购利率、上调存款准备金率等方式回收流动性。沪深 300 指数从 2009 年年底的 3400 点一路下滑至 2900 点，而航空行业受益于自身的高景气⊖出现逆势上涨，超额收益超过 46%。此后随着出行需求下滑，航空行业随着市场出现调整。2010 年 6 月，人民币升值再度带来正向驱动，在 2010 年下半年的震荡上涨行情中跑赢市场，超额收益约为 28%。

2010 年后航空板块大幅扭亏转盈，2009 年中国国航、南方航空、中国东航的净利润分别为 -47 亿元、-45 亿元、-104 亿元，经过"四万亿计划"与世博会等需求刺激后，三大航空公司 2010

⊖ 民航总周转同比增长 30%，两次大规模横向并购。

年净利润分别为 111 亿元、52 亿元、44 亿元。

从具体个股的涨幅来看，位列涨幅榜前三位的分别是中国东航、南方航空、中国国航，其涨幅分别是 141%、126%、105%。而本阶段位于盈利改善前三位的个股分别是中国国航（盈利改善 337%）、海航控股（盈利改善 257%）、南方航空（盈利改善 214%）。

在 2010 年，南方航空、东方航空、中国国航为大型航空公司，海南航空和中信海直为中小型航空公司。在此阶段，大型航空公司相对于中小型航空公司仍然具有较为明显的优势，个股涨幅的优势主要来源于盈利改善。在盈利增长方面，大型航空公司平均业绩涨幅高达 230.96%，而中小型航空公司平均业绩涨幅为 123.35%。大型航空公司平均个股涨幅为 124.04%，显著高于中小型航空公司的 79.35%。

12.1.3 阶段 3：油价"腰斩"成为行情最大催化剂

从 2014 年 6 月到 2015 年 7 月，持续时间长达 14 个月，航空板块涨幅为 385%，同期沪深 300 指数涨幅为 96%，航空板块相对沪深 300 指数的超额收益为 289%，油价下跌主导本轮行情。在此期间，尽管人民币升值幅度仅 0.28%，但地缘政治因素导致全球油价"腰斩"，大幅利好航空公司营业成本改善。此轮行情发生在宏微观流动性宽裕期间，业绩改善逻辑吸引资金纷纷涌入航空股，估值和业绩共振形成板块超额收益行情。

在这 14 个月里，美元兑人民币汇率小幅下降 0.85%，油价大幅下跌 52.28%，民航总周转量同比增速上升，连续多月增速超过 15%，构成"汇率稳、油价降和需求涨相叠加"的超额收益驱动逻辑，其中油价下跌主导航空板块行情，如图 12-4 所示。

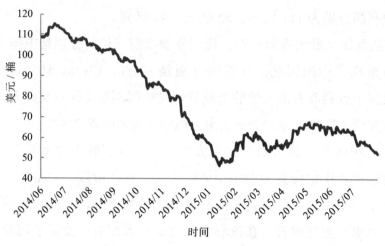

图12-4　油价下跌主导航空板块行情

资料来源：Wind，财通证券研究所。

汇率方面，在2014年6月初，美元兑人民币汇率为6.17，到2015年7月底小幅下跌至6.12，跌幅为0.85%，整体保持平稳。

供需方面，民航的总周转量、客座率均呈现上升态势。从2014年6月到2015年1月，民航总周转量同比增速基本上在10%左右徘徊，从2015年2月开始，更是连续多月同比增速超过15%。

下面以国有三大航空公司（中国国航、南方航空、东方航空）的数据为例，验证需求的改善：

从2013年到2015年，航空客运需求量升价跌：在量上显著增长24.42%，在价上下跌10.80%。2014年，三大航空公司的加总RPK⊖同比增长10.03%，2015年同比进一步增长13.07%。价格下跌可以从航油成本减少中得到一定补偿，维持利润空间。

从2013年到2015年，航空货运需求量升价跌：在量上显著增

⊖　收入客公里（revenue passenger kilometer，RPK），是一种衡量旅客运输量的综合性指标。

长 20.58%，在价上下跌 17.19%。2014 年，三大航空公司的加总 RFTK[⊖]同比增长 9.64%，2015 年同比进一步增长 9.98%。价格下跌同样可以从成本降低中得到部分补偿。

油价方面，布伦特原油期货结算价在 2014 年 6 月初时为 109.41 美元/桶，到 2015 年 7 月底时已一路下滑至 52.21 美元/桶，油价出现"腰斩"，下跌幅度高达 52.28%。2014 年下半年全球石油供需失衡，9 月全球石油储备高达 56 亿桶，为 2010 年来最高。石油输出国组织 OPEC 各成员对石油配额弃之不顾，加之当时地缘政治博弈，美国通过页岩油介入石油供给，对俄罗斯制裁施压。从 2014 年下半年到 2015 年上半年，原油整体供过于求，推动油价下跌。油价下跌对此轮航空业绩改善贡献明显。

下面以国有三大航空公司（中国国航、南方航空、东方航空）的数据为例，验证油价下跌的影响：

受到油价大幅下跌的影响，相较 2013 年，2014 ～ 2015 年航油成本在营业成本中的占比显著下降，2015 年航油成本规模也出现大幅缩减。三大航的总航油成本从 2014 年的 1025.10 亿元下跌至 2015 年的 706.29 亿元，同比下跌 31.10%；从成本占比来看，2015 年中国国航、南方航空、中国东航的航油成本占比均有下降。

此轮超额收益行情可以进一步拆分为两段，第一段是 2014 年 6 ～ 10 月，第二段是 2015 年 3 ～ 7 月。在 2014 ～ 2015 年市场的"水牛"行情下，航空板块凭借业绩改善以及市场对其业绩改善的信心，成为市场追逐的热点。

第一段市场小幅上涨。与此同时，航空板块凭借汇率、油价、

⊖ 货运周转量，是指运输货物的数量（吨）与运输距离（公里）的乘积，其表示方法为吨公里或吨海里。

供需三要素共振，相对市场跑出进攻行情，超额收益约为29%：一方面民航总周转量增速进一步提升，支撑航空公司收入增长；另一方面人民币升值0.40%，且油价下跌21%，为航空公司成本费用降低带来双重利好。此后，由于人民币出现贬值，市场对于航空公司业绩向好的预期受到冲击，因此限制了航空板块的进攻态势，出现小幅回调。

第二段市场大幅上涨，大小盘共振上行。与此同时，航空板块再次凭借汇率、油价、供需三要素共振，跑出进攻行情，超额收益高达108%：一方面民航总周转量增速维持高位，支撑收入增速；另一方面人民币升值0.55%，且油价继续下跌12%，对航空公司控制成本费用带来双重利好。

板块上涨294%，其中盈利上涨推动95%，"水牛"市场的戴维斯双击，估值提升109%，估值的贡献略大于盈利的贡献。

从具体个股的涨幅来看，位列涨幅榜前三位的分别是南方航空、中国东航、中国国航，涨幅分别是400%、345%、258%。与盈利改善前三位一致，南方航空盈利改善160%、东方航空盈利改善125%、中国国航盈利改善70%。三大航空公司受益于龙头地位，业绩改善最为明显，而业绩成为市场追逐三大航空公司的主要原因。

2015年，南方航空、中国国航、东方航空、海南航空分别运营667架、590架、551架、202架飞机，海南航空成功跻身大型航空公司，三大航空公司变为四大航空公司，而中信海直为中小型航空公司。

在此阶段，大型航空公司相对于中小型航空公司在个股涨幅方面具有显著优势，优势来源于盈利改善。大型航空公司在估值提升方面不及中小型航空公司。在盈利增长方面，大型航空公司平均业绩涨幅高达103.49%，而中小型航空公司平均业绩涨幅则远不及大型航空公司，仅为9.51%。大型航空公司在盈利增长方面的显著优势推动了其涨幅优势：大型航空公司平均个股涨幅为303.66%，中小型航空公司平均个股涨幅为153.29%，前者近两倍于后者。

12.1.4 阶段4：出行链的修复行情

从2021年1月到2022年2月，持续时间长达13个月，航空板块涨幅为18%，同期沪深300指数跌幅为14%，航空板块相对于沪深300指数的超额收益为32%。需求增长是本轮行情的核心驱动，人民币升值也有所助力，疫情复苏带来需求改善，供需层面产生第一重驱动力，客运需求量小跌、价大升，货运需求量价齐升，对收入带来显著正面影响。2021年年初经济领先恢复，促使人民币短期升值，在汇率层面产生第二重驱动力。虽然美联储加息等因素导致油价上涨，但是燃油附加费上调预期强烈。当市场震荡下行，业绩改善预期与海南航空重组推进，带动航空板块走出独立行情。此阶段航空板块超额收益主要来源于估值的贡献。

此阶段，油价整体上涨89.05%，但是存在燃油附加费上调的实现与进一步上调的预期，对冲与削弱了负向的贡献。美元兑人民币汇率下跌2.92%，供需的部分改善和存在进一步改善的预期，在汇率和供需两个方面产生了正向的推动。

在汇率方面，人民币在全球"收水"的背景下维持强势升值。美元兑人民币中间价从2021年1月初的6.52，一路震荡下行，到2022年2月底下跌至6.33，人民币升值幅度达2.92%，有利于航空公司进行成本和费用的控制。

在供需方面，航空行业在2018年经历了供给侧结构性改革、票价市场化改革，行业格局得到了优化，随着消费服务复苏，市场对航空大周期的预期有所升温。我们认为这轮航空板块上涨的核心动因主要在于：

（1）航空行业供给侧结构性改革进一步得到落实。票价于2018年之后逐步放开，在2021年更进一步落实，航空龙头的盈利能力将得到提升。

（2）疫情好转带来需求复苏。2021年国内疫情基本得到控制，中国民用航空局相关数据显示，2021年二季度国内客运量已经恢复到2019年同期的89.0%，相较2021年一季度大幅提高了25.6bp$^{\ominus}$，甚至在5月一度超过2019年同期水平。随着疫情逐渐好转，国内出行逐渐恢复，国际出行有所放开，再叠加疫苗接种范围的扩大，市场中产生了对航空运输行业需求增长、业绩改善的较强预期。

三大航空公司（中国国航、南方航空、东方航空）客运需求量减价升、货运需求量价齐升。相比2020年，2021年航空运输需求伴随着疫情逐渐好转也逐渐复苏：2021年客运需求在量上同比缩减1.32%，在价上同比增长8.79%，价格增长弥补了需求量小幅减少可能带来的业绩损失。2021年货运需求在量上同比增长19.02%，在价上同比增长9.13%，货运复苏更快于客运。

油价方面，燃油附加费提升对冲油价涨幅。受到美联储加息等事件的影响，布伦特原油期货结算价从2021年1月初的51.80美元/桶迅速爬升至2022年2月底的97.93美元/桶，涨幅高达89.05%，对航空公司的经营产生了显著的负面影响，但各大航空公司已于2021年11月开始恢复征收燃油附加费。

海南航空的资产重组成功也是航空板块的利好因素之一。2015

$\ominus$ bp（经济学名词）一般指利率基点。

年时海南航空已经凭借不断扩大的机队规模跻身大型航空公司行列，但是由于集团经营不善，逐渐走向破产。2021 年 1 月 29 日，海南航空集团收到破产重整通知。2021 年 2 月海南省高级人民法院受理重整，3 月法院裁定重整模式，10 月批准重整计划。在 2022 年 4 月 24 日宣布计划执行完毕之前，资产重组持续有序推进，为航空板块注入了较大信心。

　　这一轮超额收益行情可以细分为三小段：第一段是 2021 年 1 月至同年 3 月，第二段是 2021 年 8 ～ 11 月，第三段是 2021 年 12 月 ～ 2022 年 2 月。市场整体震荡下行，沪深 300 指数在 2021 年基本维持震荡下行的趋势，从 5800 点一路下行至 4600 点，与之相反的是航空板块中枢震荡抬升的独立行情，超额收益主要来源于业绩改善和进一步提升的预期，如图 12-5 所示。

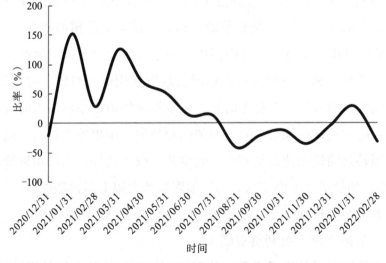

图 12-5　市场震荡下行时，航空板块凭借业绩改善的预期走出独立行情

资料来源：Wind，财通证券研究所。

第一段市场震荡下行，核心资产回调，主要有三点原因：其一，美债利率迅速上行；其二，微观交易结构恶化；其三，当时国内经济基本面变化较小。与此同时，航空板块凭借汇率和需求的共振，走出独立行情：一方面前半段人民币升值0.83%；另一方面伴随着疫情得到控制，航空运输需求显著复苏。此后，由于疫情反复，航空供需复苏速度减缓，在市场震荡的同时，航空板块业绩向好的信心也减弱，出现小幅回调。

第二段市场持续震荡，周期板块一枝独秀：向上的推动因素包括央行全面降准、流动性宽松加码以及稳增长政策的陆续落地；向下的拉动因素包括房地产行业不景气拖累市场，以及能源短缺对多个行业的供给带来冲击，因此周期股脱颖而出。与此同时，航空板块凭借汇率、油价两要素共振，叠加供需复苏预期，走出独立行情：在成本费用方面，人民币升值1.34%，油价下跌3.18%，带来双重利好；在收入方面，传统旺季即将到来，供需复苏预期增强。

第三段市场下行：一方面国内经济下行压力显现，房地产行业持续拖累市场；另一方面市场对稳增长政策作用信心减弱，对宽信用、宽流动性预期升温。在这个时候，航空板块凭借汇率和需求的有力驱动，再叠加燃油附加费大幅上调的强烈预期，走出独立行情：航空运输总周转量同比增速由负转正，航空公司收入增加；人民币继续升值0.74%，油价虽然上涨47%，但燃油附加费大幅上调预期强烈。

本轮航空板块上涨34%，估值上涨58%，盈利下降90%。上涨主要由估值贡献，盈利负贡献。

从具体个股的涨幅来看，位列涨幅榜前三位的分别是海航控股、吉祥航空、东方航空，其涨幅分别是151.16%、40.28%、32.96%。本轮行情的驱动主要来自对未来航空格局的预期，所以包括重组成功的海南航空在内的四大航空公司个股涨幅表现较好。本阶段位于盈利改善前三位的个股分别是吉祥航空（盈利改善93.91%）、中信海直（盈利改善46.96%）和华夏航空（盈利改善1.06%）。

吉祥航空在个股涨幅中位列第二，仅次于海航控股，同时在盈利改善中位列第一。原因如下：

（1）吉祥航空在2021年中参与竞购海南航空，而且是三家潜在战略投资中唯一一家有相同主营业务的航空公司，当时市场对吉祥航空的竞购成功较为看好，带动了估值的提升。

（2）由于公司规模较小，吉祥航空的成本和费用控制较好，在疫情期间收入增长乏力的情况下，带动业绩改善：相较大型航空公司，吉祥航空营业成本较低，根据各航空公司年报，吉祥航空2021年度营业成本为113亿元，而中国国航、东方航空、南方航空同年营业成本均超800亿元；而且期间费用率[⊖]较低，2021年度吉祥航空销售费用、管理费用、财务费用合计15亿元，期间费用率达12.79%，而中国国航、东方航空的期间费用率分别为17.55%、14.64%。

2021年，除了主营直升机的中信海直外，根据机队规模，南方航空、东方航空、中国国航、海南航空均为大型航空公司，而春秋航空、吉祥航空、华夏航空则为中小型航空公司。

在此阶段，大型航空公司相对于中小型航空公司而言，在个股涨幅方面具有显著优势，这个优势主要来源于估值提升方面的优势。除海南航空破产重组成功估值大幅提升以外，其他航空公司的估值改善差距不大，而海南航空的估值大幅提升带动大型航空公司的估值提升幅度显著大于中小型航空公司。在亏损控制方面，大型

　　⊖ 不含研发费用。

航空公司平均业绩亏损扩大速度为 70.66%，而中小型航空公司平均业绩亏损扩大速度则远超大型航空公司，高达 198.99%，不过在删去极端值后，中小型航空公司反而在亏损控制上更具优势。

海航控股是大型航空公司的估值提升的主力军，进而也主导了大型航空公司的个股涨幅。从 2021 年 1 月到 2022 年 2 月，海航控股个股涨幅为 151%，大型航空公司平均个股涨幅为 61.15%，表现远优于中小型航空公司的 14.84%，即使删去极端值的中小型航空公司，平均个股涨幅也只有 21.25%，与大型航空公司差距较大。

12.2 波动大、难掌控，周期开启、一击而中

2005 ～ 2022 年的 18 年里，航空板块涨幅为 94%，同期沪深 300 指数涨幅为 294%，航空板块长周期跑输市场。

从板块估值来看，市盈率平均值为 33.90 倍，标准差为 107.36，如图 12-6 所示。

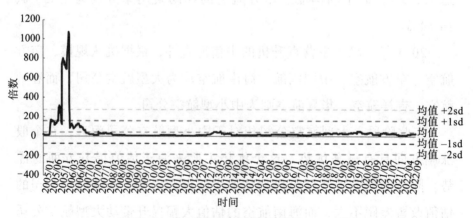

图 12-6 航空板块市盈率平均值为 33.90 倍

注：估值指标选取 PE（TTM，剔除负值）。

资料来源：Wind，财通证券研究所。

　　航空板块的强周期性非常明显，航空板块相对于沪深300共有四个超额收益的阶段行情，在每轮周期复苏之后，都是漫长的低配置价值时段。

　　航空板块长周期跑输市场的核心原因是航空板块的长周期盈利能力弱于整体市场。通过构建航空板块四季度移动平均的单季度净资产收益率，我们发现其在大多数时候表现要弱于沪深300指数，根源应该在于：其一，航空行业票价管制限制了航空公司的盈利上限；其二，航空行业的竞争格局虽然是三大航空公司或四大航空公司的垄断，但是因为其行业特性[⊖]，垄断地位并未转化为盈利能力和航线控制能力；其三，航空公司作为重资产公司，本身经营业绩波动性较高。

　　我们利用单季度净资产收益率代替归母净利润同比增速来衡量行业盈利情况，通过计算单季度净资产收益率的过去4个月平均值，剔除季节效应，能够看到航空板块相对于沪深300指数的超额业绩，与整个板块的超额收益走势相吻合，提前一季度的吻合度甚至更强，如图12-7所示。并且，航空板块的超额收益与超额业绩的绝对值没有明显关系，市场更在意的是超额业绩的改善，也就是更在意航空板块相对于沪深300指数的业绩改善。

　　航空板块的超额收益阶段均发生在人民币升值时期，且当时供需情况稳定或改善，如图12-8所示。汇率和油价对航空板块的行情走向起到了主导作用，其中汇率的影响相对更大。四轮超额收益行情中，汇率主导第一轮、第二轮的后半轮和第四轮的后半轮，油价主导第三轮，而供需则主导第二轮的前半轮和第四轮的前半轮。根据2021年年报，人民币兑美元升值1%将促使中国国航、中国东航和南方航空净利润分别增加3.17亿元、2.22亿元和3.22亿元人民币。

　　⊖ 边际成本几乎为0、航线商议制度等。

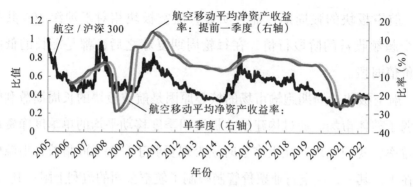

图 12-7　航空板块的超额收益源于业绩改善

资料来源：Wind，财通证券研究所。

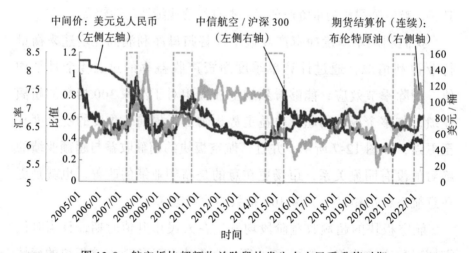

图 12-8　航空板块超额收益阶段均发生在人民币升值时期

资料来源：Wind，财通证券研究所。

业绩改善及其预期是行情的最主要驱动因素。由于有燃油附加费的存在，汇率的影响大于油价。在汇率、油价⊖、供需三要素中，航空板块的超额收益行情通常多发生在三要素共振时期，或者在包

─────────────

⊖　叠加燃油附加费。

含汇率的两要素共振时期。

在前两个超额收益行情阶段，盈利增长贡献更多；后两个超额收益行情阶段，估值提升贡献更多。

每个超额收益行情阶段，大型航空公司总是引领行情。不过大型航空公司相对于中小型航空公司而言，优势来源在每个阶段有所不同。大型航空公司对于板块行情的主导不仅表现在行业涨幅贡献方面，也同样体现在盈利改善贡献上。

第 13 章　轻工（造纸）行业

　　造纸行业属于典型的中游制造业，具有显著的周期性，在一定程度上与其下游行业有关。下游以消费品行业为主，需求的变化更多与消费和出口相关。而前文讨论的煤炭和钢铁行业，则更多与投资相关。具体而言，包装用纸和文化用纸分别承包了国内成品纸消费份额的 63% 和 23%。结合经济周期来看，纸品的消费量与 GDP 增速的变化相匹配。

　　上游端主要取决于行业的产能投放情况。一方面，企业投资意愿受到行业景气度影响，盈利水平的改善会提高企业产能投放的意愿。另一方面，由于原材料高度依赖国际市场，大约有超过 50% 的纸浆从海外进口（我国是全球最大的纸浆净进口国）。但由于原材料价格是全球定价的，因此全球政经走势、供应链等都会对造纸企业的成本产生影响。而原材料在产品的总成本中占比约 70%，造纸企业可以通过提高海外产能、提升生产效率等方式来改善自身盈利。

　　对于造纸行业整体而言，成本与销售的剪刀差，即纸价是决定盈利周期波动、行业景气度的核心因素，因此上下游的供需和库存是我们研究造纸板块行情演绎逻辑的主要方向。

13.1 超额收益中纸价上行是必要条件

2005～2022 年，造纸板块相对于沪深 300 指数的表现，我们选取四个持续时间半年到一年以上、回撤相对较小的阶段，供投资者关注与参考，如图 13-1 所示。

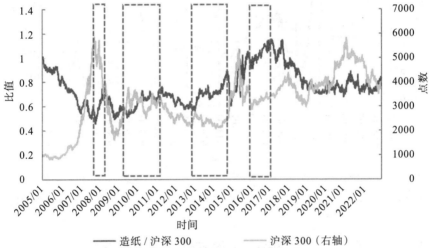

图 13-1 2005～2022 年，造纸板块相对于沪深 300 指数的四个超额收益阶段

注：造纸板块指数选自中信二级行业分类。

资料来源：Wind，财通证券研究所。

就行业大类而言，造纸行业属于中游制造业，产业上游是林木加工和纸浆生产，下游需求广泛，以包装和印刷为主，也应用于日常生活和文教办公。作为典型的周期品，造纸行业供需格局与竞争格局的分析至关重要，我们统一采用造纸工业 PPI[⊖]当月同比变化幅

⊖ 工业生产者价格指数（Producer Price Index for Industrial Products，PPI）是衡量工业企业产品出厂价格变动趋势和变动程度的指数，是反映某一时期生产领域价格变动情况的重要经济指标，也是制定有关经济政策和国民经济核算的重要依据。

度来衡量成品纸的供需情况。2005 ～ 2021 年，造纸工业 PPI 经历多轮周期，造纸板块超额收益多出现于 PPI 同比增速上涨的阶段，如图 13-2 所示。

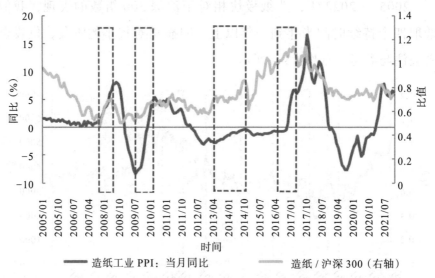

图 13-2　2005 ～ 2021 年，造纸板块相对于沪深 300 指数的四个超额收益阶段

13.1.1　阶段 1：需求增长，供给不够，纸价节节高

从 2007 年 11 月到 2008 年 3 月，持续时间长达 5 个月，造纸板块涨幅为 28.24%，同期沪深 300 指数下跌 20.77%，造纸板块相对于沪深 300 指数的超额收益为 49.01%。此轮行情的核心在于造纸行业的供需格局改善，造纸工业 PPI 同比增速由 1.65% 提升至 4.43%。造纸行业的高景气主导行情：2005 ～ 2007 年，经济向好带动下游需求稳步增长，造纸工业 PPI 持续位于 100 上方的高位。2008 年一季度时，社零增速上行至 20.6%，行业需求方面仍然稳定，造纸工业 PPI 快速攀升至 105，显示出造纸行业景气度仍处于

向上通道。彼时次贷危机开始发酵，造纸行业表现得相对抗跌。本轮板块超额收益同时来源于估值提升和盈利增长，其中估值的贡献更多，大宗纸公司凭借盈利弹性而涨幅靠前。

从供给端角度，造纸行业在生产过程中容易造成环境污染。一方面，废水中含有污染物，如未经适当处理排放到水体中，会对水环境造成污染。另一方面，造纸过程中的燃烧物和废气处理等会排放二氧化硫、氮氧化物等污染物，对空气质量造成负面影响，此外，造纸行业对能源的需求量大，高耗能也会增加温室气体的排放量。2007年国家节能减排力度加大，国务院明确要实现节能减排的目标任务和总体要求，控制高耗能、高污染行业过快增长。在节能减排的大背景下，各地关停了一批不合格或环保不达标的造纸企业，行业总体产能下降。

从需求端角度，下游消费需求回暖。2005～2007年，GDP和社零增速由10%上行至15%。同期全国纸及纸板的产销量由5000万吨上升到超过7000万吨，产量平均年增长14%，消费量平均年增长10%，如图13-3所示。2008年一季度，金融危机导致我国经济出现拐点，但对国内消费的影响仍未显现，彼时社零增速继续上行至20.6%。国内纸及纸板消费量增速反超产量增速，分别为8.85%和8.57%。在这个阶段内，纸价同比快速攀升，造纸工业PPI均位于100上方，2018年3月时接近105。2007年四季度行业单季度营业收入与利润增速之比为27%：33%，2008年一季度进一步上升至28%：44%。

在此期间，随着经济压力显现，大盘见顶调整，造纸板块受益于业绩确定性走出独立行情。从2007年11月开始，在金融地产等权重股不断下挫的带动下，沪深300指数4个月内跌幅超过20%，而造纸所在的轻工行业逆势上涨 18.22%。造纸行业的高景气使其成为资金追逐的焦点，板块在此期间的超额收益高达 49.01%。

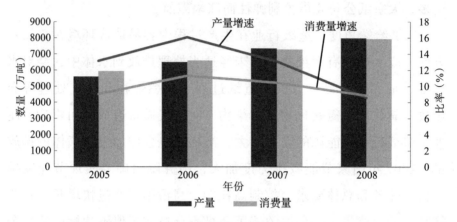

图 13-3　2008 年消费量增速反超产量增速

资料来源：Wind，财通证券研究所。

此阶段估值涨幅为 24%，盈利涨幅为 13%，估值、盈利均有贡献，估值贡献略大于盈利贡献。

从具体个股的涨幅来看，位列涨幅榜前三位的分别是粤桂股份、凯恩股份、冠豪高新，其涨幅分别是 103%、88%、73%。本阶段位于盈利改善前三位分别是民丰特纸（盈利改善 66%）、粤桂股份（盈利改善 59%）、博汇纸业（盈利改善 47%）。

从个股来看，大宗纸公司领涨，盈利增长是核心。按照公司主要生产的成品纸类型，造纸板块上市企业可以分为大宗纸公司、生活纸公司和特种纸公司三种类型。大宗纸指文化用纸和包装用纸，为典型工业品。特种纸是具备特定性能或功能、满足特定领域材料需求的众多纸种的总称，包括食品包装纸、热敏纸等。2008 年时，A 股有 13 家大宗纸公司，有 5 家特种纸公司。无论从股价、

盈利还是估值来看，大宗纸公司相对于特种纸公司而言都有优势，
如图 13-4 所示。

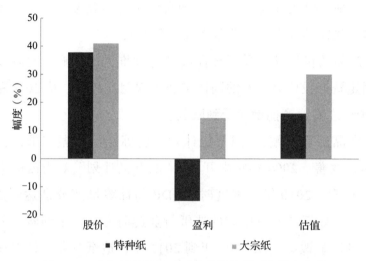

图 13-4 大宗纸公司相对于特种纸公司而言都有优势

资料来源：Wind，财通证券研究所。

13.1.2 阶段 2：政策刺激行业需求，纸价回升

从 2009 年 7 月到 2011 年 4 月，持续时间长达 10 个月，造纸板
块涨幅为 46.49%，同期沪深 300 指数上涨 0.36%，造纸板块相对于
沪深 300 指数的超额收益为 46.13%。政策刺激需求回暖主导行情：
从 2009 年年中开始，"四万亿计划"对内需的提振效果逐步显现，
在 2010 年一季度时，GDP 和社零增速回升至 12.2% 和 17.9%。造
纸行业再度迎来需求回暖，行业基本面明显改善。2009 年三季度至
2010 年一季度，造纸工业 PPI 指数由 92 回升至 105，行业景气度
底部回升。此轮板块超额收益主要来源于盈利，特种纸公司凭借盈
利和估值的双重优势领涨。

从市场来看，"四万亿计划"刺激基本面改善，造纸工业PPI同比增速从 -8% 提升至 5%。此阶段，在成品纸供给端，新增产能较少；而在成品纸需求端，"四万亿计划"刺激经济复苏，下游需求迅速回暖。供需错配下，行业基本面底部回暖。

在产品的供给端，受到环保政策持续推进的影响，此阶段造纸行业固定资产投资完成额的同比增速出现明显放缓，从 20% 左右下降至 10% 左右，产能增速受到限制。

在产品的需求端，"四万亿计划"复苏经济提振需求，行业基本面明显改善。2009 年年中开始，"四万亿计划"对内需的提振效果逐步显现，2010 年一季度时，GDP 和社零增速分别达到 12.2% 和 17.9%。处于产业链中游的造纸行业此时迎来需求回暖，行业基本面得到明显改善。从 2008 年到 2011 年，造纸行业产销增速维持 5% 以上的正增长，如图 13-5 所示。从 2008 年三季度到 2011 年二季度，行业营业收入增长率从 2% 上升至 26%，利润增速由 -12% 上升至 4%。在 2010 年一季度时行业营业收入增长率和利润增速达到阶段顶峰，分别为 34% 和 144%。

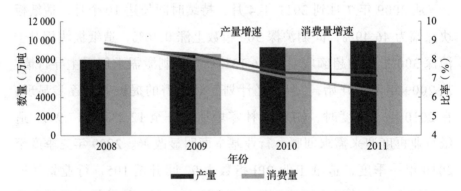

图 13-5　从 2008 年到 2011 年，造纸行业产销增速维持 5% 以上的正增长

资料来源：Wind、财通证券研究所。

后来政策转向收紧，A 股市场整体震荡。造纸行业作为中游制造业，受到的影响相对滞后。2009 年下半年开始，财政政策与货币政策均逐步回归常态，央行通过连续抬高正回购利率、上调存款准备金率等方式回收流动性⊖，同时"国四条"⊖开始严厉调控地产。股票市场持续处于震荡时期，整体表现相对低迷。而造纸行业出现底部回暖周期，具有的独立景气度使其在震荡市场中获得了超过 46% 的超额收益。

此阶段盈利增长 166%，估值降低 6%，涨幅大部分由盈利贡献。

从个股来看，特种纸公司领涨，估值盈利均有优势。从具体个股的涨幅来看，位列涨幅榜前三位的分别是国中水务、冠豪高新、中润资源，其涨幅分别是 166%、152%、111%。本阶段位于盈利改善前三位的个股分别是凯恩股份（盈利改善 911%）、宜宾纸业（盈利改善 685%）、民丰特纸（盈利改善 290%）。

2011 年时，A 股上有 15 家大宗纸公司，有 6 家特种纸公司。无论从股价、盈利还是估值来看，特种纸公司相对于大宗纸公司而言都有明显优势，如图 13-6 所示。此阶段，在个股涨幅方面，大宗纸公司平均上涨 57%，特种纸公司平均上涨 63%，特种纸公司更胜一筹。这主要源自其相对于特种纸公司在盈利增长和估值提升两个方面都有显著优势：在盈利增长方面，大宗纸公司业绩下滑 55%，而特种纸公司盈利大幅改善 254%；而在估值提升方面，大宗纸公司业绩增长 65%，而特种纸公司业绩大幅提升 361%。

⊖ 回收流动性就是指当市场上货币过多时，央行通过提高利率和再贴现率，售出国债来回收一部分的货币，以免发生严重的通货膨胀。

⊖ "国四条"是指在 2009 年 12 月 14 日就促进房地产市场健康发展提出增加供给、抑制投机、加强监管、推进保障房建设等四大举措。

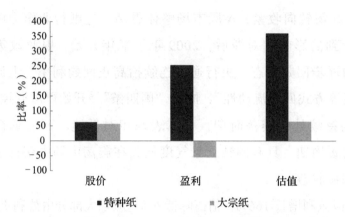

图 13-6　特种纸公司相对于大宗纸公司而言都有明显优势

资料来源：Wind，财通证券研究所。

13.1.3　阶段 3：供给侧改革淘汰产能，纸价预期企稳回暖

从 2013 年 1 月到 2014 年 10 月，持续时间长达 22 个月，造纸板块涨幅为 46.43%，同期沪深 300 指数变化为 −3.61%，造纸板块相对于沪深 300 指数的超额收益为 50.04%。供给侧淘汰落后产能、限制新增产能主导行情：2010 ～ 2014 年，全国淘汰大量造纸落后产能，同时造纸行业固定资产投资增速不断放缓，产能盲目扩张的情况得到了遏制。在供给侧收缩的背景下，造纸工业 PPI 在 2013 ～ 2014 年持续上行，重回 100 附近。2013 年行业营业收入增长率达到 9.19%，行业盈利边际改善。板块超额收益主要来源于盈利，大宗纸公司凭借盈利改善弹性更大，从而涨幅领先。

从市场来看，供给侧收缩盈利边际改善，造纸工业 PPI 同比增速由 −2.52% 回升至 −0.39%。从 2010 年到 2012 年，纸价下行，造纸行业盈利陷入低谷。从 2010 年三季度开始，一方面此前"四万亿计划"对内需的刺激逐渐消退，另一方面"四万亿计划"时期新建的产能逐步释放，造纸行业呈现供过于求的局面，纸价进入长达两年的下行通道。伴随着供给侧收缩，行业盈利走出低谷实现边际改善。

在内需增速逐渐放缓的同时，行业的供给侧也正在悄然发生一些变化。2010年2月国务院下发《关于进一步加强淘汰落后产能工作的通知》，8月工业和信息化部发布《2010年工业行业淘汰落后产能企业名单公告》。2011年以后，造纸行业固定资产投资完成额增速不断放缓，产能盲目扩张的情况也得到了遏制，如图13-7所示。在供给侧收缩的背景下，2013年造纸行业营业收入和利润总额平均同比增速为9.19%和14.53%，2014年一季度至三季度平均同比增速分别为7.24%和4.30%，行业盈利取得边际改善。造纸行业毛利率逐年提升：2013年升至15.99%，2014年进一步升至16.62%。

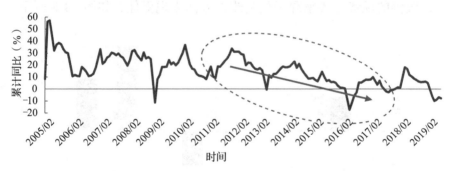

图13-7　2011年之后，造纸行业固定资产投资完成额增速不断放缓

资料来源：Wind，财通证券研究所。

从行业来看，市场低位徘徊，造纸板块凭借盈利改善走出独立行情。从2013年到2014年10月，市场在低位徘徊，造纸行业供给侧优化带来盈利边际改善。市场在经历了2006～2008年经济过热时期、2009～2011年财政刺激下的震荡后，进入经济低迷期，市场风险偏好较低，资金偏好业绩兑现基本面良好的行业。此时造纸行业供给侧

结构开始优化，造纸工业 PPI 同比增速回升至 0 附近，企业盈利边际改善，板块走出独立行情，产生超过 50% 的超额收益。

此阶段盈利上涨推动 237%，估值下降 25%，涨幅几乎全部由盈利贡献。

从个股来看，大宗纸公司涨幅领跑，源于盈利改善弹性更大。从具体个股的涨幅来看，位列涨幅榜前三位的分别是甘化科工、冠豪高新、安妮股份，其涨幅分别是 173%、170%、164%。盈利改善前三位的个股分别是山鹰国际（盈利改善 10 756%）、晨鸣纸业（盈利改善 380%）、岳阳林纸（盈利改善 228%）。

2014 年，A 股有 15 家大宗造纸公司，有 6 家特种纸公司。从股价来看，大宗纸公司相对于特种纸公司和生活纸公司而言都有明显优势，股价的优势主要来源于盈利改善方面表现更佳，如图 13-8 所示。

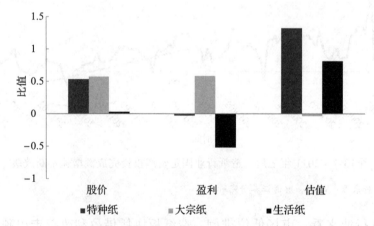

图 13-8　大宗纸公司相对于特种纸公司和生活纸公司而言都有明显优势

资料来源：Wind，财通证券研究所。

13.1.4　阶段 4：库存出清与消费升级，生活纸领涨

从 2016 年 2 月到 2017 年 3 月，持续时间长达 14 个月，造纸

板块涨幅为 51.32%，同期沪深 300 指数涨幅为 20.01%，造纸板块相对沪深 300 指数的超额收益为 31.31%。与上轮行情类似，行业供需结构改善再度成为行情主线。自 2016 年起，伴随着供给侧结构性改革与环保政策趋严，供给端不断收紧，造纸行业供需格局优化，造纸工业 PPI 指数升至 107。此时市场风险偏好处于低位，造纸企业凭借盈利改善跑赢市场。板块超额收益主要来源于盈利，生活纸公司凭借盈利增长领跑板块。

从市场来看，行业供需结构改善，造纸工业 PPI 同比增速由 −0.8% 上升至 7%。从 2016 年到 2017 年 3 月，在供给端，既有供给侧结构性改革推进实施，又有环保政策趋严限产；在需求端，社零增速维持较高位置，下游需求较为旺盛，造纸行业供需结构进一步改善。2017 年产量增速不及消费量增速，分别为 3% 和 5%，造纸行业持续去库存。2015～2017 年是造纸行业盈利能力提升最快、最明显的阶段，行业净资产收益率由 3.58% 提升至 11.66%，行业毛利率由 19.72% 提升至 24.56%，行业净利率由 2.77% 提升至 8.56%，如图 13-9 所示。2016 年造纸行业营业收入增长 14.96%，利润总额增长 42.12%，2017 年一季度造纸行业营业收入和利润总额分别增长 14.3% 和 73.6%。

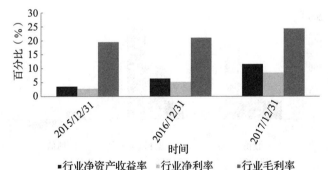

图 13-9　造纸行业净资产收益率由 3.58% 逐年提升至 11.66%

资料来源：Wind，财通证券研究所。

从行业来看，市场风险偏好处于低位，造纸行业受益于供给侧结构性改革和需求端旺盛，企业盈利获得较大改善，带动板块估值上行。在经历了 2015 下半年的股市危机后，市场的风险偏好又一次处于低位，更加青睐业绩兑现可能性高的板块。对于造纸行业而言，行业供需结构改善带来盈利水平和盈利能力的大幅提升，从而走出独立行情，获得 31% 的超额收益。

此阶段，估值贡献 −7%，盈利贡献 121%，本轮行情主要由盈利贡献。

从个股来看，生活纸公司领涨，盈利增长领先贡献更多涨幅。从具体个股的涨幅来看，位列涨幅榜前三位的个股分别是神雾节能、中顺洁柔、宜宾纸业，其涨幅分别是 793%、146%、120%。盈利改善前三位的个股分别是景兴纸业（盈利改善 2636%）、中闽能源（盈利改善 1723%）、神雾节能（盈利改善 1370%）。

2017 年时，A 股上有 13 家大宗纸公司，有 8 家特种纸公司。从股价来看，生活纸公司优势最为明显，其次是大宗纸公司，最后是特种纸公司，个股涨幅更大的优势主要来源于在盈利改善方面表现更佳，如图 13-10 所示。

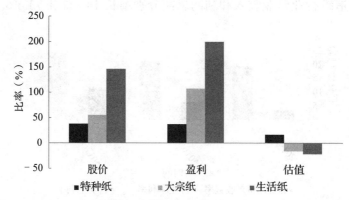

图 13-10 生活纸公司优势最为明显，其次是大宗纸公司，最后是特种纸公司

资料来源：Wind，财通证券研究所。

13.2 行业行情与宏观经济景气呈现高相关性

从 2005 年到 2022 年的 18 年长周期来看，造纸板块涨幅为 230%，同期沪深 300 指数涨幅为 294%，造纸板块跑输沪深 300 指数 64%。

从估值角度来看，造纸板块的市盈率均值为 48.30 倍，标准差为 65.08，如图 13-11 所示。

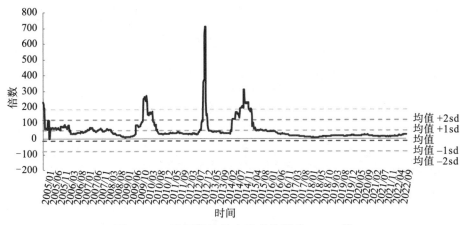

图 13-11　造纸板块的市盈率均值为 48.30 倍

注：估值指标选取 PE（TTM，剔除负值）。

资料来源：Wind，财通证券研究所。

综上，我们发现造纸行业与宏观景气度高度相关。前两轮超额收益均发生在 GDP 高增速期间，主要由下游需求拉动。随着经济进入"新常态"，行业的逻辑变化从需求端转变为供给端，供给侧结构性改革、环保限产等一系列政策成为影响因素。

此外，造纸行业的超额收益基本发生在纸价上行的高位期间。历史上四轮超额行情均发生在造纸工业 PPI 处于 100 上方，而市场

　　较为关注的纸浆、废纸等原材料价格波动并非影响纸企盈利的核心因素。原因在于企业能够借行业供需改善，将原材料涨价成本传导至下游。简而言之，可以从行业的景气程度直接观察纸价。

　　造纸行业的超额行情基本由业绩带来，这与前面讨论的煤炭和钢铁比较相似。这也说明市场对周期板块的定价更多基于盈利端，而非估值端。从领涨个股的演绎逻辑看，我们也能发现具有较高业绩弹性的公司能够获得较高的超额收益。

第 3 部分　科技制造

　　科技制造板块经常被 A 股市场的投资者戏称为"高富帅"，收入高增速和所处行业极大的想象空间是其"吸引力"的体现，因此投资者愿意给予它们相对较高的估值。这类板块的表现在一定程度上也代表了市场交易情绪的高低。一般市场交易情绪高涨，投资者风险偏好高时，倾向于一些高估值、弹性大的成长行业，诸如 TMT[⊖]一类。其中最具代表性的就是计算机板块。在 2013 年 2 月到 2015 年 6 月的 A 股"宽松"大牛市期间，计算机板块上涨 778% 且主要由估值驱动，"互联网 +"等主题催化行情频发，先后成为计算机板块暴涨的主要推手。

　　此外还有一些其他的因素也会影响到短期行业的估值，比如产业政策、金融政策。权益

　　⊖　TMT 是电信、媒体和科技（Telecommunications, Media, Technology）三个英文单词的首字母整合在一起。TMT 产业是以互联网等媒体为基础将高科技公司和电信行业链接起来的新兴产业。

市场相关的金融政策中，IPO、并购重组、再融资、减持是重中之重，相关规定的松紧反映了金融政策整体的放松和收紧。

中美贸易摩擦以来，全球对科创的重视程度显著提升，层出不穷的技术迭代也使得投资者"眼花缭乱"。从锂电池、钠电池到元宇宙，再到ChatGPT，2019年之后的"白马"行情逐步变成了"赛道"投资。本篇中，我们将带投资者回顾过去几轮科创成长领域"高富帅"的诞生过程。

第14章　计算机行业

计算机行业是一个庞大的行业，包括了硬件、软件、服务等多个方面，产品被广泛应用于飞机、汽车、机械、电子、建筑和轻工等多个领域，并且加快了各个行业的发展进程。国家统计局和工信部数据显示，2022年我国计算机、通信和其他电子设备制造业收入为15.4万亿元，其中，软件信息服务收入规模为7万亿元。

A股的计算机公司业务客户通常以政府和企业为主，公司体量一般"小而美"，截至2022年12月31日，计算机板块上市公司多达337家，市值超过500亿元的仅9家，主营业务覆盖计算机设备、软件、云服务和产业互联网等多个细分行业。随着中共中央、国务院印发《数字中国建设整体布局规划》，数字中国建设得到高度重视，数字经济的发展有望再次引领计算机行业走上"快车道"。

14.1 超额收益需要流动性宽松、产业新趋势、策略主题火爆

回顾2005年以来，计算机板块相对于沪深300指数的表现，我

们选取了四个持续时间半年以上、回撤相对较小的超额收益阶段行情，供投资者关注和参考，如图 14-1 所示。

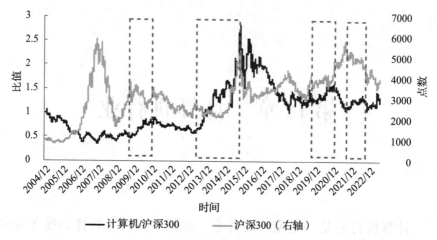

图 14-1 计算机板块相对于沪深 300 指数的四个超额收益阶段

注：计算机板块指数选自中信一级行业分类。

资料来源：Wind，财通证券研究所。

14.1.1 阶段1：战略性新兴产业叠加创业板开板，打开想象空间

从 2009 年 8 月到 2010 年 11 月，持续时间长达 462 天，计算机板块涨幅达 87.1%，同期沪深 300 指数涨幅为 −1.2%，计算机板块相对于沪深 300 指数的超额收益为 88.3%。战略性新兴产业主题引领第一段超额收益行情。随着 2008 年金融危机的影响逐渐消散，宏观经济企稳回升，中央经济工作会议提出要加大力度调整经济结构，发展战略性新兴产业。同时，央行多次表示市场流动性保持充裕合理，流动性的宽松抬升了行业估值。

2009 年以"四万亿计划"为代表的宏观刺激政策稳住了经济和股

市，2009 年 9 月，三次新兴战略性产业发展座谈会召开，就发展新兴信息产业等七大新兴产业进行讨论，随后创业板开市，12 月中央经济工作会议提出要加大力度调整经济结构，发展战略性新兴产业。

由于计算机行业政策持续催化，行业估值进入历史高位。在国家发展战略性新兴产业的大背景下，市场给予更高的溢价。2009 年 10 月创业板开市，抬升了市场对中小企业的投资预期。央行多次表示市场流动性保持充裕合理，十年期国债收益率持续下行，计算机行业估值显著提升，如图 14-2 所示。

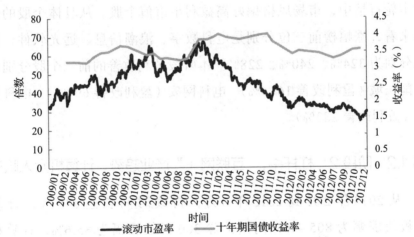

图 14-2　2009 ～ 2010 年计算机行业估值显著提升

资料来源：Wind，财通证券研究所。

此轮超额收益行情可以进一步拆分为两段，第一段是 2009 年 8 月～ 2010 年 7 月，第二段是 2010 年 7 ～ 11 月。

第一段中，随着市场实现深 V 形反转，进入新一轮牛市，2010 年市场对经济过热的担忧开始显现，宏观经济政策略有收紧，沪深 300 指数随之下跌。此阶段沪深 300 指数下跌 1.2%，计算机板块领涨大盘。

第二段中，市场进入横盘调整阶段，计算机板块领涨。2010 年 7 月中国人民银行发布《2010 年二季度中国宏观经济形势分析》，报告对中国经济的发展趋势仍持谨慎乐观看法。积极的预期引导使得市场止跌，进入横盘调整阶段。此阶段计算机板块在政策催化下涨幅达到 50.8%。

在本轮行情中，估值增长 60%，盈利增长 15%，估值的贡献大于盈利的贡献。

从个股来看，高盈利小市值风格占优，电科数字涨幅为 324%。在本轮行情中，市场风格偏好高盈利小市值个股。从具体个股的涨幅来看，涨幅榜前三位分别是电科数字、浪潮信息、远光软件，涨幅分别为 324%、240%、228%。本阶段盈利改善的前三个股分别是中国长城（盈利改善 1614%）、电科网安（盈利改善 699%）、电科数字（盈利改善 283%）。

14.1.2 阶段 2：杠杆牛，"互联网＋"产业趋势，计算机众人瞩目

从 2013 年 2 月到 2015 年 6 月，持续时间长达 848 天，计算机板块涨幅为 805.4%，同期沪深 300 指数涨幅为 85.6%，计算机板块相对于沪深 300 指数的超额收益为 719.8%，"互联网＋"成为核心主题。在移动互联网快速发展的背景下，智慧城市、互联网金融、网络安全、在线教育等概念板块轮番成为市场投资热点。同时，2014 ～ 2015 年人民银行累计降息 6 次，累计下调贷款基准利率 1.65%，杠杆资金进入市场，市场流动性泛滥，计算机板块估值大幅提升。

2015 年上半年"互联网＋"相关政策接连出台，推动计算机主题行情兴起。首先，政策提及创新农产品流通方式，支持电商、物

流、商贸、金融等企业参与涉农电子商务平台建设。其次，国务院
促进云计算创新发展，目标是初步形成安全保障有力、服务创新、
技术创新和管理创新协同推进的云计算发展格局。最后，政府工作
报告首提"互联网＋"，推动移动互联网、云计算、大数据、物联网
等与现代制造业结合，促进电子商务、工业互联网和互联网金融健
康发展，正式将"互联网＋"提升至国家战略层面。

　　本段超额收益期间，除了宏观流动性宽松之外，市场流动性大
幅度增加，融资融券⊖出现突破性增长，杠杆资金进入市场，推动
市场迎来"杠杆牛"。宽松的流动性环境下，智慧城市、互联网金
融、网络安全等热点先后引领行情，如图 14-3 所示。

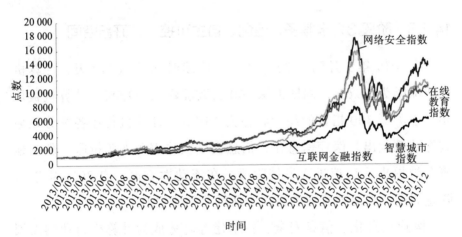

图 14-3　智慧城市、互联网金融、网络安全等热点涌现带动行业实现估值切换

资料来源：Wind，财通证券研究所。

　　此轮超额收益行情中，市场由结构牛走向杠杆牛。随着我国经
济结构转型，代表新兴成长方向的创业板率先复苏，走出结构性成

⊖　融资融券是指投资者向证券公司提交担保物，借入资金买入标的证券或者借入标的证
　　券卖出的交易方式。

长牛。计算机板块受益于"互联网＋"主题和流动性充裕，估值大幅提升领涨大盘。

在本轮行情中，估值增长 473%，盈利下降 22%，超额收益由估值贡献。

从个股涨幅来看，本轮行情中，市场风格偏好高盈利小市值个股。从具体个股的涨幅来看，涨幅榜前三位分别是银之杰、金证股份、万达信息，涨幅分别为 6272%、3980%、3117%。但涨幅前三位的个股并非盈利改善最优。本阶段盈利改善的前三位个股分别是电科数字（盈利改善 1456%）、网宿科技（盈利改善 970%）、浪潮软件（盈利改善 466%）。

14.1.3 阶段 3：卡脖子，信创、自主可控，打开新空间

从 2019 年 5 月到 2020 年 3 月，持续时间长达 317 天，计算机板块涨幅为 31.6%，同期沪深 300 指数涨幅为 −3.5%，计算机板块相对于沪深 300 指数的超额收益为 35.1%。计算机行业各细分领域利好政策频出，医疗信息化、信息安全板块表现尤为抢眼。新基建概念被提出后快速进入发展阶段。在流动性方面，自 2019 年进入降息周期，充足的流动性再度推动行业估值提升。

医疗信息化、信息安全、新基建等趋势成为计算机行业的发展驱动力，自 2019 年以来利好政策不断。首先，在医疗信息化方面，国家医疗保障局鼓励创新，对依托"互联网＋"显著改善成本效率，以及更好满足多层次医疗需求的新技术、新模式，给予更宽松的发展空间。此外，医养结合信息化支撑，完善居民电子健康档案也给予行业发展新机遇。其次，在信息安全方面，工信部提出要着力突破网络安全关键技术，大力推广网络安全技术应用，加快构建网络

安全基础设施。最后，在新基建方面，2019 年重点工作任务是"加强人工智能、工业互联网、物联网等新型基础设施建设"，这是新基建首次出现在中央层面的会议中，5G、数据中心等加速布局，再度催化计算机行业发展。

随着 2018 年年底逆周期调节开启和 2019 年年初央行实施宽松的货币政策，市场表现趋势逐渐开始上行。2019 年 8 月起，人民银行推出 LPR⊖改革，在 2019 年 11 月人民银行下调 MLF⊜利率，开启了本轮的全面降息周期。信创⊜领域政府支出大幅增加，2019 年 7 月科创板开市，科创企业受到国家政策扶持表现较好，共同推动计算机行业估值的大幅提升。2020 年流动性进一步宽松，央行引导政策利率下行，MLF 和逆回购操作中标利率均下行 30 个基点，并通过 LPR 传导进一步保证流动性宽松，十年期国债收益率持续下行，如图 14-4 所示。

在本轮行情中，估值增长 55%，盈利下降 47%。本次上涨全部由估值贡献，盈利的贡献为负。

在本轮行情中，市场风格偏好高盈利小市值个股。从具体个股的涨幅来看，涨幅榜前三位分别是诚迈科技、万集科技、金溢科技，涨幅分别为 1099%、279%、208%。本阶段盈利改善的前三位分别是万集科技（盈利改善 12 053%）、旋极信息（盈利改善 4051%）、金溢科技（盈利改善 3553%）。

⊖ 贷款市场报价利率（Loan Prime Rate，简称 LPR）是指由各报价行根据其对最优质客户执行的贷款利率，按照公开市场操作加点形成的方式报价，由中国人民银行授权全国银行间同业拆借中心计算得出并发布的利率。

⊜ 中期借贷便利（Medium-term Lending Facility, MLF），是指中央银行提供中期基础货币的货币政策工具。

⊜ 信创，即信息技术应用创新产业，它是数据安全，网络安全的基础，也是新基建的重要组成部分。

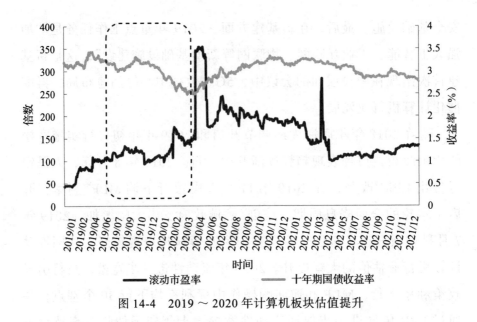

图 14-4　2019 ～ 2020 年计算机板块估值提升

资料来源：Wind，财通证券研究所。

14.1.4　阶段 4：数据要素、数字经济，拥抱产业新趋势

从 2021 年 2 月到 12 月，持续时间长达 296 天，计算机板块涨幅为 9.2%，同期沪深 300 指数涨幅 −13%，计算机板块相对于沪深 300 指数的超额收益为 22.2%，数字经济再次引领行情。受益于新基建、数字经济、信创等热门产业催化，计算机行业的景气度延续。计算机板块受益于政策红利，净利润突破 400 亿元，凭借盈利提升优势走出独立行情。

从市场来看，数据要素、数字经济等政策驱动了本轮计算机超额收益。新基建、"十四五"规划等多项顶层产业政策利好行业发展。2021 年 9 月，多部门联合发布《物联网新型基础设施建设三年行动计划（2021—2023 年）》，新基建进入科学布局新阶段。2021

年 11 月，工信部印发计算机行业的"十四五"规划，分别对未来五年的软件产业和大数据产业发展奠定了主基调和大方向。

数字经济时代开启，企业数字化、智能化转型需求大，数字产业、智能制造等板块表现突出。数字经济时代数据成为新的生产要素，5G 打破了数据采集传输的瓶颈、云计算打破了数据计算存储的瓶颈、AI 打破了数据价值挖掘的瓶颈，从而支撑产业新一轮的成长。2021 年我国产业数字化规模达到 37.2 万亿元，数字经济规模突破 45.5 万亿元，如图 14-5 所示。

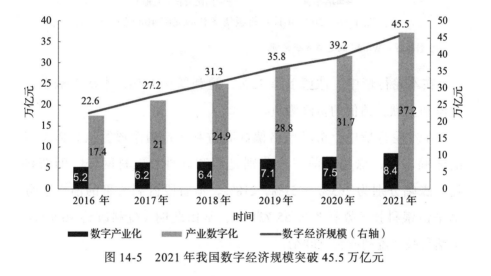

图 14-5　2021 年我国数字经济规模突破 45.5 万亿元

资料来源：Wind，财通证券研究所。

此轮超额收益行情发生于沪深 300 指数持续下跌期间，实现一段独立行情。受疫情影响，2021 年国内需求持续走弱、供应链阶段性中断，海外美联储逐渐转向、资金回流发达市场，A 股市场普遍调整，但计算机板块受益于政策红利，净利润突破 400 亿元，如图 14-6 所示，凭借盈利提升优势走出独立行情。

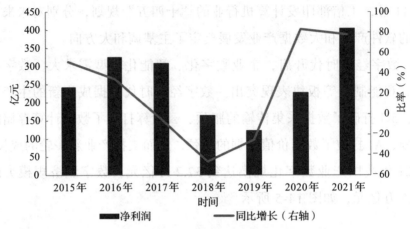

图 14-6　2021 年计算机板块净利润突破 400 亿元

资料来源：Wind，财通证券研究所。

在本轮行情中，估值下降 22%，盈利增长 14%，本次上涨全部由盈利贡献，估值的贡献为负。

在本轮行情中，市场风格偏好高盈利小市值个股。从具体个股的涨幅来看，涨幅榜前三位分别是润和软件、电科网安、朗新科技，涨幅分别为 263%、252%、218%。本阶段盈利改善的前三位分别是恒银科技（盈利改善 55 731%）、常山北明（盈利改善 1006%）、汇纳科技（盈利改善 930%）。

14.2　A 股的高收益行业之一，策略思维重于行业思维

总结起来，2005 ～ 2022 年的 18 年中，计算机板块长周期跑赢市场。从计算机行业估值的变化情况来看，市盈率均值为 50.45 倍，标准差为 19.70，如图 14-7 所示。

计算机是 A 股中收益最高的行业之一，产业主题和宽松的流动性是超额收益行情的核心驱动。A 股的计算机公司以 To G（对政府）

和 To B（对企业）的业务为主，不像美股和中概股的科技股会兼顾
To C 业务，因此受到政府财政支出的影响较大，超过 70% 的计算
机公司涉及政府采购，往往在年初容易形成订单而年底会出现现金
流承压（和建筑行业异曲同工），To G 和 To B 业务也决定了公司体
量往往相对有限，较难形成偏消费类的大蓝筹白马，公司体量一般
"小而美"。

图 14-7　计算机市盈率均值为 50.45 倍

注：估值指标选取 PE（T TM，剔除负值）。

资料来源：Wind，财通证券研究所。

A 股计算机板块存在业绩不确定性高、公司市值偏小、产业迭
代速度快这三个特征，这也造成了计算机板块过去常常是爆发式的
主题交易行情。纵观计算机行情的演绎，我们发现每一轮超额收益
行情背后均有流动性宽松和政策催化两大驱动，这是投资者需要把
握的重点。

首先关注市场的流动性是否宽松，风险偏好能否支持主题交易
兴起，其次再跟踪计算机行业的前沿技术变革以及每年年初计算机

板块的订单情况。前者为高估值成长板块的进攻行情提供充足的"弹药"，后者是计算机行业投资方向的重要"指引"。

尤其在流动性宽松时，如果有产业主题、技术变革的催化，此时政府又为了稳增长增加财政支出，就容易形成订单增加、产业变革、市场活跃的交易环境，计算机小市值公司往往会出现巨幅上涨。

从 2010 年的战略性新兴产业、2013 年的"互联网＋"、2019 年的国产替代，再到 2021 年的数字经济，计算机行情从未"缺席"。每一轮行情都孕育了市场耳熟能详的大牛股，东方财富、恒生电子、科大讯飞、中国软件……这些都代表了当时政策催化的方向。

第15章　电子（智能手机）行业

　　提到成长股投资，不得不提的就是赛道投资的"鼻祖"——消费电子产业链。苹果作为全球消费电子的产业先驱，以一己之力带动了与全球智能手机、可穿戴设备等多个产业链相关的中小公司的崛起。苹果于 2007 年 1 月 9 日推出的智能手机 iPhone 第一代，是第一款使用多点触摸屏的智能手机。智能手机是一个典型的垂直整合产业，与智能手机相关的公司主要分为上游、中游和下游，如图 15-1 所示。例如，安卓、闻泰、京东方、华为等为智能手机的生产提供了重要的上游零部件和技术支持。智能手机中游产业为运营商和渠道商，接收上游产业的推广和分销，并为上游产业提供补贴和反馈。以用户为中心的下游产业，包含售后等一系列服务，承接中游产业链的供应。

　　中国智能手机市场拥有庞大的用户群体和高度竞争的产业链。截至 2022 年 12 月 31 日，A 股市场上智能手机行业共有 50 家上市通信手机企业。产业链按照自由流通市值占比，分别是电子、汽车和机械设备，比重分别为 71.2%、15.2% 和 5.7%，合计 92.1%。
2012 ～ 2022 年，智能手机板块涨幅为 279%，同期沪深 300 指数
涨幅为 51%。

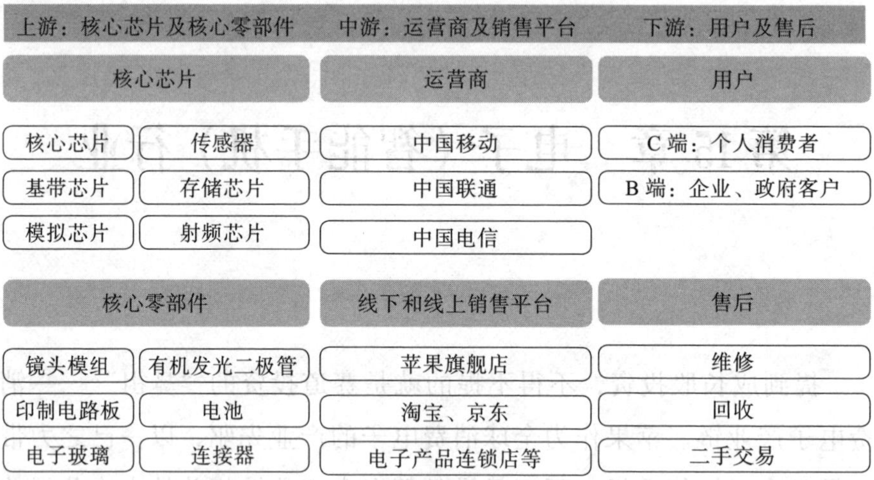

上游：核心芯片及核心零部件	中游：运营商及销售平台	下游：用户及售后
核心芯片	运营商	用户

核心芯片	传感器	中国移动	C 端：个人消费者
基带芯片	存储芯片	中国联通	B 端：企业、政府客户
模拟芯片	射频芯片	中国电信	

核心零部件		线下和线上销售平台	售后
镜头模组	有机发光二极管	苹果旗舰店	维修
印制电路板	电池	淘宝、京东	回收
电子玻璃	连接器	电子产品连锁店等	二手交易

图 15-1　智能手机产业链

资料来源：Wind，财通证券研究所。

15.1　超额收益围绕 4G、5G 等供给催化带动需求增长逻辑演绎

2012 ～ 2022 年，智能手机板块相对于沪深 300 指数的表现，
我们选取了四个持续时间半年以上、回撤相对较小的超额收益阶段
行情，供投资者关注和参考，如图 15-2 所示。

15.1.1　阶段 1：4G 牌照、国产手机崛起，迎来盈利估值双升

从 2013 年 2 月到 2014 年 9 月，持续时间长达 587 天，智能手
机板块涨幅为 90.36%，同期沪深 300 指数跌幅为 12.07%，智能手

机板块相对于沪深 300 指数的超额收益为 102.43%。2013 年 12 月，4G 牌照发放从预期变成现实，市场换机潮预期推动板块估值上行，该阶段内估值提升 63%。同时，移动互联网概念兴起渐成趋势，移动互联网用户数量攀升，2014 年同比增速达到 8.38%，带动智能手机需求增长，板块营业收入进入上行空间，2014 年营业收入同比增长达到 16.95%。

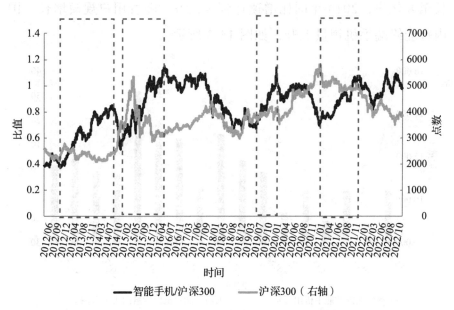

图 15-2　2012 ～ 2022 年智能手机板块相对于沪深 300 指数的四个超额收益阶段

注：智能手机板块指数选自 Wind 主题指数。
资料来源：Wind，财通证券研究所。

从市场来看，4G 牌照发放叠加国产厂商崛起。4G 牌照发放落地，换机潮驱动行业发展。2012 年 10 月，工信部表示将于 2013 年或 2014 年发布 4G 牌照；2013 年 3 月再次明确，4G 牌照预计在 2013 年发放，进一步加快了 4G 网络建设步伐；2013 年 12 月 4 日，4G

TD-LTE[⊖]牌照正式发放。2014 年 6 月，中国电信及中国联通开展 TD-LTE 和 LTE FDD 混合组网试验的申请获批，LTE-FDD 与 TD-LTE 标准的融合组网试验在部分城市拉开序幕。2014 年作为中国 4G 元年，中国智能手机取得了全面发展。

　　移动互联网概念兴起渐成趋势，移动互联网用户数量攀升，带动智能手机需求增长。2013 ～ 2014 年，中国移动互联网用户数增长至 8 亿户，2014 年同比增速达到 8.38%。随着用户规模增长，国内智能终端手机销量上升，如图 15-3 所示。

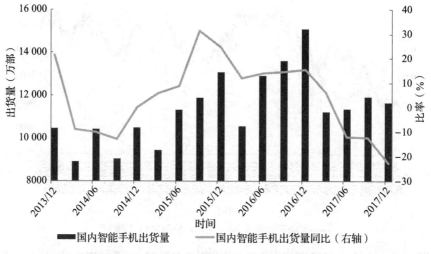

图 15-3　2013 年国内智能终端手机销量增幅较大

资料来源：Wind，财通证券研究所。

　　国产手机的崛起，使智能手机板块营业收入进入上行空间。2013 年，国产品牌手机出货量达 4.61 亿部，同比增长 24.9%，占

　　⊖　TD-LTE（TD-SCDMA Long Term Evolution）是长期演进的缩写。LTE 原本是第三代移动通信向第四代过渡升级过程中的演进标准，包含 LTE FDD 和 LTE TDD（通常被简称为 TD-LTE）两种模式。2013 年随着 TD-LTE 的牌照发放，4G 的网络、终端、业务都进入正式商用阶段，也标志着我国正式进入了 4G 时代。

全球手机总出货量的 79.6%。2014 年，国产品牌手机出货量占全球手机总出货量的 78.3%。2014 年，全球智能手机销量排名前十位中，中国品牌占据 6 席，国内品牌手机对国际大牌手机造成冲击。2013 ～ 2014 年，板块归母净利润持续增长，2013 年、2014 年归母净利润同比增长 16.56%、12.69%。

从行业来看，此轮超额收益阶段处于市场熊市逐步启动阶段，智能手机板块实现独立行情。从 2013 年 2 月到同年 5 月，美联储推出第三轮量化宽松政策，美债利率回落，同时国内积极稳增长，地产、基建触底反弹，市场在该背景下表现基本平稳。进入 2013 年 5 月，美联储主席暗示政策转向，美债利率暴涨，同时国内银行间市场出现流动性压力，市场开启熊市行情。

此阶段估值增长 62.60%，盈利增长 17.07%，估值的贡献大于盈利的贡献。市场对智能手机换机潮的预期，推动了板块估值的上行。

本轮行情中，市场风格偏好高盈利小市值个股，深天马涨幅为451%。具体来看，高盈利大市值个股平均涨幅为 53%，低盈利大市值个股平均跌幅为 88%，高盈利小市值个股平均涨幅为 151%，低盈利小市值个股平均涨幅为 97%。

15.1.2　阶段 2："互联网＋"带动智能手机第二轮增长

从 2015 年 1 月到 2016 年 6 月，持续时间长达 540 天，智能手机板块涨幅为 93.51%，同期沪深 300 指数跌幅为 13.87%，智能手机板块相对于沪深 300 指数的超额收益为 107.39%。4G 网络实现商用，移动互联网持续发展，2017 年 12 月移动互联网用户数达到12.7 亿户。智能手机市场随之回暖，同时国产智能手机巨头初步形成，全球市场占有率稳步提高，叠加国内鼓励支持政策频出，利好行业长期发展，2015 年行业利润增速创 2012 年以来最高增速。

4G 网络实现商用，移动互联网快速突破，智能手机市场回暖。《中国信息经济发展白皮书（2016 年）》显示，信息经济成为促进经济转型升级的新动力，2015 年中国信息经济总量达到 18.63 万亿元，占 GDP 的比重达到 27.5%，对 GDP 增长的贡献率平均达 31.4%。2014 年国内智能手机出货量达 4.6 亿部，同比增长 18%；2015 年智能手机出货量达 5.2 亿部，同比增长 14%。同时，国内移动互联网用户数自 2015 年 12 月～ 2017 年 12 月，每月同比增长均超过10%，2017 年 12 月移动互联网用户数达到 12.7 亿户。

国产智能手机巨头初步形成，全球市场占有率稳步提高。国内厂商利用自身独特优势打开销量，国产智能手机相关供应厂商跟随销售额增长受益。根据国际数据公司（IDC）的统计，2017 年国内智能手机总出货量为 4.4 亿部，其中华为凭借技术优势和性价比，销量一骑绝尘，达到 0.91 亿部；OPPO 和 VIVO 深耕下沉市场，快速崛起，销量分别达到 0.81 亿部（排名第二）和 0.69 亿部（排名第三）；小米仍专注于互联网营销，销量达到 0.55 亿部（排名第四），苹果出货量 0.41 亿部，位居第五。

由于鼓励支持政策频出，利好行业长期发展，板块估值进入市场高位，行业盈利显著改善。2015 ～ 2016 年，我国在政策层面不断推进移动互联网发展，鼓励"智能制造"。

从行业来看，此轮超额收益行情贯穿熊牛，可以进一步拆分为三段。

第一段是 2015 年 1 ～ 6 月，股市进入牛市行情，智能手机板块领涨大盘。2014 年，国内混合所有制改革加速，11 月沪港通推出、降息周期开启，随后市场启动牛市行情。该阶段，沪深 300 指数上涨

43.38%，智能手机板块领涨大盘，实现79.24%的超额收益。

第二段是2015年7月～2016年1月，市场由牛转熊，智能手机板块实现独立行情。随着市场对改革进程预期出现反转，同时美联储进入加息周期，人民币面临较大贬值压力，市场开始转向。该阶段，沪深300指数下跌44.89%，智能手机板块表现出较高的抗跌能力，实现11.99%的超额收益。

第三段是2016年2～6月，市场重启牛市，智能手机板块再次领涨大盘。2016年2月，供给侧结构性改革开启，同时美联储加息不及预期，人民币贬值压力缓解，市场重回牛市。该阶段，沪深300指数上涨9%，智能手机板块继续领涨，实现20.54%的超额收益。

此阶段估值下降11.41%，盈利增长118.45%，估值的贡献为负，超额收益全部由盈利贡献。市场大幅下跌，智能手机板块估值也同步下行。同时，2015年行业归母净利润同比增长49.58%，为2012年以来最高增速，如图15-4所示。

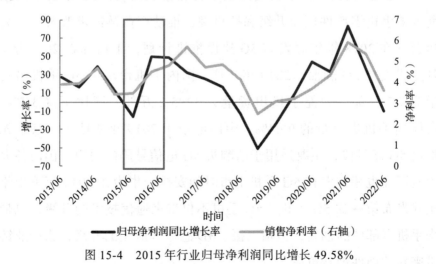

图15-4　2015年行业归母净利润同比增长49.58%

资料来源：Wind，财通证券研究所。

在本轮行情中，市场风格偏好高盈利小市值个股，正业科技涨幅为795%。具体来看，高盈利大市值个股平均涨幅为54%，低盈利大市值个股平均涨幅为0，高盈利小市值个股平均涨幅为129%，低盈利小市值个股平均涨幅为75%。

15.1.3 阶段3：经济复苏，智能手机改善性需求爆发

从2019年7月到2020年9月，持续时间长达414天，智能手机板块涨幅为86.24%，同期沪深300指数涨幅为24.13%，智能手机板块相对于沪深300指数的超额收益为62.11%。2018年在贸易摩擦和经济下滑的背景下，板块超跌使得估值水平下调至行业低位，随着三季报板块显示业绩成长稳健，板块估值开启反弹。同时，5G技术实现商用和5G手机推出预期带来手机零部件创新升级，以及疫情下在线模式改善智能手机需求，使得行业盈利显著增长。

从市场来看，5G换机潮预期下行业盈利改善。5G手机推出预期带来手机零部件创新升级和换机潮，推动产业链需求改善。三大运营商在2018年年底发布5G建设推进计划，工信部在2019年6月正式发放5G牌照。2019年7月，国内手机市场中5G手机出货量为7.2万部，智能手机出货量为3295.2万部，同比下降3.5%，占同期手机出货量的96.4%。中国电信于2019年9月在北京率先推出5G新号段，主要适用于新购买5G电信号码的用户。国内各大手机厂商也相继发布5G手机上市时间安排，华为在2019年下半年正式发布第一款5G手机。5G手机不仅带来通信技术的升级，也带来手机零部件的创新，包括三摄、3D感应等应用的升级，为产业链带来新的硬件创新革命。

在线模式提高智能手机需求，成本管理效果显现，利润大幅增

长。新冠疫情的暴发，使在线模式兴起，智能手机需求改善，伴随着新基建的提出，我国5G技术的发展推动智能手机行业迈入快车道。截至2020年9月，我国5G基站建设已经超过50万座，5G用户规模超过1亿个。同时，行业多年来的成本管理效果显现，2019～2020年，行业三费[⊖]增长率均低于20%，如图15-5所示。在需求增长、成本改善的背景下，行业利润增长迅速，2020年12月，行业归母净利润同比增长15.15%，销售净利率达到4.32%。

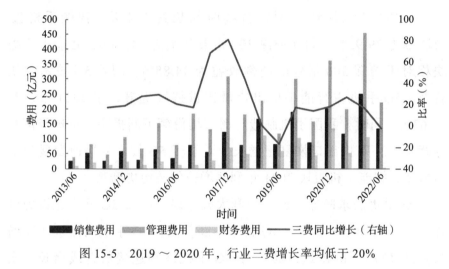

图 15-5　2019～2020 年，行业三费增长率均低于 20%

资料来源：Wind，财通证券研究所。

从行业来看，此轮超额收益行情处于由熊转牛行情阶段，智能手机板块领涨大盘。2019年下半年到2020年年初，市场大盘整体上涨，但受到中美贸易摩擦和新冠疫情的影响，震荡明显。进入2020年，海内外流动性宽松，美国推出无限量化宽松政策，同时国内推行"宽货币叠加宽信用"，经济逐渐复苏，市场恢复稳定上行，创造新一轮牛市行情。

⊖ 销售费用、管理费用和财务费用。

从板块来看，估值增长 27.26%，盈利上涨 46.35%，盈利的贡献大于估值的贡献。

本轮行情中，市场风格偏好高盈利小市值个股。具体来看，高盈利大市值个股平均涨幅为 110%，低盈利大市值个股平均涨幅为 69%，高盈利小市值个股平均涨幅为 68%，低盈利小市值个股平均涨幅为 43%。

15.1.4　阶段 4：全球经济恢复，中国智能手机出海

从 2021 年 2 月到 12 月，持续时间长达 324 天，智能手机板块涨幅为 29.95%，同期沪深 300 指数跌幅为 14.93%，智能手机板块相对于沪深 300 指数的超额收益为 44.88%。随着 5G 技术加快普及，5G 手机占智能手机出货量比重持续提升，于 2021 年达到 77.63%。同时，我国手机制造厂商市场份额不断提高，全球经济复苏背景下，手机出口恢复正增长。受益于 5G 技术的快速发展和出口恢复，智能手机板块 2021 年利润增速创造历史新高。

5G 手机需求旺盛，行业盈利大幅增厚。随着 5G 网络建设力度加大，应用场景丰富了。5G 技术不断普及，5G 手机的需求快速增长。5G 应用不断渗透，2021 年 5G 手机终端连接数直线增长，全年累计达到 41.34 亿户。

全球疫情影响减弱，行业需求复苏，手机出口恢复正增长。进入 2021 年，全球疫情得到控制，经济展现复苏态势，手机需求逐渐恢复。同时，随着我国手机制造商不断创新，品牌知名度逐步提高。2021 年三季度，四大手机制造商合计占据全球手机制造市场份额的 57%，稳占全球手机制造行业的半壁江山。2021 年 1 月，我国手机出口累计同比实现由负转正，全年累计出口手机 9.54 亿部，带动行业盈利改善，如图 15-6 所示。

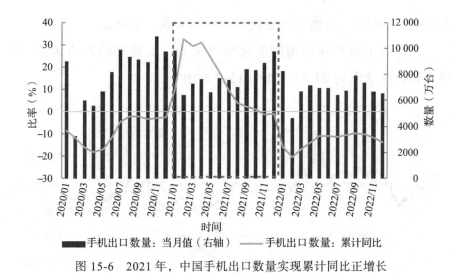

图 15-6 2021 年，中国手机出口数量实现累计同比正增长

资料来源：Wind，财通证券研究所。

此轮超额收益阶段处于结构牛行情期间，智能手机板块领涨大盘。2021 年，在疫情影响下，海外流动性整体宽松，大宗商品表现突出。大盘整体呈现震荡下行态势，但结构性机会不断涌现，智能手机板块实现一段独立行情。

从板块来看，估值下降 31.55%，盈利上涨 89.86%，估值的贡献为负，超额收益全部由盈利贡献。

在本轮行情中，市场风格偏好高盈利小市值个股，天音控股涨幅为 222%。具体来看，高盈利大市值个股平均涨幅为 6%，低盈利大市值个股平均涨幅为 2%，高盈利小市值个股平均涨幅为 70%，低盈利小市值个股平均涨幅为 30%。

15.2 To C 产业，需求爆发是关键，驱动由估值走向盈利

2012 ～ 2022 年，智能手机板块涨幅为 279%，同期沪深 300 指

数涨幅为287%，智能手机板块长周期与大盘表现接近。

从智能手机板块估值的变化情况来看，市盈率的均值为23.50倍，估值标准差为21.43，如图15-7所示。

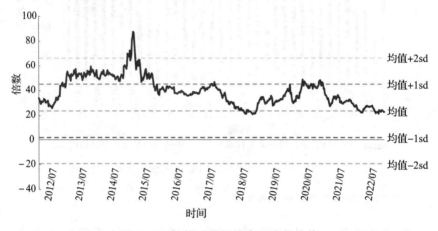

图15-7 智能手机板块市盈率的均值

注：估值指标选取PE（TTM，剔除负值）。

资料来源：Wind，财通证券研究所。

长周期来看，智能手机板块的超额收益行情呈现以下特点：

（1）智能手机出货量是行业获得超额收益的先行指标。除第三阶段外，超额收益行情均发生在智能手机出货量累计同比的相对高点。政策是行业获得超额收益的重要外生因素之一，4G、5G牌照发放是刺激行业获得超额收益的政策原因。行业成本费用率下降是行业盈利水平提升的重要因素之一。成本端的改善对扩大行业盈利空间非常重要，第二、第三、第四段超额收益期间内，成本费用率大都处于成本下降过程中。

从2011年12月到2022年12月，智能手机发展按渗透率划分，经历了三个阶段：成长初期、成长后期和成熟期。在成长初期，出货量与渗透率同步快速提升，不到两年的时间，渗透率由 45% 增长到 75% 左右；在成长后期，智能手机出货量增速率先放缓，并在 3300 万部附近波动，渗透率在 1 年左右的时间达到 85%，出货量增速已落后于渗透率。从 2015 年开始，智能手机发展至成熟期，渗透率稳定在 85% 以上，此后平缓增长到 2022 年年底的 96% 左右，而出货量在 2017 年开始萎缩，与渗透率不再同步发展，呈波动下跌趋势，与上游产业链，如芯片等的供应延期有关，也受消费端换机周期变长的影响，如图 15-8 所示。

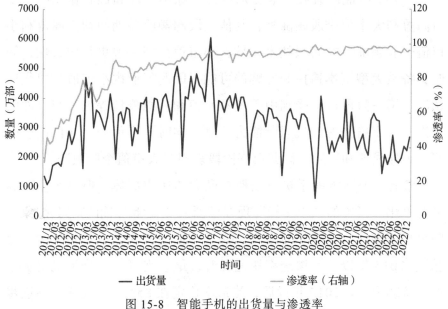

图 15-8 智能手机的出货量与渗透率

资料来源：Wind，财通证券研究所。

（2）智能手机板块的超额收益阶段与市场大盘的走势相对独立。前两阶段超额收益受益于政策的驱动，因此实现两段相对独立的行情。后两阶段超额收益与行业的基本面更为相关，均发生在牛市行情期间。

（3）由估值驱动转向盈利驱动。第一段超额收益主要由估值驱动，后三段超额收益主要由盈利贡献。智能手机行业在前期获得市场的高估值是由于其处于行业的成长初期、渗透率较低，具备高增长、高盈利和较大的未来发展空间。但是，随着渗透率的持续提升，智能手机行业的增长速度放缓，市场饱和程度提高，价格竞争加剧等因素导致行业整体估值下降。因此，第一段超额收益主要由估值驱动，而后则主要由盈利驱动。

（4）小市值高盈利个股更加占优。除第三段超额收益期间主要由高盈利大市值个股领涨外，其他三段超额收益期间均由高盈利小市值个股领涨。在新兴技术领域，小市值公司一般更具成长性，同时具备被大型资本追捧和并购的可能，因此行业内小市值公司往往领涨。第三阶段内，受到中美贸易摩擦和新冠疫情等黑天鹅事件的冲击，大市值公司的抗风险能力凸显，同时大市值公司在供应链方面也更加成熟和稳定，因此第三阶段表现为大市值个股领涨。

综上，中国智能手机市场拥有庞大的用户群体，但已经呈现高度竞争化。当年的"小年轻"现在已渐入"中年"，市场对其想象空间也显著弱化。这里不难发现，渗透率曲线其实是成长板块的"命脉"。2015年以前，渗透率快速提升，最直观可见的是手机出货量增速持续为正。2015年以后，渗透率稳定在85%，行业成长性逐步消退，想象空间弱化带来的是行情驱动从估值转为业绩。因此，从智能手机的行情经验来看，如果投资者想要在此领域中占有优势地位，还是需要"趁早下手"。

第16章　电新（光伏）行业

　　光伏发电，是利用半导体材料的光伏效应，将太阳辐射能转化为电能的一种发电系统，主要由太阳能电池板（组件）、逆变器和控制器三大部分组成。光伏行业发展前期通过政府补贴扩大规模带来规模效应，随着规模效应边际递减，降低成本速度放缓，技术进步带来转换效率和生产效率的提升，发电成本逐年降低。度电成本是光伏产业发展的核心所在，当光伏发电成本等于或低于火力发电成本后，才算真正开始清洁电力取代传统电力的更新道路，能源短缺及环保需求下未来光伏的需求将可能是爆发性的。2022年全球新增光伏装机230吉瓦，同比增长35.29%；同期中国新增装机87.41吉瓦，同比增长59.27%，约占全球新增装机量的38%。

　　目前，我国已经是全球第一大光伏生产国，相关技术及设备出口多个国家和地区，在市场规模和技术实力上全面占优。2022年在全球光伏产业20强中，中国占据17个席位。2022年我国硅片产量达到357吉瓦，同比增长57%，全球约96%的硅片都是中国制造的。截至2022年，从产量来看，中国四大环节产品产量占全球比重均达到 80% 以上。技术上，光伏电池、组件等关键部件产业化量产技术达到世界领先水平，主流规模化量产晶体硅电池平均转换效率有明显提升，光伏发电制造设备水平明显提高，基本实现国产化。TOPCon、HJT、IBC 等新型晶体硅高效电池与组件技术产业化水平不断提高，钙钛矿等新一代高效电池技术与世界齐头并进，多次刷新产业化生产组件转换效率纪录。

截至 2022 年年底，A 股共有 80 家光伏行业上市公司，总市值达 27 550 亿元。其中，电力设备 47 家，总市值为 22 536 亿元，占比 82%；公用事业 14 家，总市值为 2030 亿元，占比 7%。

16.1 超额收益主要出现在两个阶段：政策推动期和业绩驱动期

2005 ～ 2022 年，光伏板块相对于沪深 300 指数的表现，我们选取了四个持续时间半年以上、回撤相对较小的超额收益阶段行情，供投资者关注和参考，如图 16-1 所示。

光伏行业兼具周期性及成长性，超额收益主要受政策驱动明显。纵观 2005 ～ 2022 年四段光伏行业超额收益行情，第一段超额收益行情主要由估值端贡献，第二、第三段行情主要由全球及国内产业政策拉动行业需求贡献，第四段行情则是行业内生性经济效益带来的需求增长。目前光伏行业的周期性本质是供求关系，前三段超额收益行情期间光伏行业周期性显著，光伏行业的周期性逻辑如图 16-2 所示。随着全球光伏平价上网进程的推进，光伏装机正在由政策补贴驱动转向经济性驱动，光伏行业的周期性弱化，成长性凸显，光伏行业的成长性逻辑如图 16-3 所示。

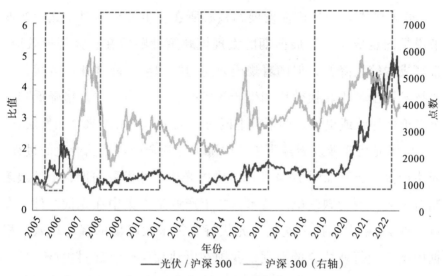

图 16-1 光伏板块相对于沪深 300 指数的四个超额收益阶段

注：光伏板块指数选自中信二级行业分类。

资料来源：Wind，财通证券研究所。

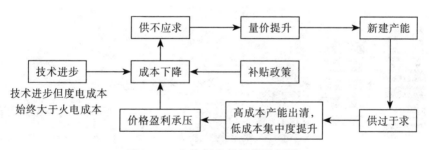

图 16-2 光伏行业的周期性逻辑

资料来源：财通证券研究所整理。

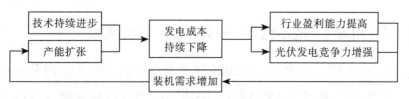

图 16-3 光伏行业的成长性逻辑

资料来源：财通证券研究所整理。

度电成本是光伏产业发展的核心所在。组件成本对于光伏产业来说是固定成本，发展前期的大规模政策补贴旨在扩大规模效应，带来成本较大降幅，但随着规模效应边际递减，降本速度放缓，需要技术进步带来转换效率和生产效率的提升。当光电价格降低到同火电价格一致或更低，即平价上网时，光伏产业将迎来全面发展。

中国光伏产业发展经历了从中游组件到全产业链国产化的过程。光伏行业产业链如图 16-4 所示。中国光伏产业发展前期，上游缺乏制造工艺，下游缺乏电站技术，整个产业基本集中在光伏组件。在过去的 20 年中，技术迭代为光伏行业带来大幅度的降本增效。根据中国光伏行业协会的数据，我国在电池片生产、硅料生产、硅片加工、组件生产、环保处理净化工程以及光伏设备检测模拟器等方面，绝大部分已实现国产化。

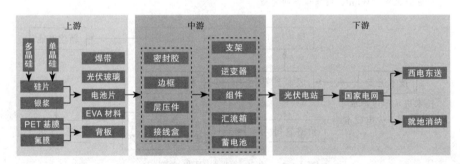

图 16-4　光伏行业产业链

资料来源：Wind，财通证券研究所。

16.1.1　阶段 1：成本优势，对外出口，需求增加

从 2005 年 7 月 18 日到 2006 年 5 月 22 日，持续时间长达 308 天，光伏板块涨幅为 395.14%，同期沪深 300 指数涨幅为 64.91%，光伏板块相对于沪深 300 指数的超额收益为 330.23%。2004 年是世

界光伏产业元年，此后 3 年中国光伏产业凭借成本优势快速扩张。牛市启动阶段光伏行业估值拉升，驱动行业整体股价上涨，获得超额收益。

2004 年为了响应联邦政府"十万屋顶计划"，德国实行了新的《可再生能源法》，随后西班牙、意大利、日本等发达国家同样推出政府补贴政策，大力扶持和推广太阳能发电。在多国政策的刺激下，全球光伏市场规模快速扩大，全球装机总容量由 2004 年的 3.05 吉瓦快速翻倍增长至 2006 年的 6.09 吉瓦，如图 16-5 所示。与此同时，中国光伏产业也快速发展，2005 年新增装机 0.06 吉瓦，装机容量同比增速高达 84%。

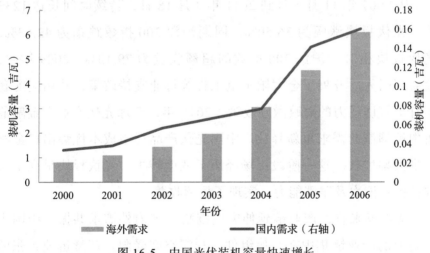

图 16-5　中国光伏装机容量快速增长

资料来源：Wind，财通证券研究所。

从行业来看，前四年熊市市场估值普遍下降，2005 年在股改及汇改的背景下，流动性持续宽松。市场在估值行情的前期演绎超跌反弹的逻辑，光伏行业作为彼时成长性较高的新兴行业，在牛市初期领涨 A 股，此段超额收益行情中，光伏行业估值增长 503.84%。

从板块来看，估值增长 503.84%，盈利增长 25.04%。本轮超额收益行情中，估值的贡献远高于盈利的贡献。

从个股来看，航天机电领涨，涨幅为 751.22%。从具体个股的涨幅来看，涨幅榜前三位分别是航天机电、通威股份、亿晶光电，涨幅分别为 751.22%、90.42%、34.93%，虽然航天机电领涨板块，但其并非盈利改善最优的个股，本阶段盈利改善最优的个股为通威股份，盈利端涨幅为 50.11%。

16.1.2　阶段 2：内外共振，政策催化的盈利驱动

从 2007 年 11 月 1 日到 2011 年 3 月 18 日，持续时间长达 1233 天，光伏板块涨幅为 36.50%，同期沪深 300 指数跌幅为 42.63%，光伏板块相对于沪深 300 指数的超额收益为 79.13%。2009 年起，政府部门先后开展了金太阳示范工程等行业支持政策，并相应配套了有足够诱惑力的财政激励政策。2010 年，全球光伏产业在金融危机中被抑制的需求重新释放。中国光伏产品凭借成本优势出口金额实现大幅增长。这一阶段市场经历了从熊转牛，光伏板块呈现出较强的抗跌能力及跟涨能力，实现了超额收益。

从市场来看，产业链延伸突破围猎，国内外需求共振。中国光伏行业的产业链集中在光伏组件，利润空间受限。产量迅速扩张的背后"三头在外"：原料依赖进口，产品依赖出口，核心技术不在手里。在热炒多晶硅的背景下，上游供应商与中国光伏企业签订长期供货协议合同，提前锁定产量，上下游共同压缩中国光伏行业的利润空间。

多项政策提振内需，扩大下游光伏终端市场。2008 年，机构改

革呈现大部制改革特征，国家能源局成立，助力新能源产业踏上新征程。2009 年，多部门联合发布的《关于实施金太阳示范工程的通知》，预计投入大量资金。从 2009 年到 2012 年，中国光伏装机量达 3423.2 兆瓦，比过去 9 年加起来还多。到 2012 年，光伏行业国内外需求比达到 4 : 6，基本持平，如表 16-1 所示。

表 16-1　太阳能光电建筑应用示范项目与金太阳工程示范项目（2019 ～ 2012 年）

项目期数	项目数量和计划装机容量	
	太阳能光电建筑应用示范项目	金太阳工程示范项目
第一期（2009 年）	111 个项目，91 兆瓦	98 个项目，201 兆瓦
第二期（2010 年）	99 个项目，90.2 兆瓦	50 个项目，272 兆瓦
第三期（2011 年）	106 个项目，120 兆瓦	140 个项目，690 兆瓦
第四期（2012 年）	250 兆瓦	1709 兆瓦
合计	551.2 兆瓦	2872 兆瓦

资料来源：Wind，财通证券研究所。

　　海外需求持续快速增长，中国光伏产业市场占有率超六成。2008 ～ 2012 年，在欧洲需求增长的带动下，全球光伏装机容量由仅 800 万千瓦增长突破 10 000 万千瓦，平均每年增速超过 65%。后金融危机时代，全球光伏行业在金融危机中被抑制的需求重新释放，受次贷危机余波和欧洲债务危机影响，以高端著称的欧美光伏企业竞争力大打折扣，中国光伏产品凭借成本优势出口金额同比增长 147%。2011 年，中国光伏仅组件产量就达到了 24.3 吉瓦，占全球总产量的 66%，欧洲 51%、美国 86% 的光伏组件源自中国。

　　技术突破产业链延伸，进一步助力出口量增长。这一时期，中国企业掌握了晶硅电池的关键技术，单晶硅、多晶硅电池转换效率达到 18% 和 17%，部分先进企业突破 19%，位于世界第一梯队，同时实现了产业链上游、中游、下游的国产化，技术达到国际先进水平，部分优势产品对外出口。

从整个市场行情看，光伏行业超额收益行情可以分为两段。

第一段是 2007 年 11 月～ 2008 年 11 月，股市进入熊市行情，光伏板块凭借稳固的业绩支撑仍然获得超额收益。由于贸易顺差持续扩大、国内流动性不断扩张，经济逐渐表现出过热迹象。为平抑经济波动，货币政策转向收紧，2007 年年底开始，股票市场表现出降温趋势。2008 年下半年美国次贷危机急剧恶化，全面升级为全球金融危机，熊市趋势日益加剧。此阶段，沪深 300 指数下跌，光伏板块表现出较强的抗跌能力，实现超额收益。

第二段是 2008 年 12 月～ 2011 年 3 月，市场进入深 V 形反弹阶段，光伏板块与大盘同频共振，实现超额收益。2008 年 11 月，随着"四万亿计划"推出和房地产政策逐渐放松，股票市场完成深 V 形反弹。此阶段，沪深 300 指数迎来牛市，叠加需求的拉升使得光伏板块实现超额收益。

从板块来看，估值下降 41.46%，盈利增长 352.04%。本轮超额收益全部由盈利端贡献，估值的贡献为负。

从个股来看，低盈利小市值个股占优，亿晶光电涨幅为 740.95%。在本轮行情中，市场风格偏好低盈利小市值个股。具体来看，高盈利大市值个股平均涨幅为 87%，低盈利小市值个股平均涨幅为 205%。

16.1.3　阶段 3：国内光伏政策催生以内为主的需求爆发

从 2013 年 2 月 5 日到 2016 年 7 月 26 日，持续时间长达 1267 天，光伏板块涨幅为 226.62%，同期沪深 300 指数涨幅为 17.96%，光伏板块相对于沪深 300 指数的超额收益为 208.66%。在国家政策的引导下，2013 ～ 2016 年，我国光伏装机容量由不足 700 万千瓦增长至接近 8000 万千瓦，每年增速接近 130%，成为全球光伏产品增长最快的市场。与此同时，国内光伏行业的产能和全球地位有明显提升。这一阶段市场经历了牛市和股市危机，而板块估值仍然取得 226.62% 的提升，正是由于光伏行业受政策利好、国内外供需两旺的影响，推动了板块走强。

从市场来看，产业政策拉动内需，行业利润增长 41%。2013 年起，一系列政策拉动内需，利好光伏行业发展。我国已是全球光伏电池的主要生产国，占全球产量超过 60%，而国内光伏装机容量仅 600 余万千瓦。2012 年 7 月，国家能源局印发《关于印发太阳能发电发展"十二五"规划的通知》，提出"十二五"时期大力推广分布式光伏发电。2013 年 7 月，国务院办公厅下发《国务院关于促进光伏产业健康发展的若干意见》，将 2015 年总装机容量目标提高到 3500 万千瓦以上。2013 年 8 月，发改委确定光伏电站标杆上网电价和分布式光伏发电补贴标准，直接推动光伏行业发展。随着 2016 年 12 月国家较大幅度上调光伏发电标杆电价，光伏行业的高速发展也告一段落。

与此同时，国内光伏行业的产能和全球地位明显提升。2013 年至 2016 年，我国多晶硅的全球产量占比由 30% 上升至 50%，光伏电池产量稳定维持在 70% 的水平，均占据了全球主要的市场份额，如图 16-6 所示。

光伏政策红利逐步退出后，国内光伏企业发展萎靡，小型企业陷入困境。但随着产业相关技术革新，光伏发电效率逐步上升，且弃光率加速下滑，光电上网价格大幅缩减。从 2016 年起，国内市场需求开始攀升，光伏装机容量显著增加，同时海外需求依旧强势，光伏市场整体前景火热。

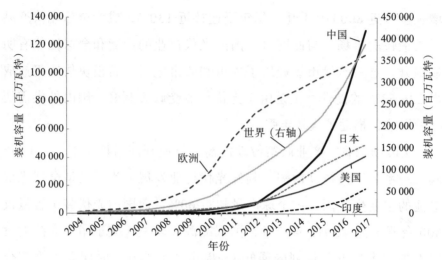

图 16-6　主要国家或地区光伏装机容量的市场份额

资料来源：Wind，财通证券研究所。

　　从行业来看，单晶路线快速渗透推动单晶龙头盈利能力优于行业平均水平。2014 年 12 月～ 2015 年 5 月，得益于金刚线应用的初步成熟，隆基股份同年通过加强同业合作和收购乐叶光伏向下游渗透，目的为提升对单晶产品的推广力度和市场占有率，由此迎来第一波上涨行情。从 2015 年 9 月到 2017 年 11 月，单晶产品渗透率快速提升，叠加光伏装机周期，隆基股份股价迎来大幅上涨。第三波大幅上涨行情来源于 "531 新政" [⊖] 后的股价修复，随着单晶路线的确立，单晶产品渗透率大爆发，隆基股份作为单晶龙头，技术和市场声誉达到顶峰。

　　光伏行业领跑大盘。2013 年，央行减少公开市场的流动性投放，通过抬升短端资金成本，倒逼银行去杠杆。2014 年我国经济下行压力继续加大，央行多次降准降息，进入全面宽松时期。股市进入

⊖　多部门联合发文《关于 2018 年光伏发电有关事项的通知》，因落款日期为 5 月 31 日，被称为 "531 新政"。

牛市，股指[⊖]连续上涨，于 2015 年 6 月 12 日达到顶峰后大幅调整，从高位一路下行后持续震荡。光伏行业顺应市场行情，趋势变动基本一致。但行业波动相对较大，太阳能市盈率峰值达 120 倍，光伏行业领跑大盘。

从板块来看，估值增长 150.54%，盈利扭亏为盈，从 -0.02 元 / 股上涨到 0.22 元 / 股，估值的贡献大于盈利的贡献。

从个股来看，高盈利小市值风格占优，珈伟新能涨幅为 1340.07%。在本轮行情中，市场风格偏好高盈利小市值个股。具体来看，高盈利大市值个股平均涨幅为 212%，低盈利大市值个股平均涨幅为 83%，高盈利小市值个股平均涨幅为 453%，低盈利小市值个股平均涨幅为 134%。

16.1.4　阶段 4：技术迭代，成本下降，光伏需求全球共振

从 2018 年 10 月 18 日到 2021 年 8 月 31 日，持续时间长达 1048 天，光伏板块涨幅为 623.38%，同期沪深 300 指数涨幅为 57.85%，光伏板块相对于沪深 300 指数的超额收益为 565.53%。从 2021 年起，随着光伏产业进入平价时代，国内外产业政策不断退坡，经济性驱动海内外多元化需求提升，行业变为内生增长、增速放缓。光伏产业处于量价齐升的景气周期，在预期与盈利的双重支撑下，光伏行业估值呈上升趋势。

从市场来看，光伏行业经济性驱动需求增加，补贴政策逐步弱化。2018 年 12 月，国内首个平价上网光伏发电项目——三峡新能源格尔木 500 兆瓦光伏领跑者项目正式并网发电，上网电价平均为 0.316 元 / 千

⊖ 股指是选取一组有代表性的股票，衡量它们在整个股票交易所或是股票交易所某个类别的表现或价值。

瓦时，比当地煤电标杆电价（0.3247元/千瓦时）低将近1分钱。

光伏行业进入平价时代，内生增长速度放缓。2021年起新建的集中式光伏电站、工商业分布式光伏不再享受中央补贴，2022年起户用分布式光伏也停止享受补贴，至此光伏发电全面进入平价时代。此外，光伏起步较早的西班牙、德国、意大利等国早已相继出台光伏补贴退坡政策，我国经历了大幅度的补贴退坡和装机规模限制，光伏产业逐渐从政策刺激转向市场驱动内生性发展，行业需求增长速度放缓。

经济性驱动海外多元化需求提升，"双反"调查⊖终止，中国光伏产品重回欧美市场。在用电价格较高、光照条件较好、非技术性成本较低的部分海外市场中，希腊、德国、巴西等国家光伏发电成本已低于当地的火电价格，光伏已成为最廉价的电力来源。光伏发电的经济性驱动海外多元化需求提升，2018年中国光伏组件出口多个国家和地区，印度、日本、澳大利亚、墨西哥成为中国光伏主要出口国。同时，2019年中国光伏的"双反"税率纷纷下调，中国企业再次重回欧美市场。因此，我国光伏组件自2018年以来持续高增长，其中，2019年3月出口光伏组件超过6200兆瓦，同比增长81%，如图16-7所示。

光伏行业中长期需求增长逻辑不变，目前仍处于成长导入期。从我国发电装机容量看，目前光伏发电装机容量为15%，如图16-8所示。从光伏发电量占比来看，根据国际能源署（IEA）发布的2021年全球光伏报告，截至2021年年底，部分国家光伏对电力需求的贡献已超过10%，如图16-9所示。其中，澳大利亚、西班牙、希腊分别以15.5%、14.2%、13.6%位居前三。从世界平均水平来

⊖ "双反"调查，是指对来自某一个（或几个）国家或地区的同一种产品进行反倾销和反补贴调查。

看，光伏发电贡献接近世界电力需求的 5%，同比增长 1.3%；中国为 4.8%，略低于世界平均水平；诸多新兴市场的渗透率仍然较低，从中长期看仍有较大的发展空间。

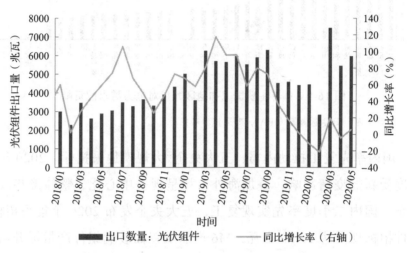

图 16-7　2018 年 1 月～2020 年 5 月光伏组件出口量

资料来源：Wind，财通证券研究所。

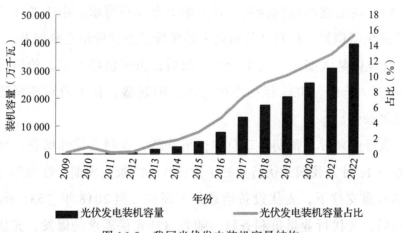

图 16-8　我国光伏发电装机容量结构

资料来源：国家能源局，财通证券研究所。

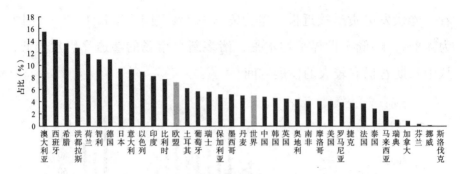

图 16-9　世界主要国家和地区光伏对电力需求的贡献

资料来源：国际能源署（IEA），财通证券研究所。

国内率先复工拉动内需，五大央企⊖大规模集采招标。2020 年一季度受新冠疫情影响，叠加海外市场呈现去中心化，整体形势较为复杂。国内二季度率先实现复工，五大央企发布 2020 年集采招标，组件招标规模达 19.56 吉瓦，M6 产品及双面玻璃组件产量提升给光伏行业带来结构性红利。内生外延终端需求旺盛，硅料涨价传导机制顺畅。国内央企招标放量，三季度淡季不淡，四季度需求火热。

海外疫情逐步得到控制，开工率上升拉动需求。由于各环节高效产品供需偏紧，硅料涨价后向下游传导，组件价格止跌回升。7 ～ 9 月行业内某大型工厂发生硅料事故后，由于供给不足，价格跳涨至 97 元 / 千克。2021 年一季度需求依旧旺盛，且下游对原料涨价容忍度较强。

从行业来看，预期驱动总体行情涨跌，盈利支撑性增强。2017 年 6 ～ 11 月，我国光伏行业处于量价齐升的景气周期，在预期与盈利的双重支撑下，光伏设备指数处于高位。但 2018 年 "531 新政" 出台后，光伏行业量价利齐跌。随着海外光伏需求的爆发，光伏行

⊖　即五大电力央企，分别为国家能源投资集团、中国华能集团、中国华电集团、中国大唐集团、国家电力投资集团。

业基本面边际改善明显。叠加 2018 年 12 月国家能源局召开的光伏座谈会提振市场预期，光伏行业估值随之开始上行。

从板块来看，估值增长 195.94%，盈利上涨 114.45%，估值的贡献大于盈利的贡献。

从个股来看，在本轮行情中，市场风格偏好高盈利大市值个股，阳光电源涨幅为 2860.07%。具体来看，高盈利大市值个股平均涨幅为 967%，低盈利大市值个股平均涨幅为 18%，高盈利小市值个股平均涨幅为 227%，低盈利小市值个股平均涨幅为 174%。

16.2　由政策驱动到利润落地的新兴产业多轮投资范本

2005 ～ 2022 年，光伏板块涨幅为 1490%，同期沪深 300 指数涨幅为 294%，光伏板块长周期跑赢市场。

从光伏板块估值的变化情况来看，市盈率的平均值为 54.78 倍，如图 16-10 所示，估值标准差为 40.96。除了 2015 年牛市期间，光伏板块的估值在 20 ～ 50 倍之间变化。

观察板块表现以及盈利和估值的变化可以发现，2018 年以前的景气周期受益于政策推动较为明显，而随着我国光伏行业技术的不断进步、全球地位的提升以及印度、拉美等海外市场需求的兴起，2018 ～ 2022 年的超额收益来源是市场化需求的上升。

光伏行业四轮超额收益行情呈现从政策利好到技术迭代推动降本增效带来的经济效益内生转变趋势。在板块层面，第一段超额收益由估值贡献，第二段超额收益全部由盈利贡献，后两段超额收益由估值和盈利共同驱动，估值的贡献大于盈利的贡献。在个股层面，占优的公司风格由小市值向龙头大市值转变。

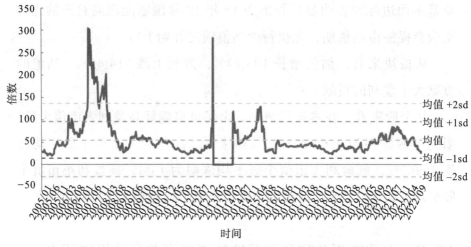

图 16-10　光伏板块市盈率的平均值为 54.78 倍

注：估值指标选取 PE（TTM，剔除负值）。

资料来源：Wind，财通证券研究所。

在 A 股市场，光伏板块兼具周期性及成长性。在平价上网之前，光伏股的行情与补贴政策的出台息息相关，补贴政策直接影响行业供需，对应前三段超额收益行情，期间的周期性显著。2019年是光伏行业平价上网的元年，光伏发电度电成本低于火力发电度电成本，光伏行业进入完全市场竞争阶段，周期性减弱，成长性显现，对应第四段超额收益行情，估值的贡献大于盈利的贡献。当前，光伏行业中长期需求增长逻辑不变，全球平均光伏发电贡献接近世界电力需求的 5%，同比增长 1.3%，判断光伏股是否具有投资价值，需要从估值端和基本面两方面入手。

第17章　电新（新能源汽车）行业

　　发展新能源汽车不仅是中国经济转型的需要，还是国家重要的战略部署。一方面，汽车产业是国民经济的支柱产业，2020年汽车产业对 GDP 的贡献率为 4.46%，仅次于房地产，通过发展自主的新能源汽车产业可以打破合资、外资企业在汽车行业的主导地位，有利于我国汽车工业的弯道超车。另一方面，新能源汽车的发展能够有效缓解能源安全问题，近年来我国原油自给自足的格局已被打破，原油对外依赖度逐步提高，数据显示，我国石油约 72% 依赖于进口，其中汽车消耗石油总量的 70%，因此用新能源汽车取代燃油汽车来化解石油危机具有重要的战略意义。此外，新能源汽车是环保节能中关键的一环，中国提出"碳达峰""碳中和"的目标，而汽车行业将是承担大规模消纳新能源以实现"双碳"目标的重要途径。

　　基于新能源汽车产业重要的战略地位，我国从 2010 年开始在政策纲要中将其列为重点发展产业之一，国家也通过一系列财政补贴来扶持新能源汽车的发展，目前中国已成为全球最大的新能源汽车市场，市场需求逐步替代政策成为行业的核心影响因素。

17.1 两段超额收益让新能源汽车由梦想照进现实

2010～2022 年，新能源汽车板块相对于沪深 300 指数的表现，我们选取两个持续时间半年以上、回撤相对较小的长周期超额收益阶段行情，均由政策推动新能源汽车销量的提升，如图 17-1 所示。

图 17-1 2010～2022 年新能源汽车板块相对于沪深 300 指数的两个超额收益阶段

注：新能源汽车板块指数选自 Wind 主题指数。

资料来源：Wind，财通证券研究所。

17.1.1 阶段 1：政策补贴、产业催化、战略新兴行业的一次想象

自 2013 年 4 月到 2016 年 6 月，持续时间长达 1170 天，新能源汽车板块涨幅为 260.72%，同期沪深 300 指数涨幅为 43.04%，新能源汽车板块相对于沪深 300 指数的超额收益为 217.68%。

从 2010 年《国务院关于加快培育和发展战略性新兴产业的决

定》提出将新能源汽车列为七大新兴产业之一，新能源汽车开始进入全面政策扶持期。2015 年 4 月发布的《关于 2016—2020 年新能源汽车推广应用财政支持政策的通知》，明确了全国范围内未来五年的补贴政策。而在国家补贴之外，各地方政府为了支持新能源产业的发展，纷纷出台单独的"地方补贴"政策。在财税方面，对新能源车船免征车船税，在 2014 年 9 月 1 日～ 2017 年 12 月 31 日期间免征车辆购置税，如图 17-2 所示。

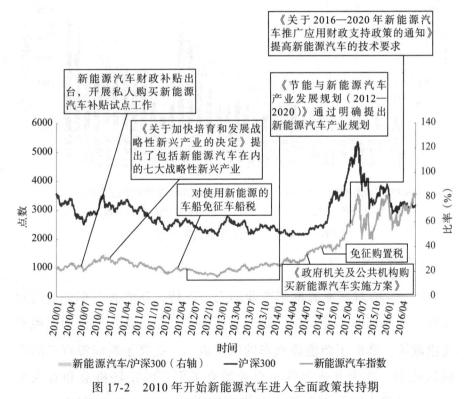

图 17-2　2010 年开始新能源汽车进入全面政策扶持期

资料来源：Wind，财通证券研究所。

新能源汽车产销量突破预期持续增长。2014 ～ 2016 年，在购置补贴及税收优惠政策刺激下，我国新能源汽车产量从 2014 年的 10.14 万辆大幅提升至 2016 年的 60.54 万辆。销量也从 2014 年的 14.83 万辆增长到 2016 年的 50.17 万辆，平均年增速达 1.69 倍，如图 17-3 所示。中国成为全球最大的新能源汽车生产国和最大市场，市场产销量的高速增长也带动新能源汽车行业投资。

图 17-3　2014～2016 年新能源汽车产销量

资料来源：Wind，财通证券研究所。

随着政府对新能源汽车产业的大力支持，新能源汽车企业的营业收入和净利润不断增长。政府实施购置补贴、免征车辆购置税等优惠政策，降低了新能源汽车的购买成本，提高了新能源汽车的市场渗透率。这为新能源汽车企业带来了更多的市场机会和收入渠道，推动了企业的营业收入和净利润增长。2013 年一季度至 2016 年二季度，新能源汽车企业营业收入季度平均同比增长达 10.83%，归母净利润同比增长达 22.64%。

新能源汽车行业业绩表现亮眼。首先，新能源汽车产业具有较高的毛利率和净利率。新能源汽车的生产成本相对较高，但由于政府补贴等因素的影响，其售价也相对较高，使得企业的毛利率和净利率较传统燃油汽车更高，2013年一季度至2016年二季度新能源汽车行业平均毛利率为13%，平均销售净利率为6%，并且毛利率和净利率均呈现逐步上升的态势。

其次，新能源汽车企业与传统燃油汽车企业相比，销售费用也较低。2013年一季度至2016年二季度新能源汽车行业平均销售费用率为5%。这是因为政府的购置补贴政策和宣传力度的加强，降低了企业的市场推广费用。同时，新能源汽车企业采用线上销售等新型销售模式，也降低了企业的销售费用。

最后，新能源汽车企业的经营现金流不断改善。随着新能源汽车市场的发展和政策的支持，2013～2015年新能源汽车行业的经营现金流不断改善，2015年二季度经营净现金流同比增速达225%。经营现金流的改善为企业的发展提供了充足的资金支持，同时也提高了企业的盈利能力。

在本轮行情中，新能源汽车行业的盈利增长51.03%，估值增长3.7%，盈利贡献大于估值贡献。

在个股方面，小市值个股涨幅领先。方正电机、中通客车、江特电机的涨幅分别为811%、738%和512%，相对比，长安汽车和上汽集团的涨幅分别为54%和37%。

在牛市背景下，行业高景气带来本轮超额收益行情。这一阶段，新能源汽车产销量快速上涨，需求旺盛带动新能源汽车企业整体盈利改善。同时，牛市启动，市场投资者情绪高涨，作为新兴战略产业，新能源汽车与市场共振，板块涨幅明显。

17.1.2 阶段2：后补贴时代，由预期变为现实，以盈利贡献为主

自2020年8月到2021年11月，持续时间长达487天，新能源汽车板块涨幅为121.91%，同期沪深300指数涨幅为2.92%，新能源汽车板块相对于沪深300指数的超额收益为118.99%。

新能源汽车是实现"双碳"目标的重要途径。中国提出"碳达峰""碳中和"，汽车行业在其中将承担大规模消纳新能源以替代石油消费的主力军作用。根据国际能源署（IEA）数据，2020年中国来自燃料燃烧的二氧化碳排放量为101亿吨，其中交通领域排放量约为9亿吨，占比约为9%；而在交通领域中，道路交通是碳排放核心来源，排放量约为7亿吨，占比约为81%。中国在交通领域排放占比相对较低，实现道路交通领域"碳中和"的核心思路在于大力发展新能源汽车，而当前中国电动车发展已处于全球领先地位，中国有望继续借力电动车产业优势，持续发挥引领全球的作用，最终献力"碳中和"。

2020年补贴政策明确鼓励"车电分离"⊖，政策约束开始松绑。动力电池约占整车成本的40%，车电分离能够大幅降低初始购车成本。2020年国务院政府工作报告中明确提出：安排地方政府专项债券，用于支持增加充电桩、换电站等设施，推广新能源汽车。与此同时新基建开始将新能源汽车充电桩纳入其中，充电桩基础设施建设加快。2015～2021年我国充电桩保有量从5万台增加到104万台，同期新能源汽车保有量从58万辆增加到678万辆，对应充电桩比从2015年的12∶1下降到2021年的6∶1，国内新能源汽车充电桩比逐渐改善。

⊖ 实际上，所谓"车电分离"，就是将整车和电池视作完全独立的两个商品，进行各自销售和运营。

在政策驱动后补贴时代，政府通过补贴政策、减排政策和公共基础设施建设等方式支持新能源汽车产业发展，促进了新能源汽车的市场化和普及化，提高了新能源汽车板块的投资价值。2020年，中国政府发布了关于促进新能源汽车产业发展的若干政策，进一步加大了对新能源汽车的支持力度，这对新能源汽车板块的发展产生了积极的影响。政府调整了新能源汽车的补贴政策，将购车补贴转向了企业产业链补贴，这进一步提高了新能源汽车企业的生产效率和利润率。与此同时，政府还明确了减排目标和时间表。政府在新能源汽车产业方面的支持还包括建设充电桩和换电站等公共基础设施。这些基础设施的建设，增强了新能源汽车的使用便利性和可靠性。

2020～2022年新能源汽车指数大幅跑赢沪深300指数，其主要原因是新能源汽车行业经过补贴退坡、特斯拉降价冲击等多重负面影响，于2020年3月迎来了需求中长期上行的反转拐点。这一阶段，新能源汽车产业处于高歌猛进的重要时段，销量持续攀升，电动化渗透率大幅提升。根据中国汽车工业协会的统计，2020年中国新能源汽车销量为132.29万辆，过去5年年均复合增速为32.80%。而2021年1～11月，中国新能源汽车累计销量达297.63万辆，渗透率由2020年的5.24%提升至2021年1～11月的12.69%，提升幅度明显，2020年和2021年中国成为全球新能源汽车核心增长源和全球最大市场，如图17-4所示。

随着新能源汽车销量和渗透率的逐渐攀升，新能源汽车企业的营业收入和净利润实现双增长。从营业收入以及归母净利润的变化趋势来看，2020年下半年以来，行业在政策共振和供需两端持续催化的背景下，基本面保持了高速增长和持续修复的态势，2021年一季度营业收入同比增长100%，归母净利润同比增长1200%。

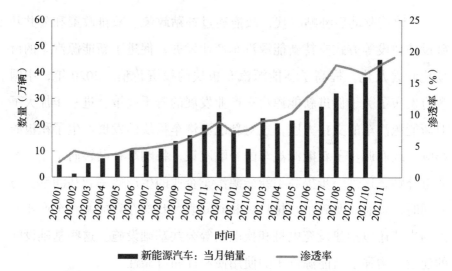

图 17-4　2020 ～ 2021 年新能源汽车销量、渗透率持续攀升

资料来源：Wind，财通证券研究所。

　　新能源汽车行业业绩表现亮眼。首先，新能源汽车产业的毛利率和销售净利率持续保持增长态势。2020 ～ 2021 年新能源汽车行业平均毛利率为 14%，平均销售净利率为 4%，并且毛利率和净利率均呈现逐步上升的态势。其次，新能源汽车企业的销售费用相对来说也较低。2020 ～ 2021 年新能源汽车行业平均销售费用率为 4%。最后，在新能源汽车市场的政策支持下，企业的销售渠道和融资渠道得到了更多的拓展，新能源汽车企业的经营现金流得到改善。2021 年一季度经营净现金流同比增速达 190%。

　　在本轮行情中，盈利增长 131.41%，估值增长 14.26%。盈利贡献大于估值贡献。

　　赛力斯、众泰汽车和力帆科技，涨幅分别为 739.30%、573.44% 和 457.59%，此外，行业龙头公司涨幅靠前，长城汽车、比亚迪和宁德时代涨幅分别为 339.94%、283.36% 和 220.69%。

2010 ～ 2021 年，新能源汽车板块累计涨幅为 309%，同期沪深 300 指数涨幅为 40%，新能源汽车板块长周期跑赢市场。

17.2　教科书般成长股投资与新兴产业发展趋势结合的案例

从 2010 年到 2022 年新能源汽车行业估值的变化情况来看，市盈率均值为 15.38 倍，标准差为 14.91，如图 17-5 所示。

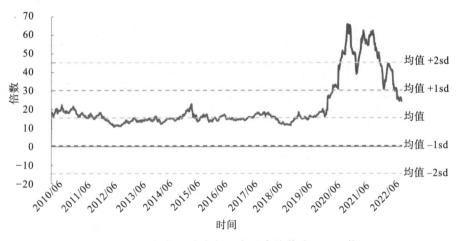

图 17-5　新能源汽车行业市盈率均值为 15.38 倍

注：估值指标选取 PE（TTM，剔除负值）。

资料来源：Wind，财通证券研究所。

新能源汽车产业兼具周期性与成长性。政策利好是产业获得超额收益的重要催化剂，两段长周期超额收益行情均因政策推动新能源汽车销量提升，周期性显著。未来，随着优质产品的陆续落地以及充电桩等基础设施趋于完善，新能源汽车渗透率的提高将逐渐不再依赖于补贴政策，转为消费端发力，周期性将减弱，成长性将凸显。

与智能手机行业类似，新能源汽车行业也是典型的成长赛道，因此新能源汽车行业的发展和股票投资离不开产业周期。根据"S形曲线"，新能源汽车当前已经步入"成长期"。经过了早期补贴政策、造车新势力智能化技术迭代等催化影响，当下行业渗透率已快速攀升至30%。这也意味着"高估值、高成长"的行业收益行情逐步落幕，未来新能源汽车板块的投资可能更多来自自下而上、对超额收益机会的精挑细选。

第 18 章　传媒行业

传媒行业包括了影视、院线、出版、互联网、游戏等多个领域。近年来，互联网的广泛运用，为影视、游戏、网络视频等细分行业创造了良好发展时机。互联网逐步成为内容传播的新渠道，传媒行业也进入到互联网及移动互联网为主的新媒体时代。同时，消费升级也为传媒行业发展注入新活力。

与其他成长板块不同，监管对传媒行业的发展起到举足轻重的作用。以游戏为例，2018 年版号管制以来，国内游戏市场步入存量时代。2022 年中国游戏市场实际销售收入为 2658.84 亿元，同比下降 10.33%。游戏用户规模达 6.64 亿人，同比下降 0.33%。腾讯基本占据了全国超过半数的移动游戏市场份额，在供给端发展受限的背景下，呈现出"强者恒强"的马太效应。这也导致传媒行业出现两个趋势：一方面，龙头企业集中度持续提升；另一方面，各家企业也力求通过出海寻求业绩增长新动力。

中国电影产业和游戏产业面临着不同的发展阶段，中国电影产业正处于"互联网＋"时代，需要依托互联网实现更高效的生产和更广泛的分发。2022 年，全国电影总票房为 300.67 亿元，全年城市院线观影人次为 7.12 亿，国产片连续三年占据市场票房份额的八成以上。

18.1 超额收益估值驱动的力量更为重要

传媒板块细分行业和上市公司众多，我们选取影视和游戏这两个细分板块作为研究对象。2005 ～ 2022 年，影视板块指数和游戏板块指数相对于沪深 300 的表现，分别选取两个持续时间半年以上、回撤相对较小的超额收益阶段行情，供投资者关注与参考，如图 18-1 和图 18-2 所示。

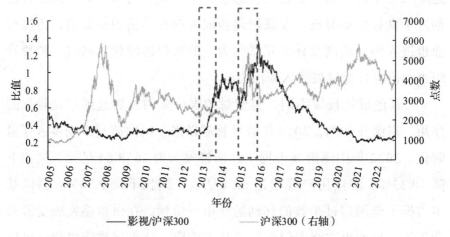

图 18-1　2005 ～ 2022 年，影视板块相对于沪深 300 的两个超额收益阶段

注：影视板块选自申万二级行业指数。

资料来源：Wind，财通证券研究所。

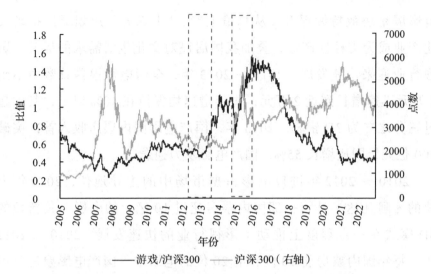

图 18-2　2005 ～ 2022 年，游戏板块相对于沪深 300 的两个超额收益阶段

注：游戏板块选自申万二级行业分类。

资料来源：Wind，财通证券研究所。

18.1.1　影视板块阶段 1：国产电影的突破，并购重组的想象

从 2012 年 12 月 14 日到 2013 年 9 月 30 日，持续时间长达 290 天，影视板块涨幅为 248.23%，同期沪深 300 指数涨幅为 2.26%，影视板块相对沪深 300 指数的超额收益为 245.97%。"十二五"规划提出推动文化产业成为支柱性产业，影视行业迎来快速发展。2013 年国产电影国内票房收入首次突破 100 亿元，西游题材和青春题材的国产电影发力，当年票房前 10 位的电影国产片票房占比达 80%。随着行业并购重组的高潮来临，再加上创业板牛市的背景，为影视行业带来了更广阔的潜在发展空间。市场对影视行业的预期也进行了上调。

从市场来看，政策推动文化产业发展，国内电影市场小爆发，电影屏幕块数持续提升。从总量上看,"十二五"规划提出推动文化产业成为支柱性产业,叠加我国居民对文化生活需求的提升,影视行业迎来快速发展。2011～2013年,全国电影银幕总数由不到1万元迅速增长到近2万元,每年增速均保持在40%以上,其中超过三分之二为3D银幕。2013年,国产电影国内票房收入首次突破100亿元,同比增长55%,国产电影发力逆袭。

2010～2012年进口电影占据市场中的主导地位,2010年上映的《阿凡达》是第一部国内票房超过10亿元的电影,其新颖的3D模式在一定程度上推动了影视行业的快速发展。2010～2012年,每年国内票房前10位和前20位的电影中,国产电影票房只占40%～50%。2013年,西游题材和青春题材打响在市场中的第一枪,国产电影开始发力,当年票房前10位中有8席为国产电影,票房占比达到80%,票房前20位中国产电影占比达50%,相较2010年至2012年有明显提升。

从行业来看,"十二五"期间并购潮爆发,创业板牛市助推市盈率估值提高。2013年创业板牛市传媒行业领涨A股。2011年开始,GDP增速逐渐放缓,双位数增长率难以持续,年底央行两次降准,2012年金融机构人民币贷款加权平均利率开始走低,流动性宽松为2013年并购主体估值大涨做好准备,如图18-3所示。在2013年,伴随着中国经济转型,代表中国未来新兴成长方向的创业板率先复苏,走出结构性独立牛市行情。在政策面上,产业政策偏向支持发展新兴产业和文化产业,传媒行业涨幅翻倍,领涨A股。

影视行业并购重组高峰开启,影视板块市盈率由40倍提升至80倍。"十二五"规划中还强调要推进文化产业结构调整,鼓励文化企业跨地域、跨行业、跨所有制经营和重组,提高文化产业规模化、集约化、专业化水平。2013年影视行业发生并购案20起，交易金额超过150亿元。在并购潮和创业板牛市的环境中，行业并购重组不只改善了行业产业结构，更为行业博取了更大的想象空间，市场上调整了对影视行业的预期，如图18-4所示。

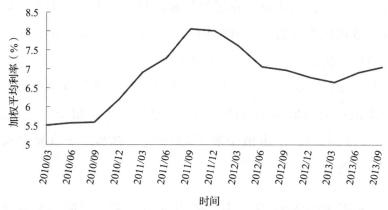

图 18-3　2012年金融机构人民币贷款加权平均利率持续走低

资料来源：Wind，财通证券研究所。

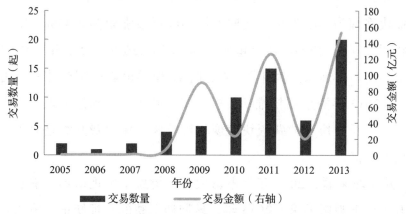

图 18-4　2013年影视行业并购交易金额超过150亿元

资料来源：Wind，财通证券研究所。

从板块来看，估值增长 87.46%，盈利增长 22.99%。

政策鼓励，需求提升，戴维斯双升，估值贡献大于盈利贡献。在"十二五"规划中，强调文化产业的发展及推进文化产业结构调整，市场投资者认可度提高，推动板块估值上涨。同时这一阶段影视行业需求提升，国产电影小爆发等多重利好因素，行业基本面向好，推动盈利出现改善。此时市场风险偏好处于较高水平，作为高弹性的品种，估值提升对板块走势的推升效果更为明显。

从个股来看，我们以期初总市值为中位数，将行业个股划分为两类股票池：大市值及小市值。本轮行情中，大市值个股更占优，平均涨幅为 242%，小市值个股平均涨幅为 70%，华谊兄弟涨幅 512.75% 居首。

18.1.2 影视板块阶段 2：电影走进千家万户，票房爆发性增长的机会

从 2015 年 1 月 5 日到 12 月 18 日，持续时间长达 347 天，影视板块涨幅为 145.73%，同期沪深 300 指数涨幅为 3.47%，影视板块相对于沪深 300 指数的超额收益为 142.26%。2015 年，国内电影市场又一次迎来"大年"，票房前 10 位的电影中国产片票房占比 66%。2015 年资金杠杆推动股票牛市，同年 6 月到达顶点，牛市顶点前后成长板块和消费板块表现相对较优，在消费升级趋势下，板块估值翻倍。

从市场来看，2015 年是电影大年，提振了影视市场，消费升级提升了线下观影需求。2015 年，暑期档上映的《捉妖记》成为首部国内票房超 20 亿元的国产电影，此外当年还诞生了《寻龙诀》《港囧》《夏洛特烦恼》三部 15 亿元级的国产电影。在这些电影的带领

下，2015 年票房前 10 位中有 7 席为国产电影，票房占比达到 66%，票房前 20 位中国产电影占比达 61%，相较于 2014 年有明显提升。全年国产电影国内票房收入由 2014 年的 150 余亿元直接攀升至超过 250 亿元，同比增长 70%，全年观影人次由 8 亿提升至 12 亿，同比增长 50%。

随着中国经济增长逐步向消费驱动型转变，消费将成为经济增长的主要支撑点。2015 年中国年个人消费总额已突破 4 万亿美元，增速达 6% 以上，高于 GDP 增速。居民收入的提高带来人们生活和消费方式的变化，居民消费不断升级，中国电影产业消费开始从免费到付费，从单一化到多元化，从参与到体验。2015 年中国电影市场总票房收入为 440.69 亿元，同比增速为 48.7%，如图 18-5 所示，是"十二五"以来最快增速。

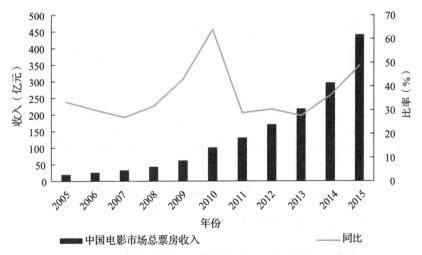

图 18-5 2015 年中国电影市场总票房收入为 440.69 亿元

资料来源：Wind，财通证券研究所。

从行业来看，股市进入杠杆牛，叠加并购概念估值翻倍。2014

年,国内经济自主增长动能持续减弱,GDP 增速放缓,央行于 2014 年 11 月开始降息,此后 1 年,央行总计降息 6 次,下调贷款基准利率。2015 年十年期国债收益率持续走低,如图 18-6 所示,市场流动性宽松。杠杆牛叠加并购概念,牛市顶点前后保持高增长。2015 年本轮牛市开始进入资金杠杆推动阶段,随着融资融券交易⊖和场外配资的杠杆资金大量流入股市,上证指数从 2015 年 2 月的 3049 点快速涨到 6 月的 5178 点。

市场牛市盛宴戛然而止,瞬而转熊。牛市顶点前后成长板块和消费板块相对占优。影视板块具备并购重组概念这一热门题材,在 2015 年下半年涨势不减,2015 年影视板块市盈率估值从 60 倍增长到 123 倍。

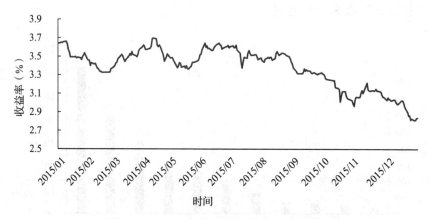

图 18-6　2015 年十年期国债收益率持续走低

资料来源:Wind,财通证券研究所。

从板块来看,估值增长 106.59%,盈利下降 17.66%。本轮上涨

⊖ 融资融券交易又称"证券信用交易"或保证金交易,是指投资者向具有融资融券业务资格的证券公司提供担保物,借入资金买入证券(融资交易)或借入证券并卖出(融券交易)的行为。

全部由估值贡献，盈利贡献为负。2015 年前半年杠杆牛带来股市估值普遍上涨，政策鼓励文化产业及新兴产业带来市场需求，叠加并购概念，本轮行情虽然盈利下降，但板块估值翻倍推动超额收益的产生。

从个股来看，本轮行情中，小市值个股更占优，平均涨幅为315%，大市值个股平均涨幅为 154%，慈文传媒涨幅 781.64% 居首。

18.1.3 游戏板块阶段 1：手游需求爆发式增长，搭乘移动互联网东风

从 2013 年 2 月 4 日到 2014 年 2 月 24 日，持续时间长达 385天，游戏板块涨幅为 105.33%，同期沪深 300 指数跌幅为 19.41%，影视板块相对沪深 300 指数的超额收益为 124.74%。3G 技术配合智能手机丰富的应用系统，推开了移动游戏世界的第一扇大门。2013年是移动互联网爆发元年，同时股票市场处于创业板独立牛市行情，游戏板块估值翻倍。

从市场来看，手游异军突起，也是传统游戏最后的黄金时代。3G 技术配合智能手机推广，2013 年移动游戏在销售收入和用户规模方面均增长 250%。2013 年全国 3G 手机出货量超过 4 亿台，年底时智能手机市场占有率约 80%，如图 18-7 所示。3G 技术的出现，将手机通信理论速率由 2G 时代的 64kb/s 提升至了 2Mb/s，推开了移动游戏世界的第一扇大门，遥遥领先传统的客户端游戏和网页游戏，成为这一阶段游戏产业中最具活力的成分。

2013 年也是客户端游戏和网页游戏最后的黄金时代。2013 年达到 3G 时代的发展高峰，此时客户端网游市场占有率仍 6 成有余。2014 年开始迎接 4G 时代，客户端网游市场占有率降至仅 5 成，移

动游戏对传统游戏造成了冲击。2014 年之后，游戏网站和网络游戏的总覆盖人数、每月总访问和启动次数均出现了明显的中枢下行。

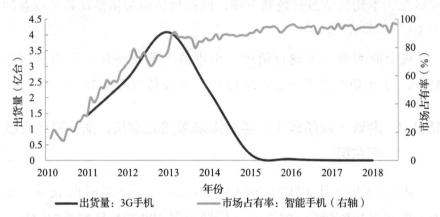

图 18-7　2013 年全国 3G 手机出货量超过 4 亿台，年底时智能手机市场占有率约 80%

资料来源：Wind，财通证券研究所。

从具体公司的经营情况也可以印证这一阶段游戏行业的发展特征。此时 A 股游戏公司龙头主要是专注于手机游戏的北纬科技，以及业务囊括网页游戏和移动游戏的掌趣科技。2013 年北纬科技手机游戏业务收入首次突破 1 亿元，同比增长 70%。掌趣科技的网页游戏营业收入同比增长 185%，但在之后明显乏力。

从行业来看，创业板走出独立牛市行情，游戏板块搭乘移动互联网快车。这一阶段正处于货币政策宽松后的经济企稳期，流动性较为充足。从 2013 年 2 月下旬开始，创业板指走出一波持续到 2014 年 2 月涨幅达 91% 的独立牛市行情，2013 年宏观政策对科技创新空前重视，4G 建设推动移动互联网取代传统互联网，成为新的增长点。2013 年为移动互联网爆发元年，其市场规模为 1059.8 亿元，同比增长 81.2%，引发这一阶段传媒板块和计算机板块的大涨，游戏板块估值顺势增高。

从板块来看，估值增长 126.30%，盈利下降 17.75%。

本轮上涨全部由估值贡献，盈利贡献为负。2013 年创业板独立牛市带来游戏板块估值上涨，游戏产业移动端需求大涨，本轮行情虽然盈利下降，但板块估值翻倍推动超额收益的产生。

从个股来看，大市值个股略占优，掌趣科技涨幅达 585.22%。本轮行情中，大市值个股更占优，平均涨幅为 183%，但优势并不明显，两者相差不大，小市值个股平均涨幅为 165%。

18.1.4 游戏板块阶段 2：由点到面，手游迎来大发展

从 2015 年 1 月 5 日到 12 月 17 日，持续时间长达 346 天，游戏板块涨幅为 132.85%，同期沪深 300 指数涨幅为 3.14%，游戏板块相对于沪深 300 的超额收益为 129.71%。2015 年移动游戏销售收入超过 500 亿元，增长 90%，用户规模达到 4.6 亿人，超过了客户端游戏和网页游戏用户规模之和。与影视行业类似，在杠杆整体牛市和热门概念的驱动下，本轮超额收益全部由估值贡献。

从市场来看，4G 在 2015 年迎来发展高峰，为移动游戏市场发展提供了广阔的空间。2014 年 4G 时代开启，全年国内 4G 手机出货量达到 1.7 亿台，手机通信理论传输速率由 3G 时代的 2Mb/s 进一步提升至 100Mb/s。2015 年 4G 迎来发展高峰，3G 退出舞台，全年国内 4G 手机出货量达到 4.4 亿台，3G 手机仅 0.2 亿台。同时手机配置和手机性能不断提高，极大地丰富了智能手机的应用场景，为移动游戏市场发展提供了广阔的空间，如图 18-8 所示。

2015 年之后，4G 时代带来移动游戏市场进一步发展，移动游戏的销售收入和用户规模持续增长，传统的客户端游戏和网页游戏

则逐渐式微，增速基本位于 0 附近，甚至出现连续负增长。其中的转折点出现在 4G 发展高峰的 2015 年，全年移动游戏销售收入由前一年的不足 300 亿元增长到超过 500 亿元，同比增速接近 90%，用户规模达到 4.6 亿人，超过了客户端游戏和网页游戏用户规模之和。

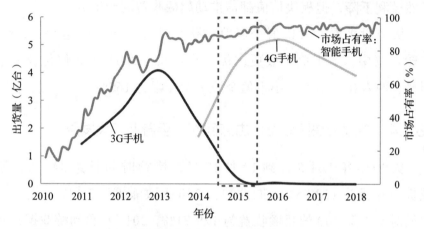

图 18-8　2015 年 4G 手机出货量达到 4.4 亿台，3G 手机仅 0.2 亿台

资料来源：Wind，财通证券研究所。

从行业来看，杠杆整体牛市和热门概念驱动估值。与影视板块较为相似的是，2015 年上半年流动性宽松带来杠杆资金助推牛市到达顶点，A 股整体牛市。受益于行业内部整合加速，在并购重组概念和 4G 概念等多重热门概念的加持下，游戏板块行情时段内 PE 增长 55.62%。

从板块来看，估值增长 55.62%，盈利下降 7.60%。本轮上涨全部由估值贡献，盈利贡献为负。

从个股来看，小市值个股占优，文投控股涨幅达 818.37%。本轮行情中，小市值个股更占优，平均涨幅为 326%，大市值个股平均涨幅为 109%。

18.2 项目制模式，阶段性机会，长牛仍需时日

2005 ～ 2022 年的 18 年中，影视板块涨幅为 119%，游戏板块涨幅为 149%，同期沪深 300 指数涨幅为 294%，影视板块、游戏板块长周期跑输市场。

在影视板块估值的变化情况中，市盈率的平均值为 57.30 倍，估值标准差为 31.38，如图 18-9 所示。

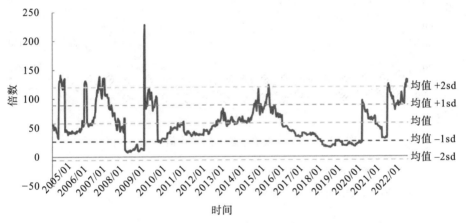

图 18-9 影视板块市盈率的平均值为 57.30 倍

注：估值指标选取 PE（TTM，剔除负值）。

资料来源：Wind，财通证券研究所。

在游戏板块估值的变化情况中，市盈率的平均值为 48.30 倍，估值标准差为 25.30，如图 18-10 所示。

长期来看，影视板块和游戏板块的走势较为相似，两段超额收益行情出现的时间段也较为相似，且几乎全部由估值贡献，盈利贡献多为负。第一段超额收益行情均出现在创业板独立牛市行情阶段，第二段则是 2015 年资金杠杆整体牛市及其后的由牛转熊阶段。

同时，2013 ～ 2015 年均处于两个行业的并购重组高峰期，行业结构改变的同时也为行业博取了更大的想象空间，市场上调整对影视行业的预期。

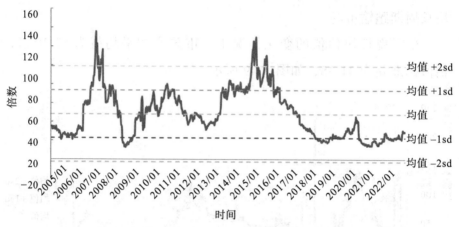

图 18-10　游戏板块市盈率的平均值为 48.30 倍

注：估值指标选取 PE（TTM，剔除负值）。

资料来源：Wind，财通证券研究所。

从 A 股市场上看，我们以影视板块及游戏板块为代表，两个细分行业超额收益行情时间段较为相似，几乎全部由估值贡献，市场风格对板块行情的影响较为明显。超额收益行情期间一般流动性较为宽松，通常在降准降息政策实施后，经济处于转型放缓的关键时期，传媒行情具备一定的主题逻辑性。在实际投资中应注意宏观货币政策以及传媒板块估值的变化。

第 19 章　机械（工程机械）行业

　　工程机械包含挖掘机、装载机、起重机、混凝土泵车、路面机械等多个品种，基建和房地产在其应用领域占比达到 65%。因此，工程机械行业是典型的顺经济周期、由需求驱动的行业，把握房地产周期、基建稳增长周期、设备更新换代周期这三个周期的叠加影响，是研究工程机械的核心方向。

　　中国的工程机械在全球范围处于领先地位，已经成为全球主要供应商之一。产业链形成完整的生产和供应体系，从上游的钢铁、液压元件和发动机制造，到中游的机械制造和成套设备制造，再到下游的工程施工和维护服务，出口遍及全球 210 多个国家和地区，2021 年出口额达 340 亿美元，同比增长 62.8%。特别是在"一带一路"倡议的推动下，中国的工程机械产品在海外的市场份额正在逐渐增加。2022 年，我国工程机械对"一带一路"沿线国家的出口额达 189.64 亿美元，同比增长 32%，占总出口比重的 42.8%。

19.1 超额收益大多与国内或国外需求爆发相关

2005 ～ 2022 年，工程机械板块相对于沪深 300 的表现，我们选取了四个持续时间半年以上、回撤相对较小的超额收益阶段行情，供投资者关注和参考，如图 19-1 所示。

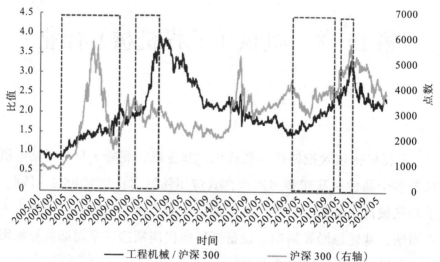

图 19-1　2005 ～ 2022 年，工程机械板块相对于沪深 300 的四个超额收益阶段

注：工程机械板块指数选自中信二级行业分类。

资料来源：Wind，财通证券研究所。

19.1.1　阶段 1：高增速、城镇化，地产基建高景气，需求为王

从 2006 年 2 月到 2009 年 3 月，持续时间长达 1103 天，工程机械板块涨幅为 412.5%，同期沪深 300 指数涨幅为 104.1%，工程机械板块相对于沪深 300 指数的超额收益为 308.4%。21 世纪初，中国展开大规模城镇化建设，地产基建进入高景气时期。2006 ～ 2007 年，房地产投资增速由 20% 上行至 30%，基建投资增速一直位于 15%以上。在该背景下，工程机械销量实现高速增长，2006 ～ 2008 年

推土机销量年化增长 19%，挖掘机销量年化增长达到 39%。

　　从市场来看，中国开启高速城镇化建设，地产基建繁荣发展，行业需求持续旺盛。2006 ~ 2007 年，宏观经济高速发展，GDP 增速分别达到 12.7% 和 14.2%。即便在 2008 年金融危机期间，地产基建投资增速仍保持高位。

　　此轮超额收益贯穿熊牛，工程机械板块与大盘同频共振，实现一段超额行情。具体来看，可以进一步拆分为三段，如图 19-2 所示，第一段是 2006 年 2 月 ~ 2008 年 2 月，第二段是 2008 年 3 月至同年 11 月，第三段是 2008 年 12 月 ~ 2009 年 3 月。

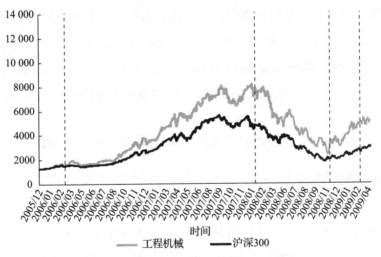

图 19-2　2006 年 2 月 ~ 2009 年 3 月工程机械行业指数上涨 412.5%

资料来源：Wind，财通证券研究所。

　　第一段市场处于牛市阶段。2006 ~ 2007 年，在股权分置改革基本完成、新股发行重新开启、奥运会即将举办等利好因素下，股票市场开启一轮牛市行情。期间，沪深 300 指数上涨 367.7%，板块与大盘共振，实现 418.3% 的超额收益。

第二段市场由牛转熊。进入 2008 年，我国经济逐渐表现出过热迹象，为平抑经济波动，货币政策定调从"稳健"变为"从紧"，使得 2008 年开始经济活动逐渐进入降温周期。同时，2008 年下半年美国次贷危机急剧恶化，影响传导至我国国内，市场由牛转熊。

在第三段开始前的 2008 年 11 月，政府陆续出台一系列救市举措，市场走势最终反弹向上。此阶段沪深 300 指数上涨 20.3%，板块实现超额收益 45.1%。

在本轮行情中，估值下跌 2.9%，盈利增长 428%。本次上涨估值的贡献为负，全部由盈利贡献。

从个股来看，本轮行情中，市场风格偏好高盈利大市值个股。涨幅榜前三位分别是三一重工、中联重科、徐工机械，涨幅分别为 1009%、779%、500%。本阶段盈利改善的前三位分别是山推股份（盈利改善 891%）、厦工股份（盈利改善 652%）、中联重科（盈利改善 546%）。

19.1.2 阶段 2："四万亿计划"，需求爆发是行业行情的爱

从 2009 年 12 月到 2011 年 3 月，持续时间长达 474 天，工程机械板块涨幅为 91.4%，同期沪深 300 指数跌幅为 10.4%，工程机械板块相对沪深 300 指数的超额收益为 101.8%。该阶段超额收益来自刺激政策推动的需求增长。随着 GDP 增速在 2009 年一季度触底，房地产行业开始复苏。2010 年房地产投资增速由 16% 提升至33%，房屋新开工面积由 13% 上升至 41%。

从市场来看，在"四万亿计划"的刺激下，基建地产相继复苏，行业需求改善。在图 19-3 中，工程机械需求大幅增长，装载机、起重机、推土机和挖掘机的销量增速均超过 50 个百分点，行业总产值和营业收入增长约 50%，工业增加值和利润总额增长约 80%。

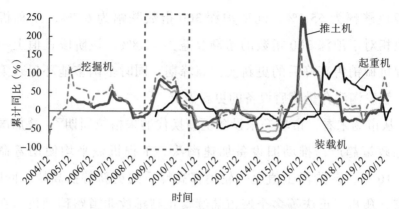

图 19-3　2010 年主要工程机械设备销量明显提升

资料来源：Wind，财通证券研究所。

此轮超额收益发生于股票市场熊市行情阶段，工程机械板块在高需求推动下，实现一轮独立行情。2010 年 1 ～ 11 月，股票市场表现不佳，在政策收紧的大背景下，长期性平稳夹杂着阶段性小涨。进入 2010 年 11 月，经济基本面持续走弱，叠加欧债危机扰动，市场进入新一轮熊市阶段。

在本轮行情中，估值下跌 18.7%，盈利增长 135.4%。本次上涨估值的贡献为负，全部由盈利贡献。

从个股涨幅来看，本轮行情中，市场风格继续偏好高盈利大市值个股。从具体个股的涨幅来看，涨幅榜前三位分别是三一重工、中联重科、徐工机械，涨幅分别为 167%、149%、125%。本阶段盈利改善的前三位分别是安徽合力（盈利改善 671%）、厦工股份（盈利改善 560%）、山河智能（盈利改善 529%）。

19.1.3　阶段 3：设备更新、环保限产，供给逻辑占据更重要位置

从 2018 年 2 月到 2020 年 5 月，持续时间长达 831 天，工程机

械板块涨幅为 65.1%，同期沪深 300 指数跌幅为 6.7%，工程机械板块相对于沪深 300 指数的超额收益为 71.8%。该阶段正值上一轮工程机械销售高峰后的更新换代高峰期，同时全国多地环保政策趋紧，触发淘汰存量落后设备的更新需求。

从市场来看，市场迎来设备更新换代的朱格拉周期[⊖]，叠加国内环保政策趋严，推动旧设备加速淘汰。工程机械平均使用寿命为 8 ~ 10 年，该阶段正值上一轮销售高峰后的更新替换高峰。同时，北京、郑州、重庆等多个城市陆续禁止高排放非道路移动机械在指定区域使用。在该背景下，行业需求改善，2017 ~ 2019 年行业主要产品销量增速保持相对较高水平，如图 19-4 所示。同时行业利润持续增长，2020 年实现利润总额 591 亿元，同比增长 46.3%。

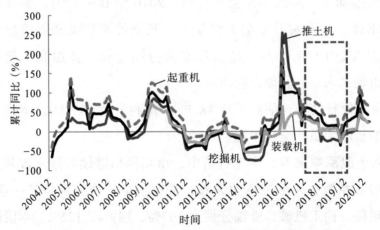

图 19-4　2017 ~ 2019 年主要设备销量累计同比保持较高水平

资料来源：Wind，财通证券研究所。

此轮超额收益行情贯穿熊牛，工程机械板块受到需求支撑，实现一段超额行情。具体来看，可以进一步拆分为两段，第一段是

⊖ 针对资本主义经济中一种为期约 10 年的周期性波动而提出的理论。

2018 年 2 ～ 12 月，第二段是 2019 年 1 月～ 2020 年 5 月。

第一段市场处于熊市阶段。2018 年，由于供给侧结构性改革导致中游制造成本上升，再加上去杠杆政策，使得依赖债务发展的企业面临债务压力，市场的表现也相对差。随着 2018 年 3 月，中美贸易摩擦发生，美联储超预期紧缩，股市开始逐渐走熊。此阶段，沪深 300 指数下跌 30.2%，板块表现出较好的抗跌能力，实现 11.7% 的超额收益。

第二段市场处于牛市阶段。2018 年年底逆周期调节开启，2019 年初央行实施宽松的货币政策，市场逐渐开始上行。2019 年年初，中美关系阶段性缓和，国内去杠杆步伐放缓，市场开启阶段性牛市。2020 年，在疫情影响下，国内政策环境宽松，我国经济复苏最先开启，市场逐渐进入全面牛市阶段。此阶段，沪深 300 指数增长 33.6%，板块领涨大盘，实现 69% 的超额收益。

在本轮行情中，估值下降 54.5%，盈利增长 264%。本次上涨估值的贡献为负，全部由盈利贡献。

从个股来看，在本轮行情中，市场风格继续偏好高盈利大市值个股。从具体个股的涨幅来看，涨幅榜前三位分别是建设机械、浙江鼎力、三一重工，涨幅分别为 289%、163%、143%。本阶段盈利改善的前三位分别是三一重工（盈利改善 456%）、建设机械（盈利改善 329%）、徐工机械（盈利改善 287%）。

19.1.4 阶段 4：经济复苏，供应全球，龙头出海，传统行业新方向

从 2020 年 7 月到 2021 年 3 月，持续时间长达 234 天，工程机械板块涨幅为 76%，同期沪深 300 指数涨幅为 14%，工程机械板块

相对于沪深 300 指数的超额收益为 62%。一方面，国内新冠疫情得到控制，宏观经济复苏带动地产基建回暖，行业需求提升。2021 年 3 月，挖掘机、推土机、起重机、装载机累计同比分别增长 93%、58%、61%、43%，实现近 3 年以来最高增长水平。另一方面，海外生产力恢复缓慢，为龙头企业进军海外提供了良好契机，三一重工顺利打开国际市场拉动板块整体上涨。2020 年 7 月～2021 年 3 月，我国共出口挖掘机 3.87 万台，同比增长 46.2%。

从市场来看，新冠疫情发生后中国防疫管控良好、率先走出疫情影响，稳增长政策发力，地产基建复苏叠加行业龙头全球扩张，推动板块获得超额收益。

疫情加速了全球产业链重塑，为龙头企业出海提供契机。疫情之下，海外央行"大放水"刺激经济，宽松的流动性使下游需求急剧扩张，以美国房地产市场为例，疫情发生后已销售、已开工、已获得建造许可的新屋数量均处于加速上行的通道。然而海外部分国家疫情管控乏力，生产能力没有得到恢复，与需求的爆发增长形成错位，只能大量进口商品。2020 年 7 月～2021 年 3 月，我国共出口挖掘机 3.87 万台，同比增长 46.2%。

以三一重工为例，深耕挖掘机业务，不断开拓海外市场，居于行业龙头地位。挖掘机是工程机械中应用最广、价值含量最高的产品。三一重工自 2010 年起便深耕挖掘机业务，凭借自身的产品性价比、市场占有率提升和强大的渠道销售体系，快速扩大海内外挖掘机销售业务，2021 年国际销售额达到 188.5 亿元，同比增长 76%，收益远超同行业。截至本超额收益阶段末，三一重工挖掘机销量在主要企业销量中占比不断提升，仅其自身业绩就能拉动整体板块上涨，如图 19-5 所示。

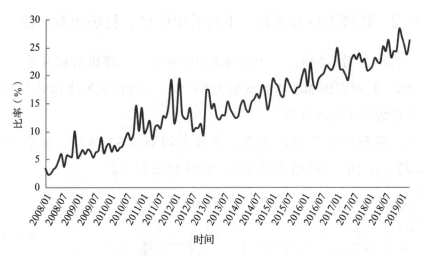

图 19-5　三一重工挖掘机销量在主要企业销量中占比不断提升

资料来源：Wind，财通证券研究所。

　　此轮超额收益行情处于结构牛行情阶段，工程机械板块领涨大盘。2020 年下半年，宏观经济持续复苏，叠加货币政策边际收紧，顺周期的汽车板块、有色板块表现较好。2020 年年底至 2021 年年初，市场预期流动性并未快速收紧，同时欧美央行采取宽松的货币政策，内外基本面向好，在此背景下顺周期板块、消费板块以及银行板块表现较好。2021 年年初至同年 3 月，虽然流动性收紧，但是受益于全球经济复苏预期，顺周期板块依然表现较好。

　　在本轮行情中，估值增长 19.6%，盈利增长 47.2%，本次上涨盈利的贡献大于估值的贡献。

　　在本轮行情中，市场风格继续偏好高盈利大市值个股。从具体个股的涨幅来看，涨幅榜前三位分别是中联重科、三一重工、杭叉集团，涨幅分别为 123%、117%、89%。本阶段盈利改善的前三位分别是康力电梯（盈利改善 113%）、广日股份（盈利改善 75%）、中联重科（盈利改善 50%）。

19.2 经济上行看盈利，下行看集中度，打造超额收益

总结来看，2005 ～ 2022 年的 18 年里，工程机械板块涨幅为 810%，同期沪深 300 指数涨幅为 294%，工程机械板块相对于沪深 300 指数长期跑赢市场。

从估值的变化情况来看，市盈率均值为 32.16 倍，标准差为 24.67，在 10 ～ 40 倍之间变化，如图 19-6 所示。

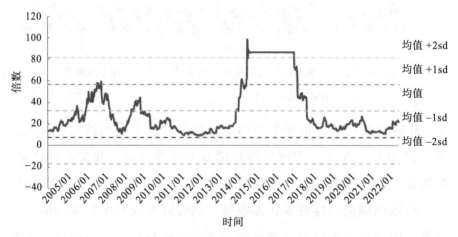

图 19-6　工程机械行业市盈率均值为 32.16 倍

注：估值指标选取 PE（TTM），异常值取平均值处理。

资料来源：Wind，财通证券研究所。

工程机械行业是典型的顺经济周期、需求驱动的行业，把握宏观经济周期的上行是获得超额收益的核心因素。工程机械主要是以挖掘机、起重机等为主的重型机械，与基建和房地产施工需求密切相关，二者在工程机械的应用领域占比达到 65%，因此投资者需要预判国内外经济周期的位置，以及经济政策的变化。

首先，需要了解国内房地产的周期，跟踪和预测房屋新开工面

积增速、房地产投资完成额增速。21 世纪以来国内房地产呈现出"3年小周期"特征，在经济走弱之后，往往会宽松货币、推出房地产需求端政策，刺激房价回暖，鼓励房地产企业拿地和开工投资，而当房地产企业开始投资时，工程机械的需求会明显上行，因此房地产的新开工数据和投资数据往往是行业增长的同步指标。同时，工程机械的出口占比较高，我们不仅要跟踪中国的房地产新开工数据，也要关注欧美发达国家的货币宽松政策和房地产投资周期，如图 19-7 所示。

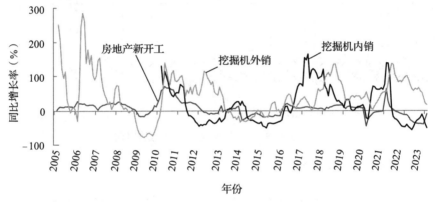

图 19-7　房地产周期与工程机械周期同步

资料来源：Wind，财通证券研究所。

其次，全球基础设施建设在一定程度上也影响工程机械的销量，但影响力明显小于房地产。一是因为基建的体量对工程机械销量拉动相对有限，二是大型基建项目所使用的工程机械，并不能完全对应到 A 股工程机械的主要业务中去。除了房地产、基建之外，工程机械自身的设备更新周期⊖也会影响到行业景气度，四段超额收益

⊖　一般为 8～10 年。

行情中，第一、第二、第四段发生在房地产、基建的需求上行期，第三段的需求则主要由设备更新换代和环保政策驱动，如图 19-8 所示。

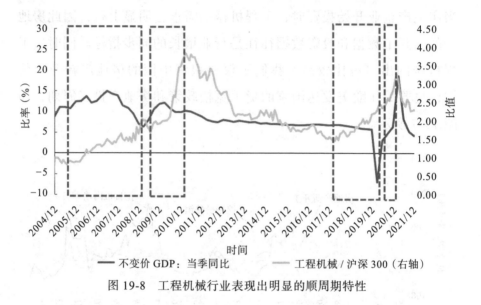

图 19-8　工程机械行业表现出明显的顺周期特性

资料来源：Wind，财通证券研究所。

最后，工程机械板块作为周期股，需要把握与政策的博弈。一般而言，经济周期下行会影响工程机械的需求，但是在经济周期下行尾声或者经济急速恶化时，以房地产、基建为代表的逆周期稳增长政策会大举发力，此时工程机械尽管销量还未增长，但是二级市场就已经有所反映了，因此可能反而出现"经济差、股价涨"的现象。对工程机械需求的博弈还要随市场发展而演进，过去的中国经济高增长、高波动，房地产 3 年周期起伏格外明显，而随着中国经济步入新阶段，淡化增长目标，需求的博弈将更多落向全球货币政策、全球地产周期、设备更新周期等方面。

　　在个股层面，纵观四个阶段的超额收益行情，盈利是工程机械获得超额收益的主要驱动，因此四段超额收益行情都是由高盈利大市值个股领涨。行业内大市值公司具备更强大的生产能力，能够获得更高质量的订单，同时具备更高的技术水平和更好的产品质量，因此在行业需求增长的时候，大市值公司的盈利会领跑，市场对价值蓝筹高盈利的偏好就会更强。比如挖掘机市场份额最高的企业是三一重工，其挖掘机销量在主要企业中的占比持续增长，2021年国内销售近7.8万台，市场占有率首次超过30%。在经济上行期，龙头公司能够取得更多的订单，业绩就会更加优异，股价表现也会更好。

第 4 部分　大金融

很多国内投资者对金融股和地产股都不感兴趣，甚至觉得这些是"夕阳"行业，但实际在全球资本市场中，金融板块[⊖]"诞生"了许多龙头牛股。它们不仅局限于欧美发达市场中，同时也频频出现在印度、巴西、南非、俄罗斯等新兴市场的金融地产板块中。投资者熟知的"股神"巴菲特对金融股情有独钟，长期持有富国银行和美国银行的股票。我们通过复盘 A 股中大金融板块过去 18 年里的超额收益行情，分别对银行、券商、保险、房地产和黄金的投资逻辑进行总结分析，以供投资者参考。

⊖　很多国家把地产也算在大金融板块中。

第 20 章　银行业

金融体系是现代经济的重要组成部分，其中银行发挥着重要角色。我国银行体系根据其性质可以分为中央银行、商业银行、政策性银行、外资银行等。商业银行是我国间接融资中最重要的融资媒介。根据中国人民银行数据显示，2022 年社会融资规模存量为 344.21 万亿元，其中对实体经济发放的人民币贷款余额为 212.4 万亿元。银行业务涉及经济中生产、制造、分配、消费等各个环节，是经济发展过程中不可或缺的组成部分。

目前我国的上市银行均为商业银行，其中包括国有银行、股份制银行和地方特色银行。自深圳发展银行⊖于 1991 年 4 月 3 日成为我国第一家上市银行，截至 2022 年 1 月 1 日，共有 41 家银行上市。沪深 300 指数中有 22 家银行，占比 7.3%。银行板块总市值为 9.53 万亿元，占同期沪深 300 指数总市值的 17.9%。可见银行板块在 A 股中处于十分重要的位置。

⊖　现平安银行。

20.1 超额收益出现在经济高增速或者市场低风险偏好时期

2005～2022年，银行板块相对于沪深300的表现，我们选取了五个持续时间半年以上、回撤相对较小的阶段，如图20-1所示。整体来看，"四万亿计划"对于银行板块来说是一个"分水岭"。在此之前，银行板块的走势与大盘基本同步。而2009年下半年开始，银行板块与大盘走势开始出现一定背离。

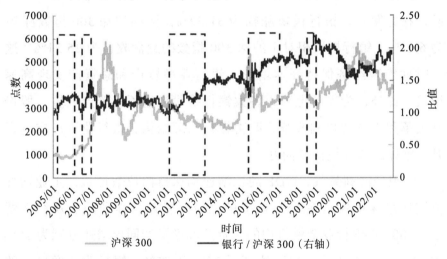

图 20-1　2005～2022年，银行板块相对于沪深300的五个超额收益阶段

注：银行板块指数选自中信一级行业。

资料来源：Wind，财通证券研究所。

前两阶段的板块超额收益来自估值的驱动，例如2005年的超额收益行情就是银行板块难得一见的高景气驱动行情。彼时宏观经济高速增长，为银行的盈利和资产规模的扩张均带来了强劲动力。同时行业自身在市场化机制改革等一系列政策不断催化下，也给银行

板块带来诸多市场热点。

后三阶段的超额收益主要来自盈利的改善。在此期间的超额收益行情均出现在熊市环境，银行板块的防御属性使其调整幅度小于大多数行业。基本面本身变化并不大，投资逻辑更多来自市场系统性冲击带来的相对较小的估值调整。

20.1.1 阶段1：宏观高增速下的银行也曾是"成长股"

2005年1月～2006年4月是银行业获得超额收益的第一个阶段，在此期间，银行板块涨幅为31.32%，同期沪深300指数涨幅为6.11%，银行板块相对于沪深300指数的超额收益为25.21%。这一时期宏观经济保持高速增长，银行业净资产和总资产实现高速增长。此外，为筹备上市，各大银行纷纷推进不良资产处置、股份制改革和市场化机制改革，改善银行治理结构，银行业资产质量提升，整体经营环境持续向好。

宏观经济高景气，GDP同比增速均保持两位数增长，工业增加值同比增速也保持在15%以上的高位。受益于强劲的宏观经济背景，2005年银行业金融机构的总资产和净资产同比增速分别为19%和31%，2006年这一数字达到了17%和35%，银行业金融机构的总资产规模、净资产规模均实现了高速增长，如图20-2所示。

银行业持续推进不良资产处置，资产质量得以不断提升。为配合四大行⊖股份制改革和上市，1999年四大国有资产管理公司⊜相

⊖ 四大行，一般指中国四大国有银行，具体包括中国工商银行、中国农业银行、中国银行、中国建设银行。

⊜ 四大国有资产管理公司，分别是中国华融资产管理公司、中国信达资产管理公司、中国东方资产管理公司、中国长城资产管理公司，分别对应接收中国工商银行、中国建设银行和国家开发银行、中国银行、中国农业银行的不良资产。

继成立，开始处置四大行的不良贷款，商业银行不良贷款率进入大幅下行通道。2004 ～ 2006 年，四大国有资产管理公司继续推进不良资产处置，商业银行不良贷款率降至 7%。同时，各大银行纷纷为筹备上市进行股份制改革及一系列市场化机制改革，引入外资股东，改善公司治理结构等。因此银行业整体经营环境向好，银行业处于高质量发展时期。

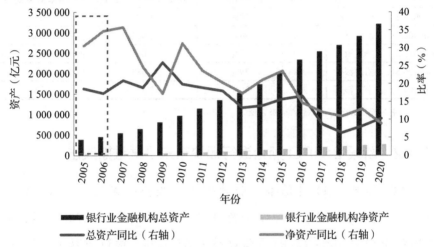

图 20-2 2005 ～ 2006 年，银行业金融机构的总资产规模、净资产规模高速增长

资料来源：Wind，财通证券研究所。

2005 年一季度至 2006 年一季度，沪深 300 指数上涨 6.11%，中证 500 指数上涨 0.03%，市场中大盘行情表现更好。同时，银行板块指数上涨 31.32%，行业净资产同比增长 30.36%，归母净利润同比增长 35.12%，市净率（PB）提升 20.22%。盈利增速大于估值涨幅，因此银行板块本轮上涨主要由盈利改善驱动。

在这一阶段除平安银行收跌 3% 以外，其余 4 家上市银行实现了平均大约 35% 的盈利增长和 26% 的估值提升，平均涨幅大约为

60%，如表 20-1 所示。其中，我们发现民生银行不良贷款率最低，仅 1.28%。相对比，平安银行高达 9.33%。在银行业整体规模大幅扩张的背景下，银行个股自身贷款质量提升成为股价表现的关键因素，因此，本轮个股表现与不良贷款率密切相关。

表 20-1　除平安银行外，个股平均盈利增长大约 35%，估值提升 26%，平均涨幅大约为 60%

证券代码	证券简称	涨跌幅	归母净利润变动	2005 年报不良贷款率	市净率估值变动
600016.SH	民生银行	78%	38%	1.28%	15%
600000.SH	浦发银行	58%	44%	1.97%	36%
600015.SH	华夏银行	50%	32%	3.04%	34%
600036.SH	招商银行	47%	29%	2.58%	19%
000001.SZ	平安银行	−3%	35%	9.33%	−16%

资料来源：Wind，财通证券研究所。

20.1.2　阶段 2：IPO 潮为银行板块带来"戴维斯双击"

2006 年 8 ～ 11 月是银行业获得超额收益的第二个阶段，银行板块涨幅为 111.94%，同期沪深 300 指数涨幅为 46.42%，银行板块相对于沪深 300 指数的超额收益为 65.52%。银行业基本面较好，M2 和社融增速维持高位，央行连续加息有利于净息差的扩大，量价齐升助力银行业盈利情况向好。此外大行上市潮引领市场风格偏向大盘，估值提升成为这一时期超额收益最大的驱动力，5 家上市银行在这一阶段估值提升均超过 50%。

从宏观经济环境来看，经济从复苏到过热，宽松的货币和信用环境带动盈利能力不断提高。贷款业务仍然是商业银行的主要业务，利息收入也是商业银行主要的收入构成，因此 M2 和社融增速反映了当下市场的流动性松紧程度和对贷款融资的需求程度。当市场流动性宽松、银行有资金可贷款并且贷款融资需求高涨时，银行之后一段时间的盈利自然会向好，因此市场对银行业的盈利预期就会上升。我们将行业归母净利润同比增速领先 12 个月来看，发现其走势与 M2 同比增速、社融规模存量同比增速较为一致。

2006 年 7 月、10 月，中国银行、中国工商银行相继上市，2007 年 2 ~ 9 月 7 家银行先后上市，银行集体 IPO 引领市场风格从小盘股转换到大盘股，银行业的市净率也由 2 倍上升至 4 倍，催化了银行股行情的爆发。

这一轮在牛市启动前半段银行股的突出表现，主要在于货币信用环境宽松、净息差扩大以及银行业 IPO 潮前夕等多重利好叠加，并不改变银行股的总体属性。2006 年三季度至 2006 年四季度，沪深 300 指数上涨 46.42%，中证 500 指数上涨 16.16%，市场呈现大盘行情。银行板块指数上涨 111.94%，但行业净资产同比增长仅 41.74%，行业归母净利润同比增长仅为 35.18%，说明这一期间银行业盈利向好的同时，市净率增长 53.88% 带来的贡献更为显著。

如表 20-2 所示，5 家上市银行平均涨幅超过 100%。这一阶段，5 家上市银行盈利增速差别较大，但估值提升均位于 50% 以上，成为这次股价上涨的最大驱动力。其中，民生银行市净率变动高达 109%，估值提升驱动民生银行涨幅第一。

表 20-2 个股估值提升均位于 50% 以上，平均涨幅超过 100%

证券代码	证券简称	涨跌幅	归母净利润变动	市净率估值变动
600016.SH	民生银行	133%	23%	109%
600036.SH	招商银行	116%	60%	57%
600000.SH	浦发银行	115%	10%	58%
000001.SZ	平安银行	91%	111%	66%
600015.SH	华夏银行	64%	5%	58%

资料来源：Wind，财通证券研究所。

20.1.3　阶段3：净息高位，非标业务崛起

2011 年 1 月～ 2013 年 4 月是银行业获得超额收益的第三个阶段，银行板块涨幅为 18.79%，同期沪深 300 指数跌幅为 20.24%，银行板块相对于沪深 300 指数的超额收益为 39.03%。这一阶段的前期央行上调利率，银行净息差攀升达到高点，后期货币和信用环境趋向宽松，社融和 M2 增速回升，同时银行不良贷款比例也降至低点，盈利基本面改善。非标业务成为这一阶段的重要驱动力，享受到盈利改善和非标业务红利的股份制银行领涨。

2011 年 CPI 和 PPI 持续高位，为抑制通货膨胀，央行采取了紧缩的货币政策，上调利率，银行净息差随之攀升，2011 年一季度至 2013 年一季度商业银行净息差均处于较高水平。阶段后期降息降准，M2 和社融增速回升。自 2012 年起经济下行压力增大，GDP 增速在金融危机后首次降至 8% 以下，对此央行采取了宽松的政策，连续下调准备金率和利率，M2 和社融增速回升。自 2011 年起，商业银行不良贷款比例继续下行，并降至历史最低点，尤其是股份制银行不良贷款比例最低，仅 0.6%，商业银行资产质量有所提升。

2011 年～ 2013 年 3 月，商业银行大力开展非标业务，成为这一阶段银行行情的主要驱动力。2011 ～ 2013 年，国有银行、股份制银行、城市商业银行的非利息收入同比增速分别达到了每年 18%、51% 和 50%，如图 20-3 所示。国有银行和股份制银行的非利息收入占比较高，分别为 14% 和 10%，城市商业银行的非利息收入占比较低，仅 6%。

由于基本面向好，盈利改善是这一阶段超额收益的主要原因。2011 年一季度至 2013 年一季度，沪深 300 指数下跌 20.24%，中证 500 指数下跌 30.17%，大盘股相对抗跌。虽然银行业盈利情

况向好，行业净资产同比增长 51.37%，行业归母净利润同比增长 56.73%，但由于市净率降低 29.72%，银行板块指数仅上涨 18.79%。绝对收益不高的原因在于市场处于熊市阶段，估值整体下降，但盈利基本面改善为银行板块创造出了超额收益。

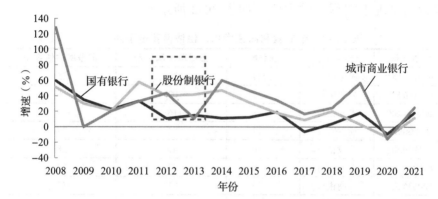

图 20-3　2011 ～ 2013 年，国有银行、股份制银行、城市商业银行的非利息收入同比增速

资料来源：Wind，财通证券研究所。

　　此外，股份制银行在这一轮行情中的表现十分抢眼，领涨银行板块。这一阶段股份制银行上涨 29.47%，国有银行仅上涨 3.73%，而城市商业银行则下跌 5.13%。一方面盈利基本面上量价和质量的改善更利好大中型银行，另一方面股份制银行的非利息收入占比高、增速快，更大程度地抓住了非标业务的机会。虽然城市商业银行的非利息收入也有 50% 的复合增速，但其占比仅 6%，远低于国有银行的 14% 和股份制银行的 10%，未能享受非标业务发展带来的红利。而国有银行的非利息收入复合增速虽然仅有 18%，但其 14% 的占比加之本身庞大的业务体量，使其仍然能享受非标业务发展带来的机会。

这一时期涨幅领先的银行均实现了较高的利润增长，但仅民生银行估值提高，其余7家银行的估值均有所下降。板块涨幅前8位的个股中，前4位与第7位均为股份制银行，建设银行、农业银行、工商银行分列第5位、第6位、第8位，除民生银行外，其余银行则出现不同程度的下跌，如表20-3所示。

表 20-3　个股盈利高速增长，但估值普遍下降　　　（%）

证券代码	证券简称	涨跌幅	归母净利润变动	市净率估值变动
600016.SH	民生银行	111	124	25
601166.SH	兴业银行	35	102	−16
000001.SZ	平安银行	28	116	−29
600000.SH	浦发银行	12	84	−28
601939.SH	建设银行	10	49	−28
601288.SH	农业银行	8	57	−29
600036.SH	招商银行	5	81	−35
601398.SH	工商银行	5	49	−32

资料来源：Wind，财通证券研究所。

20.1.4　阶段4：金融加杠杆，中间业务助力

2015年6月～2016年12月是银行业获得超额收益的第四个阶段，银行板块涨幅为7.14%，同期沪深300指数跌幅为18.29%，银行板块相对沪深300指数的超额收益为25.43%。本轮银行股超额收益源于行业通过增发和优先股获得外生增长，以及在金融加杠杆的环境下中间业务成为商业银行新的增长点。城市商业银行在外生增长和金融加杠杆背景下的弹性更大，同时把握住了中间业务迅速发展的机会，成为这一阶段板块行情的领跑者。

2015～2016年，上市银行募资[⊖]额均超过1800亿元，创历史新高，2015年银行业净资产同比增速回升至23%的高点，2016年

⊖　增发和发行优先股。

银行业总资产同比增速回升至 17% 的高点。叠加同期的金融加杠杆，以资产方计算的金融部门杠杆率由 62.5% 上升至 78.3% 的历史新高，二者共同推动了银行板块的行情。

中间业务成为新的增长点。2015 ～ 2016 年，作为之前上市银行主力业务的公司贷款收入占比下降明显，而城市商业银行非利息收入占比上升至 16.4%，达到历史高点，如图 20-4 所示。期间国有银行、股份制银行、城市商业银行的非利息收入复合增速分别为每年 5%、23% 和 45%。国有银行和股份制银行的非利息收入占比较高，分别为 14% 和 17%，城市商业银行的非利息收入占比出现了大幅提升，由 7% 上升至 12%。

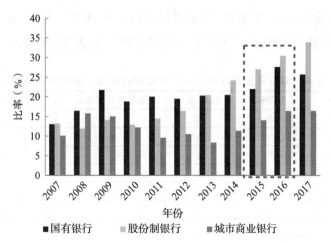

图 20-4 2015 ～ 2016 年城市商业银行非利息收入占比大幅提升至 16.4%

资料来源：Wind，财通证券研究所。

净资产大幅提升，城市商业银行领涨。2015 年二季度至 2016 年四季度，沪深 300 指数下跌 18.29%，中证 500 指数下跌 13.64%。银行板块指数上涨 7.14%，估值下降 27.38%，行业归母净利润仅同比增长 2.54%，但行业净资产同比大幅增长 23.83%。

城市商业银行在这一轮行情中领涨银行板块。这一阶段城市商业银行上涨 56.27%，而股份制银行仅上涨 9.34%，国有银行则下跌 5.20%。一方面中小型银行的弹性更大，在金融加杠杆的背景下，城市商业银行的业绩增长会更加迅猛；另一方面城市商业银行本身非利息收入同比增速显著高于国有银行和股份制银行，并且其占比也有所提升，把握住了中间业务发展带来的机会。

南京银行领涨，城市商业银行整体表现较好。这一阶段城市商业银行和部分股份制银行的表现明显较好，涨幅领先的银行均实现了利润增长，但估值也都有所下行。板块涨幅前 6 位的个股中，南京银行、北京银行、宁波银行分列第 1 位、第 2 位、第 5 位，招商银行、浦发银行、华夏银行分列第 3 位、第 4 位、第 6 位，包括五大国有银行以外的银行均在这一期间收跌，如表 20-4 所示。

表 20-4　城市商业银行和部分股份制银行在这一阶段表现明显较好（%）

证券代码	证券简称	涨跌幅	归母净利润变动	市净率估值变动
601009.SH	南京银行	39	39	−12
601169.SH	北京银行	35	11	−4
600036.SH	招商银行	22	7	−10
600000.SH	浦发银行	22	12	−12
002142.SZ	宁波银行	18	33	−16
600015.SH	华夏银行	8	7	−24

资料来源：Wind，财通证券研究所。

20.1.5　阶段 5：中美贸易摩擦，防御价值凸显

2018 年 7 ～ 12 月是银行业获得超额收益的第五个阶段，银行板块涨幅为 1.88%，同期沪深 300 指数跌幅为 14.25%，银行板块相对沪深 300 指数的超额收益为 16.13%。本轮超额收益的背景是宏

观经济下挫、市场连续下跌，央行通过降准、MLF 等途径释放流动性，同时商业银行净息差扩大和资产质量提升，基本面改善更加凸显了此时银行股的防御价值，尤其是基本面稳定且向好的大中型银行更受市场青睐。

贸易摩擦导致市场单边下跌。2018 年春节前夕，A 股在迎来一轮短暂的行情之后，受贸易摩擦等黑天鹅事件的影响，市场开始持续下跌，宏观经济也难见起色。2018 年中开始，央行连续降准外加大量 MLF 投放，向金融机构释放流动性。

商业银行净息差处于上升通道中，如图 20-5 所示，此外关注类贷款比例下降，国有银行不良贷款比例下降至近 4 年的新低。2018 年三季度至四季度，沪深 300 指数下跌 14.25%，中证 500 指数下跌 20.12%，在 A 股连续下跌中，市场风险偏好大幅度下滑，机构投资者需要寻找基本面稳定、具备安全价值属性的细分领域，银行逐步受到投资者青睐，超额收益显著提升。

图 20-5　2018 年下半年商业银行净息差回升

资料来源：Wind，财通证券研究所。

2018 年三季度至四季度，银行板块涨幅为 1.88%。行业归母净利润同比增长 2.39%，估值下降 5.95%，但行业净资产同比大幅增长 17.79%。盈利贡献超过估值贡献，国有银行防御性更强。细分来看，国有银行上涨 4.66%，股份制银行上涨 1.61%，城市商业银行下跌 3.39%。在 2018 年经济和市场双双不佳的背景下，盈利基本面稳定、不良贷款比例较低的大中型银行明显更受青睐，因此，本轮银行超额收益行情主要来源于投资者的避险偏好。

国有银行均上涨，这一阶段大中型银行表现突出，但涨幅领先的个股在涨跌幅、归母净利润和市净率变动方面的表现较为一致，其超额收益来源于防御价值。12 家上市银行上涨，五大国有银行均在其列，股份制银行中光大银行、平安银行、兴业银行、浦发银行表现较好，而城市商业银行中仅有常熟银行、上海银行、宁波银行，如表 20-5 所示。

表 20-5　大中型银行表现突出，超额收益源于防御价值　　　　(%)

证券代码	证券简称	涨跌幅	归母净利润变动	市净率估值变动
601128.SH	常熟银行	7	6	4
601818.SH	光大银行	6	3	0
601328.SH	交通银行	6	2	−2
601988.SH	中国银行	5	1	−5
000001.SZ	平安银行	5	3	−2
601288.SH	农业银行	5	1	−4
601398.SH	工商银行	4	1	−5
601166.SH	兴业银行	4	2	−4
600000.SH	浦发银行	4	2	−4
601229.SH	上海银行	3	7	−5
002142.SZ	宁波银行	2	9	−7
601939.SH	建设银行	2	1	−7

资料来源：Wind，财通证券研究所。

20.2　从成长股到周期股，银行防御属性越发明显

自 2005 年到 2022 年持续时间长达 18 年，银行板块涨幅为 8.04 倍，同期沪深 300 指数涨幅为 4.94 倍。从 2005 年 1 月起，银行业相对于沪深 300 指数存在持续的超额收益，比重基本都大于 1，过程中变化的是超额收益的幅度大小。

2005 ～ 2022 年，从银行板块估值的变化情况来看，市净率的平均值为 1.60 倍，标准差为 1.08。整体来看，除去 2006 ～ 2008 年的牛市行情以外，银行板块主要行情阶段的估值在 1 ～ 3 倍，如图 20-6 所示。

图 20-6　2005 ～ 2022 年，银行市净率的平均值为 1.60 倍

注：估值指标选取 PB（LF，内地）。

资料来源：Wind，财通证券研究所。

我们通过对比指数涨幅，拆分估值和盈利的贡献度，发现从长周期来看超额收益大部分是由银行板块的盈利贡献的，期间仅有一次估值贡献超过盈利贡献，即 2006 年银行业集体 IPO。

总结银行股 5 个阶段超额收益行情如表 20-6 所示。

表 20-6　银行股 5 个阶段超额收益行情总结

阶段	市场	行业	板块	个股
阶段 1	经济高速增长	推进不良资产处置，银行资产质量提升	上涨主要由盈利改善驱动	民生银行领涨，平安银行表现不佳
阶段 2	流动性宽松驱动整体牛市	银行业集体 IPO，叠加盈利向好	估值贡献超过盈利贡献	民生银行领涨，平均涨幅超过 100%
阶段 3	宏观宽松，不良率下降	非标业务成为新驱动力	盈利改善驱动，股份制银行领涨	民生银行领涨，估值普遍下行
阶段 4	总资产提升，金融加杠杆	中间业务成为新的增长点	净资产大幅提升，城市商业银行领涨	南京银行领涨，城市商业银行整体表现较好
阶段 5	贸易摩擦事件，市场单边下跌	防御价值凸显，利差扩大	盈利贡献，国有银行防御更强	交通银行、光大银行居前

资料来源：Wind，财通证券研究所。

综上所述，银行股的超额表现主要来自宏观高景气带来的盈利改善，以及熊市背景下的防御价值。就前者而言，银行板块的盈利表现与宏观走势有较强的相关性，具体表现在净息差的扩大或者高位。因此在 2005 ～ 2006 年的两轮超额收益行情中，银行板块实质上是所谓的"成长股"。

但随着经济波动性下降、增速从两位数降至个位数，盈利改善对银行股超额收益的贡献有所下降，取而代之的是熊市中的防御价值。低估值、高股息以及业绩确定性相对较高等特性使银行板块成为具备安全边际的防御品种。这也是在 2009 年"四万亿计划"之后，银行板块的亮眼表现仅出现在熊市之中的原因。

第 21 章　有色（黄金）行业

黄金作为全球重要的硬通货，具备货币、避险和商品三大属性，各属性变化共同影响黄金的价格走势。

货币属性方面，黄金价格与实际利率高度负相关，与美元指数呈负相关波动。黄金是无息资产，但如果考虑其持有成本，实际更类似于一个负息债券。实际利率中枢趋势性下降时，持有黄金的机会成本会随之下降，投资者选择黄金的意愿上升会推动金价上涨。实际利率走势则取决于市场利率与通胀的博弈，受到货币政策、经济增速等多方因素的影响。此外，由于黄金主要以美元计价，美元走强会导致黄金的价格下降，从而二者之间存在负相关性。

避险属性方面，黄金的风险对冲价值在"黑天鹅"事件冲击下显得尤为稀缺。黄金的供应受到天然约束，在面临风险冲击的时候，黄金往往成为投资者的避险选择。如 2008 年金融危机，由于黄金的避险属性受持续期的影响，持续期较短则难以影响金价长期中枢。

商品属性方面，黄金是一种传统而又极为重要的贵金属，被广泛应用于珠宝、投资和工业等领域。黄金的需求主要来自珠宝和饰品制造、金条和金币投资以及工业用途。黄金的供给主要来自开采，由于黄金勘探难度较大，黄金的供给相对刚性。因此，对于黄金的影响而言，需求大于供给。

截至 2022 年年底，A 股共有 11 家黄金上市公司，总市值为 4952 亿元。在 A 股市场，黄金股整体表现与市场情绪和地缘政治等因素息息相关。如 2011 ~ 2012 年，全球经济复苏乏力，投资者大量流入黄金市场，推动黄金价格创下历史新高。随后，黄金市场受到美国政策调整、全球经济放缓等因素的影响，价格下跌。总体而言，黄金股投资需要关注全球流动性宽松和利率下行、短期市场风险偏好下降带来的避险交易，黄金股的股价表现受到货币、避险属性的影响大于商品属性。

21.1　超额收益发生在货币属性、避险属性出现阶段

2005 ~ 2022 年，黄金板块相对于沪深 300 指数的表现，我们选取四个持续时间半年以上、回撤相对较小的超额收益阶段行情。黄金板块的超额收益发生在黄金价格上行期，如图 21-1 所示。

21.1.1　阶段 1：次贷危机，货币属性和避险属性共同推动金价上涨

从 2007 年 5 月到 2008 年 3 月，持续时间长达 287 天，黄金板块涨幅为 185.06%，同期沪深 300 指数涨幅为 15.97%，黄金板块相对沪深 300 指数的超额收益为 169.09%。2007 年，次贷危机已经在部分金融机构中蔓延，经济下行叠加货币宽松，实际利率和美元指数下行，金价上升。流动性整体充裕，黄金的估值提升 184%。

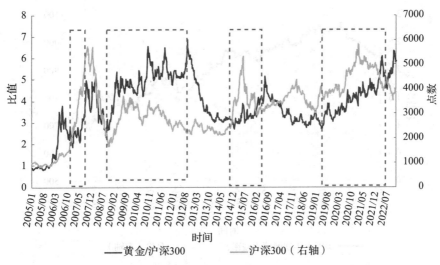

图 21-1 黄金板块指数相对于沪深 300 指数的四个超额收益阶段

注：黄金板块指数选自 Wind 主题指数。

资料来源：Wind，财通证券研究所。

2007 年，次贷危机已经逐步对部分金融机构业务及财务情况产生影响，8 月源于美国的次贷危机开始卷席美国、欧盟和日本等主要金融市场，造成欧美金融机构大幅亏损，部分大型金融机构倒闭，美元大幅贬值。中美两国经济增速持续放缓，中国经济自 2007 年三季度增速 14.3% 持续放缓至 2008 年一季度的 11.5%。此外，美国经济也在次贷危机的影响下从 2007 年三季度持续下行，CPI 数据持续上行，自 2007 年 8 月开始，美国 CPI 当月同比持续上升，到 2008 年 1 月从 2% 上涨到 4.3% 的高点。而中国 CPI 从 2007 年 4 月就呈现上升趋势，从 3% 到 2008 年 2 月震荡上涨至 8.7% 的高点。

2007 年 5 月～ 2008 年 3 月，美联储不断降息，联邦目标基金利率从 5.25% 下调到 2.25%，经济下行叠加货币宽松，通胀上行导致十年期国债收益率下行，美元指数下行，金价上涨，如图 21-2 所示。

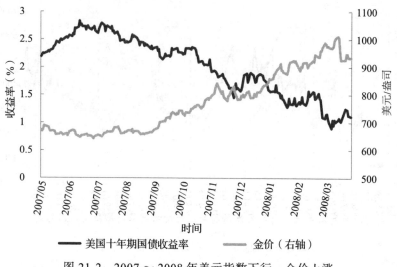

图 21-2　2007 ～ 2008 年美元指数下行，金价上涨

资料来源：Wind，财通证券研究所。

黄金价格由货币属性主导，随着美元指数和美国十年期国债收益率的持续下行，黄金价格由 2007 年 5 月的 670 美元 / 盎司左右一路持续上涨，到 2008 年 3 月站上了 1000 美元 / 盎司的高位。

2008 年 1 月 9 日国内黄金期货合约正式在上海期货交易所挂牌上市，给国内带来了一股黄金投资热潮，国内金价和国际金价走势基本保持一致，国内金价在这一行情中保持上涨势头。

此轮行情中，盈利增长 18.76%，估值增长 184.84%，估值贡献远大于盈利贡献。在此期间，我国十年期国债收益率持续下行，从 2007 年 10 月的 4.59% 一路下行至 2008 年 3 月的 4.17%，流动性整体充裕，有助于黄金的估值提升。

从个股来看，我们以期初总市值为中位数，将行业个股划分为大市值和小市值两类股票池。在本轮行情中，小市值风格领涨，山东黄金涨幅达 362%。

21.1.2 阶段2：多轮量化宽松保值增值，欧债危机避险形成黄金大行情

从 2008 年 11 月到 2012 年 9 月，持续时间长达 1414 天，黄金板块涨幅为 231.72%，同期沪深 300 指数涨幅为 31.07%，黄金板块相对于沪深 300 指数的超额收益为 200.65%。2008 年 11 月，金融危机已经全面爆发，美联储启动第一轮量化宽松，用以对抗通缩和刺激经济恢复。另外利比亚战争、美国债务上限危机等风险事件也加剧了市场的避险情绪。流动性表现宽松，板块估值从历史底部约提升 67%。

在这一阶段，全球主要国家都采取了宽松的货币政策来对抗金融危机产生的通缩和流动性危机，中国于 2009 年年初推出"四万亿计划"，这使得全球大宗商品的价格迅速上涨。在这一时期，美联储一系列的救市措施恢复了市场对金融体系的信心，流动性危机得以缓解，同时 TIPS[⊖]代表的十年期国债收益率不断走低，利率下行使得金价大幅上涨，如图 21-3 所示。

2008 年金融危机爆发席卷全球。次贷危机传导到欧洲的金融体系后，叠加欧元区内部经济结构的失衡，引发欧债危机。欧债危机最早于 2009 年在希腊开始，直到 2011 年年底危机达到顶峰，欧债危机不仅拖累了次贷危机之后全球经济的复苏，作为当时重要的一个全球性风险因素，也在一定程度上助推了金价的上涨。另外 2011 年 3 月爆发了利比亚战争，以及同年 8 月的美国政府债务上限危机，这些风险事件在一定程度上也加剧了当时金融市场的动荡和避险情绪。这一阶段，风险事件[⊜]的先后爆发助推了金价大幅上涨，开始了近 4 年的牛市行情，如图 21-4 所示。货币属性和避险属性

⊖ 可理解为美国的通胀保值国债。
⊜ 我们用 VIX 风险指数衡量风险事件对市场的影响程度。

共同助推金价上涨，这一阶段金价趋势性上行直至创历史新高，到2011年9月创历史新高1895点。

图 21-3 实际利率不断走低，金价大幅上涨

资料来源：Wind，财通证券研究所。

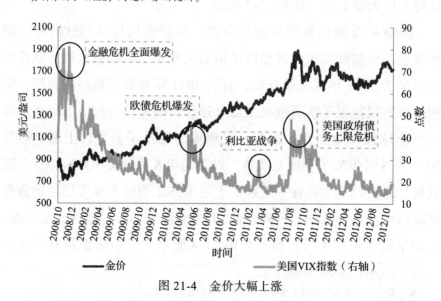

图 21-4 金价大幅上涨

资料来源：Wind，财通证券研究所。

金价自 2008 年 11 月到 2012 年 9 月迎来了长达接近 4 年的漫长的牛市行情，金价上行助推国内黄金板块持续增长。

在此阶段，盈利增长 6.99%，估值增长 66.75%，估值贡献远大于盈利贡献。这一阶段，受金融危机、欧债危机等风险事件的影响，投资者避险情绪推动黄金估值提升。同时，由于 2011 年上半年我国经济增速的下行，央行分别于 2 月、5 月实施了两次降准，累计下调 1%，央行于 6 月、7 月进行两次降息，累计下降 0.56%，央行在 2011 年 12 月下调存款准备金率 0.5%。市场整体流动性充裕为估值提升提供支撑。

从个股来看，小市值个股风格领涨，山东黄金涨幅达 438%。在本轮行情中，小市值个股更占优。在本轮行情中，湖南黄金和恒邦股份 2 家小市值公司在涨幅方面要优于紫金矿业和山东黄金 2 家大市值公司。

21.1.3 阶段 3：美国通胀、英国脱欧，货币属性与避险属性凸显

从 2015 年 1 月到 2016 年 7 月，持续时间长达 555 天，黄金板块涨幅为 71.51%，同期沪深 300 指数跌幅为 9.66%，黄金板块相对沪深 300 指数的超额收益为 81.17%。2015 年超额收益主要由国内牛市推动，市场资金状况是 A 股走势的关键因素，其中杠杆融资起到了核心作用。2015 年 A 股市场呈现先上涨后下跌的趋势，黄金全年表现良好。而在 2016 年，金价的上涨成为超额收益的主要推手。

自 2015 年以来，人民币一直处于贬值中，但美国在几轮量化宽松政策的支持下，经济率先走出了低谷，经济正在恢复动力，美元保持强势。在美元强势、需求疲软的背景下，美元指数在 2015 年

震荡上行，金价破位下行。2015 年 12 月 17 日美联储宣布将联邦基金目标利率上调 25 个基点至 0.25%～0.5%，零利率政策宣告结束。金价短期受制于美联储加息预期与美元强势，2015 年整体震荡下行。

2016 年一季度开始美联储货币政策转向紧缩周期，但美国从2015 年 11 月以来制造业 PMI[⊖]连续 4 个月跌破荣枯分水线，2016年上半年美国复苏力度依然偏弱。同时，通胀底部回升，2016 年1 月美国 CPI 当月同比为 1.4%，较上月同比增长 0.7%，这导致了美国十年期国债收益率下行。美国十年期国债收益率从 2015 年 12月 22 日高点 0.78% 的位置逐渐下降，到 2016 年 7 月 8 日跌到低点 −0.06%，实际收益率下行使得投资者转向黄金，金价大幅上涨，如图 21-5 所示。

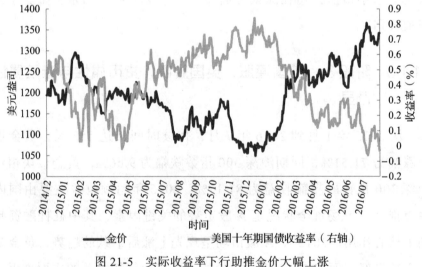

图 21-5　实际收益率下行助推金价大幅上涨

资料来源：Wind，财通证券研究所。

⊖ PMI 指数的英文全称为 Purchasing Manager's Index，即采购经理指数，是通过对采购经理的月度调查汇总出来的指数，能够反映经济的变化趋势。PMI 指数 50% 为荣枯分水线。

2015～2016年，全球经济增速开始放缓，尤其是欧洲经济需求疲软，增长乏力，引发了后续的债务危机、英国公投脱欧等一系列突发的政策性变动。此外，欧洲和日本两大央行相继推出负利率政策，并引发后续一系列政策性风险事件，如美国大选、意大利公投等，市场避险情绪高涨，驱动金价阶段性上涨。

这一阶段黄金板块超额收益大体可以分为2015年和2016年两个时期，2015年A股市场全年走势先上涨后下跌，核心驱动力在于市场资金面，其中杠杆融资扮演了重要的角色，黄金板块全年表现良好。2015年A股走势的核心驱动力在于市场资金面，其中杠杆融资在其中扮演了重要的角色。2015年上半年A股市场在杠杆资金规模持续加大的背景下走出波澜壮阔的牛市，但年中在去杠杆背景下股市危机一触即发，6月底以后市场经历两轮下跌，导致投资者购买黄金作为避险资产，从而推动了黄金板块的涨势。黄金板块在2015年全年涨幅达31%。而2016年超额收益则主要由金价上涨推动。

在此期间，盈利下降19.4%，估值增长90.36%。黄金行业超额收益全部由估值贡献。流动性宽松、短期市场风险带来的避险交易抬升了黄金板块的估值。

从个股来看，小市值风格涨幅占优，赤峰黄金上涨达168%。赤峰黄金和恒邦股份2家小市值公司的涨幅要明显优于紫金矿业和中金黄金2家大市值公司。

21.1.4　阶段4：各国大放水、全球大通胀，黄金板块再度上演超额收益行情

从2019年5月到2022年4月，持续时间长达1081天，黄金

板块涨幅为 142.89%，同期沪深 300 指数涨幅为 7.04%，黄金板块相对沪深 300 指数的超额收益为 135.85%。2019 年 5 月～ 2020 年 8 月，货币属性主导金价上涨。在 2019 年 8 月之前，美联储的货币政策还是偏紧缩的，但由于美国经济面临下行压力，长期利率并未上升，反而出现了下降，从而使得实际利率也呈现下滑趋势。2020 年 8 月～ 2022 年 4 月，一系列风险事件突发，避险属性主导黄金板块指数震荡向上。整个阶段，黄金板块超额收益全部由盈利提升贡献。

在 2019 年年初时，美元指数持续走强，金价表现较为疲软，但是在 2019 年 7 月，美联储实施了十年来的首次降息，随后其他经济体也纷纷降息，全球降息周期开启，抬升通胀预期，金价重拾升势，突破 1400 美元，开始进入上行区间。后在 2020 年年初，新冠疫情席卷全球，全球经济受到冲击，美元指数迅速下行。各国央行开始"大放水"，以美联储为代表，大幅降息并再次开启量化宽松政策，不限量地购买美国的国债和 MBS[⊖]，为市场注入大量的美元流动性，黄金、大宗商品等价格一路走高，创下历史新高，黄金一度突破 2000 美元 / 盎司的重要关口，如图 21-6 所示。

2019 年 5 月～ 2020 年 8 月，货币属性主导金价上涨。一方面，2019 年 8 月之后，美国货币政策转向宽松，2020 年更是重启量化宽松政策，从而进一步推动实际利率趋势下行。另一方面，新冠疫情冲击避险需求提升。期间，美元指数与金价同涨，主要因为美国与他国经济预期差值处于扩张叠加疫情的影响。

2020 年 8 月～ 2022 年 4 月，避险属性主导黄金板块震荡向上。虽然美国通胀持续抬升，但美国十年期国债收益率亦趋于上行，导致实际利率下行幅度并不明显。全球的风险事件和地缘政治风险的

⊖ 抵押支持债券或者抵押贷款证券化。

增加导致了投资者对市场的担忧情绪加剧，比如新冠疫情暴发、美股的接连熔断、俄乌冲突等事件都引发了市场的避险情绪，尤其是在新冠疫情暴发时，VIX 指数[⊖]一度飙升至历史高位，避险情绪的升温激活了黄金的避险属性，推动金价持续上涨。

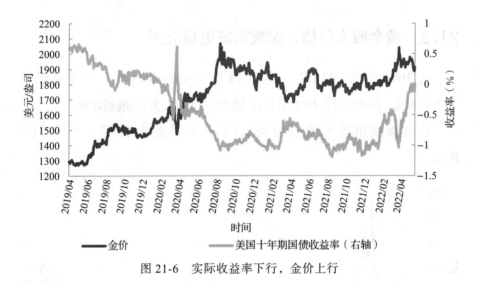

图 21-6　实际收益率下行，金价上行

资料来源：Wind，财通证券研究所。

黄金价格在 2019 年 5 月～2020 年 8 月和 2022 年迎来了两波牛市行情，金价上行也助推国内黄金板块持续增长。

从板块来看，盈利上涨 79%，估值下降 36%。超额收益全部由盈利提升贡献。

在 2019～2022 年期间，政府陆续发布了一系列有利于黄金行业的政策，比如减免关税、扩大黄金进口、促进黄金消费等。黄金企业业绩不断提升，中国的黄金企业在 2019～2022 年期间业绩整体表现良好，即使是 2020 年受到疫情影响，企业也依然保持了较高的盈利能力。从 2019 年 6 月以来，黄金板块归母净利润持续增加，在 2021 年 12 月达到 231 亿元，同比增速达到 55%。

从个股来看，大市值风格占优，紫金矿业涨幅达 318%。低盈利小市值的中润资源等公司涨幅和盈利涨幅均为负，表现不佳。

21.2　黄金股大行情，宏观策略更易把握

从 2005 年到 2022 年，纵观 18 年黄金行业行情，板块总涨幅为 2449%，同期沪深 300 指数涨幅为 294%，大幅跑赢市场。

黄金板块市盈率均值为 45.23 倍，标准差为 29 倍，如图 21-7 所示。

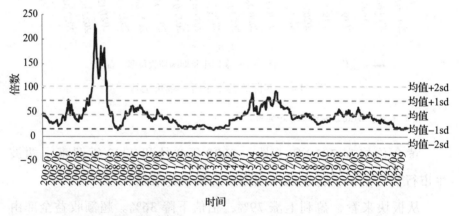

图 21-7　2005 ~ 2022 年，黄金板块市盈率均值为 45.23 倍

注：估值指标选取 PE（TTM，剔除负值）。

资料来源：Wind，财通证券研究所。

从长周期来看，金价是决定黄金板块走势的重要原因。黄金价格受货币属性和避险属性的影响大于受商品属性的影响。其中，在货币属性中，实际收益率是黄金价格的反向指标。同期限的国债名

义收益率与 TIPS 收益率之差被视作市场隐含的通胀预期。当人们
预期通胀率将上升时，他们可能会选择购买更多的黄金，因为黄金
通常被认为是抵御通胀的避险资产。通胀预期的提高可能会导致金
价上涨，而在四段超额收益行情中，仅第二、四阶段的通胀预期和
金价走势高度相关，如图 21-8 所示。因此，金价上行的宏观背景通
常发生在流动性宽松、宏观经济下行或尚未复苏的时期。

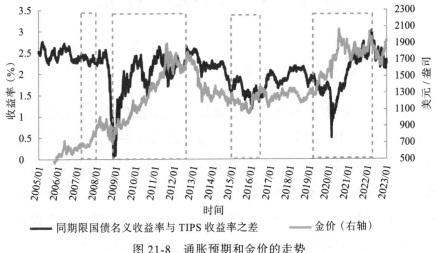

图 21-8　通胀预期和金价的走势

资料来源：Wind，财通证券研究所。

因此，在股票市场中，黄金股并非具有典型的有色金属的投资
逻辑，股价表现与全球的货币政策、流动性、地缘政治等因素息息
相关。黄金股适合采取自上而下的投资方式：一方面，关注是否有
全球流动性宽松和利率下行带来金价上涨的长期逻辑；另一方面，
中短期关注国内流动性及风险偏好是否能够抬升行业估值。个股选
择方面，在估值提升的情况下优先选择小市值个股。

第 22 章　房地产行业

　　房地产行业由于本身受到宏观政策、金融周期的影响较大，所以我们在此书中将其划分至"大金融"的部分来做探讨。回顾过去18年房地产行业的行情，房地产板块超额收益主要出现在流动性宽松时期。彼时经济基本面一般，在政策刺激的背景下，由低谷转向过热。作为我国宏观经济"三驾马车"中重要的一员，地产投资往往是政策发力的对象。相应地，房地产板块在 A 股市场中也有着不凡的表现。

　　2016 年年底的中央经济工作会议上，明确了楼市的发展发向："房子是用来住的，不是用来炒的"。此后，与房地产相关的部门分别在供给端和需求端陆续出台了相配套的政策，如"三道红线"等。因此，2016 年后地产股不仅未再出现超额收益行情，绝对收益角度也表现欠佳。"三道红线""集中供地"以及"保交楼"等一系列事件对房地产及相关板块的影响持续至今，地产股的演绎逻辑也出现了与 2016 年以前不同的变化。

22.1　超额收益发生在经济强或预期由弱到强的阶段

2005 ～ 2022 年，房地产板块相对于沪深 300 的表现，我们选取了四个持续时间半年到 1 年以上、回撤相对较小的超额收益阶段行情，供投资者关注与参考，如图 22-1 所示。

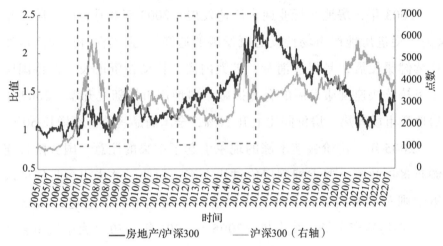

图 22-1　2005 ～ 2022 年，房地产板块相对于沪深 300 的四个超额收益阶段

注：房地产板块指数选自中信一级行业分类。

资料来源：Wind，财通证券研究所。

22.1.1　阶段 1：热钱流入，人民币升值，地产等金融属性资产重估

从 2007 年 2 月到同年 8 月，房地产板块涨幅为 162.76%，同期沪深 300 指数涨幅为 69.83%，房地产板块相对于沪深 300 指数的超额收益为 92.93%。2005 ～ 2007 年，我国经济高速增长，房地产市场持续火热，2007 年房价和全国商品房销售额同步提升。同时处于 2006 ～ 2007 年的牛市中期，大盘的快速上涨推升了市场的风险

偏好。面对房价和销售额持续火热的房地产市场，投资者给予其更高的估值，板块市盈率由不到 70 倍上涨至 120 倍。

从市场来看，经济高速增长，地产需求旺盛。在加入 WTO 的红利下，宏观经济保持两位数增长，城镇化加速，地产需求旺盛。2005 ~ 2007 年中国 GDP 单季同比均值超 12%。

2003 年，房地产行业迎来高速发展。2003 年 8 月，国务院发布《关于促进房地产市场持续健康发展的通知》，强调促进房地产市场持续健康发展，是促进消费、扩大内需、拉动投资增长、保持国民经济持续快速健康发展的有力措施，房地产市场随之升温。2007 年房地产市场火热，房价同比上升 10%，全国商品房销售额增长 50%。

2005 年，房价快速上涨的现象引起了中央的注意，国务院接连颁布多项政策，要求抑制房价过快上涨。但此时并未出台具体的政策细则和配套措施，叠加宏观经济处于快速增长的通道，2005 ~ 2007 年房地产市场持续火热。2005 ~ 2006 年，70 个大中城市新建住宅价格同比增速一直维持在 7% 附近，2007 年突破 10%。全国商品房销售额在 2005 ~ 2006 年维持 20% ~ 40% 的增长，2007 年增速持续上行至 50% 附近。总体来看，2007 年上半年房地产市场的基本面表现亮眼。

从行业来看，盈利基本面向好，板块估值快速提升。2007 年上半年处于牛市中期，大盘快速上涨提升市场风险偏好。房地产行业量价齐升，板块基本面预期向好，投资者愿意给出更高的估值。板块市盈率由不到 70 倍快速上涨至 130 倍，如图 22-2 所示。

从板块来看，估值增长 98%，盈利增长 22%。在宏观经济基本面稳定，房地产市场量价表现坚挺的背景下，房地产行业归母净利润增长 21.85%，行业基本面向好。叠加牛市期间市场风险偏好提升，房地产板块估值贡献了主要的板块涨幅。

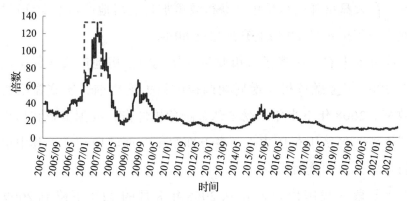

图 22-2　2007 上半年房地产板块市盈率由不到 70 倍快速上涨至 130 倍

资料来源：Wind，财通证券研究所。

从个股来看，首开股份上涨 716%，烯碳盈利改善 94%。这一阶段排名靠前的 10 只个股平均涨幅为 478%，有 8 只股票的归母净利润出现了不同程度的改善，全部 10 只股票的估值均实现了提升。归母净利润平均增长 23%，除去首开股份、卧龙地产、绿景控股后，市盈率平均提升 229%，个股估值的提升伴随着盈利的改善。

22.1.2　阶段 2：房地产行业政策放松、流动宽松的"四万亿计划"强刺激

从 2008 年 9 月到 2009 年 7 月，持续时间约 11 个月，房地产板块涨幅为 163%，同期沪深 300 指数涨幅为 56%，房地产板块相对于沪深 300 指数的超额收益为 107%。为了应对全球金融危机对经济的不利影响，央行自 2008 年四季度起推出宽松货币政策，连续降息约 200 个基点，M2 同比增速由 15% 升至 30%。同时政府推出一系列救市政策，如下调商业贷款利率下限和首付比例要求，帮

助房地产市场回暖，2009 年上半年全国商品房销售额累计同比增长
53%。在大盘反弹的行情中，获得政策加持的房地产行业受到追捧，
板块市盈率由不到 20 倍上升到超过 60 倍。

从市场来看，一揽子救市政策开始实施，房地产市场回暖。为
应对 2008 年金融危机，逆周期调控政策力度空前，实施宽松的货
币政策。2008 年下半年，受全球金融危机冲击，我国消费和出口断
崖式下跌，经济下行压力大，各方面政策全面转向积极，其中房地
产行业供需两端全面松绑。

此阶段，我国出口同比从 2008 年 8 月的 22% 下降到 2009 年
2 月的 -17%，消费从 2008 年 8 月的 23% 下降到 2009 年 2 月的
12%。央行自 2008 年四季度开始四次降准五次降息，将贷款基准利
率由 7.56% 下调至 5.40%，存款基准利率由 4.14% 下调至 2.25%，
大型金融机构存款准备金率由 17.5% 下降至 15.5%。M2 随后出现
回升，2009 年上半年 M2 同比增速由 15% 上升至 30%。

地产需求端，政策全面放松。一是降低首付及房贷利率。2008
年 10 月，央行将商业性个人住房贷款利率的下限扩大为贷款基准
利率的 0.7 倍，最低首付款比例由 30% 调整为 20%。二是二套房限
制放松。2008 年 12 月，对人均住房面积低于当地平均水平的⊖，二
套改善房享受首套房相关优惠政策，实质降低二套房首付比例和房
贷利率。三是交易环节税费减免。2008 年 10 月契税税率暂统一下
调到 1%⊜。"四万亿计划"加大保障性住房建设力度，2008 年 12 月
国务院办公厅发布《关于促进房地产市场健康发展的若干意见》，提
出保障房建设加速，争取用 3 年时间基本解决城市低收入住房困难

⊖ 是否低于当地平均水平概念模糊，解释空间有弹性。

⊜ 此前为 1%～4%。

家庭的住房问题及棚户区改造问题。

地产供给端，加强对房企融资支持。一是放松房企融资环境。2008 年 12 月，国务院办公厅发布文件，提出部分住房公积金闲置资金补充用于住房建设，支持房地产开发企业合理的融资需求。二是鼓励信托资金支持房地产。2009 年 3 月，银监会降低了房地产开发项目的放款标准，由之前的"四证"[⊖]变为"三证"[⊖]即可。三是降低资本金要求。为刺激地产投资，2009 年 5 月国务院发布《关于调整固定资产投资项目资本金比例的通知》，将房地产在项目开发中最低资本金的比例由之前的 35%，调整成保障性住房和商品房为 20%，其他房地产开发项目为 30%。

从行业来看，强逆周期的稳增长政策落地见效，推动股市深 V 形反转。受全球金融危机，及前期紧缩政策滞后效应的影响，全 A 股市场归母净利润同比从 2007 年四季度的 60% 下降至 2008 年四季度的 -14%；沪深 300 指数从 2007 年 10 月的高点 5892 点一路下跌至 2008 年 11 月的 1607 点。在强财政政策及宽松货币政策的刺激下，全 A 股市场归母净利润同比于 2009 年一季度的 -26% 快速反弹至 2009 年四季度的 30%。沪深 300 指数实现 V 形反转，上升至 2009 年 7 月的 3800 点附近，如图 22-3 所示。

在政策催化下，房地产板块盈利快速回暖，业绩集中释放，并与大盘共振，实现超额收益。在一系列政策的刺激下，房地产市场在 2009 年回暖。2009 年上半年全国房价止跌企稳，下半年房价同比增速升至 10%。2009 年上半年全国商品房销售额累计同比增长

⊖ 建设用地规划许可证、国有土地使用权证、建设工程规划许可证、建筑工程施工许可证合称"四证"。

⊖ 少了国有土地使用权证。

53%，年底时同比增长76%。房地产行业归母净利润于2009年一季度的 −5% 快速反弹至2010年一季度的77%。

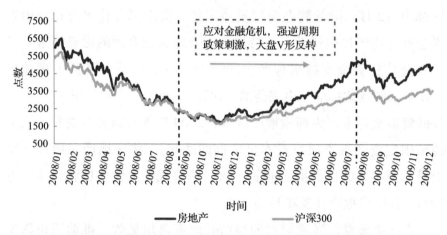

图 22-3　2008 年 9 月～ 2009 年 7 月房地产板块上涨 163%

资料来源：Wind，财通证券研究所。

从板块来看，其中估值增长 148%，盈利下降 7%。

在本轮行情中，盈利贡献为负，涨幅全部由估值贡献。从个股来看，中南建设上涨 309%，盈利改善 898%。这一阶段排名靠前的 10 只个股平均涨幅为 239%，有 7 只股票归母净利润出现了不同程度的下降，但 10 只股票的估值普遍提升。除去中南建设和信达地产后，10 只股票的归母净利润平均下降 36%，除去泛海控股后，10 只股票的估值平均提升 310%，估值贡献更为明显。

22.1.3　阶段 3：降准降息，改善经济悲观预期

从 2012 年 2 月到 2013 年 1 月，持续时间长达 11 个月，房地产板块涨幅为 33%，同期沪深 300 指数上涨 4%，房地产板块相对于沪深 300 指数的超额收益为 29%。出于经济下行压力，央行降息

50 个基点，降准 100 个基点，货币环境趋于宽松，不仅有利于房地产企业加大投资规模，也有利于促进居民的房地产消费。全国多个城市出台了不同维度的楼市微调政策，四大行和住建部下调贷款利率，房地产基本面出现边际改善，2012 年全国商品房销售额同比增长 10%。在宏观经济和股票市场双双疲软的情况下，投资者小幅上调对房地产行业的未来预期，板块市盈率由 14 倍上行至 16 倍。

从市场来看，经济增速放缓叠加货币宽松和行业政策微调，房地产行业回暖。

2012 年经济增速放缓，新一轮经济刺激政策开始实施，包括两次降准降息，扩大基建投资，同时房地产行业政策微调，叠加支持刚需，房地产行业回暖。

2012 年我国出口同比增速由 2012 年 2 月的 18.3% 下降到同年 7 月的 1%；社零增速均值由 2011 年的 17.2% 下降到 14.5%。为应对经济下行压力，新一轮逆向调控政策开始实施。货币政策方面，2012 年 2 ～ 7 月央行累计降息 50 个基点、降准 100 个基点，M2 增速在全年内由 12% 稳步回升至 15%。财政政策方面，2012 年国家发改委审批通过了一大批投资项目，带动基建投资增速由 2012 年 2 月的 -2.4% 快速上升至同年 12 月的 14%。

地产调控政策放松、房贷利率下降、房价见底预期叠加刚需提升，房企销售回暖。2012 年年初开始，多地政府试探放松调控，与此同时国家层面并未出台新的调控政策。房贷利率方面，2012 年上半年基准利率下调带动贷款利率下降，2012 年 3 月，四大行提出将首套房贷利率降到基准线。房价方面，2012 年 3 ～ 12 月，70 个大中城市房价指数保持负增长，2013 年 1 月开始由负转正，地产上行周期开启。

需求方面，回声婴儿潮⊖叠加新型城镇化，刚需预期提升。1981～
1990 年，我国人口平均年出生率为 21.5‰，新生儿累计达 2.3 亿。
2012 年，20 世纪 80 年代出生的人的年龄的跨度为 22～31 岁，正
处于成家立业阶段。与此同时，政策端明确支持刚需住房需求，
2012 年 2 月央行召开的金融市场工作会议上提出要加大保障房支持
力度，满足首套房贷款需求。2012 年 11 月，李克强指出"未来几
十年最大的发展潜力在城镇化"，新型城镇化概念升温。

从行业来看，超额收益为 33%，这一阶段处于熊市中后期，大
盘横盘震荡，如图 22-4 所示。结构上，2012 年板块差异性很大，
主要由基本面分化造成。2012 年全 A 股市场非金融负增长 12%，
但全 A 股市场归母净利润同比实现正增长 1%，业绩主要由金融业
贡献。风格上，主板蓝筹表现优于中小板，全年上证 50 指数上涨

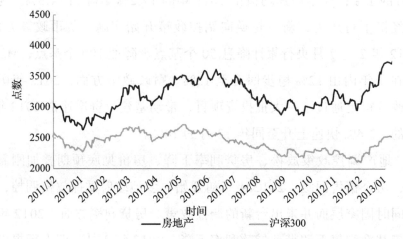

图 22-4　2012 年 2 月～2013 年 1 月，房地产行业相对于沪深 300 的超额收益为 33%

资料来源：Wind，财通证券研究所。

⊖ 进入 1986～1990 年，中国上一次"婴儿潮"新增人口已经成家立业，进入生育年龄，
又产生了第三次婴儿潮，称作回声婴儿潮。

15%，主板指数上涨 8%，沪深 300 指数上涨 8%；中证 1000 指数、中小 100 指数、创业板指均收负。行业上，大金融板块表现突出，地产链中的房地产行业、建筑行业、家电行业分别实现 35%、22%、13% 的上涨，非银行金融、银行行业分别实现 32%、19% 的涨幅。

在稳增长的背景下，地产调控边际放松，货币政策宽松带动贷款利率下降，叠加婴儿潮刚需上升的预期，房地产行业率先回暖，实现超额收益。2012 年 6 月，70 个大中城市住宅价格指数同比触底（-1.3%）反弹；2012 年 7 月商品房销售面积同比增速见底（-14%）；2012 年三季度房地产行业归母净利润同比增速见底（12%）回升至 2013 年二季度的 29%，这一阶段房地产业实现 29% 的超额收益。

从板块来看，由于货币和政策环境的边际放松，房地产行业归母净利润增长 44.85%，板块市盈率在大盘震荡中下跌 8.37%，此轮上涨主要由基本面推动。

从个股来看，华夏幸福上涨 166%，粤泰股份盈利改善 168%。这一阶段排名靠前的 10 只股票平均涨幅为 111%，有 4 只股票归母净利润出现了不同程度的下降，9 只股票的估值得到了提升。归母净利润平均增长 17%，估值平均提升 186%。即使这一阶段行业有涨幅盈利，但对涨幅排名靠前的个股而言，估值提升的效果更为显著。

22.1.4　阶段 4："930 新政""330 新政"，棚改货币化，地产暖风期

从 2014 年 1 月到 2015 年 12 月，持续时间长达 24 个月，房地产板块涨幅为 222%，同期沪深 300 指数涨幅为 76%，房地产板块相对于沪深 300 指数的超额收益为 146%。地方限购政策放松，

"930新政""330新政"明显调低贷款利率和首付比例，开启新一轮地产宽松周期。由于GDP增速由8%降至7%，2015年央行连续降息约150个基点，资金成本处于低位，较大程度促进了消费者购房意愿，商品房销售自2014年年底显著提升，2015年商品房销售额增长14.4%。政策助推房地产行业基本面改善，市场给予房地产行业的估值不断提升。

从市场来看，降准降息力度超前，叠加地产松绑，开启地产上行周期。2014～2015年经济增速放缓，地产库存快速积累，房企拿地意愿降低。随后强逆周期调控政策开启，包括连续降准降息、积极推进棚改货币化，叠加地产供需两端快速松绑，房地产行业高景气。受前期调控压制及房企高运转模式影响，房地产企业库存持续走高，十大一线城市商品房可售面积从2010年4月的1640万平方米上升到2014年12月的6196万平方米。

为应对经济增速放缓压力，强逆周期政策实施。货币政策方面，2014年11月开始，央行5次降准6次降息，准备金率下调约250基点，中长期贷款利率[⊖]下降约125基点，M2同比增速由2015年2月的10.8%回升至12月的13.7%。财政政策方面，棚改货币化积极推进：2014年4月，央行创设抵押补充贷款（PSL）为棚改提供长期稳定、成本适当的资金额度；2015年6月，国务院发布《关于进一步做好城镇棚户区和城乡危房改造及配套基础设施建设有关工作的意见》，明确提出积极推进棚改货币化安置。

在去库存背景下，地产供需两端快速松绑。需求端，首付比例、房贷利率等大幅下调，引爆购房需求。一是首付比例。2014年"930新政"调整二套房认定标准，对已结清首套房贷款的家庭，二套房

⊖ 一般指5年期。

可执行首套房贷款政策。2015 年"330 新政",对未结清首套房贷款的家庭,二套房首付比例调整至 40%;公积金贷款购买首套房首付最低降至二成。二是房贷利率。个人住房贷款加权平均利率由 2014 年 9 月的 6.96% 下降到 2015 年 12 月的 4.7%;"930 新政"将首套房贷款利率下降到贷款基准利率的 0.7 倍[⊖],叠加持续的降准降息政策,使得房贷利率快速下降。购买意愿、信贷支持的高力度、前期压制的刚性需求释放、棚改货币化引入的资金、房价快速上涨等,推动购房需求集中快速释放。

供给端,房企债券发行规模快速上升,降低资本金比例提高房企资金周转率。"930 新政"提出支持房企合理融资需求,支持房企在银行间债券市场发行债务融资工具。房地产债券发行规模快速增长。2015 年 9 月国务院发布《关于调整和完善固定资产投资项目资本金制度的通知》,将保障房和普通商品房开发项目的最低资本金比例维持在 20%,其他商品房开发项目的最低资本金比例由 30% 调整至 25%。房地产业固定资产周转率由 2013 年四季度的 12.90 倍上涨至 2015 年四季度的 15.92 倍。2016 年 6 月来自个人按揭贷款的房地产开发资金累计增长 57%,如图 22-5 所示。

从行业来看,超额收益为 146%,持续约 24 个月。这一阶段贯穿牛熊,大盘从结构牛转向全面牛,再到快熊。政策助推基本面改善,房地产行业穿越牛熊,板块市盈率由 10 倍上行至 30 倍。这一阶段 A 股迎来新一轮牛市,房地产业受益于货币环境宽松和政策放松刺激。

2015 年下半年房地产放松的政策持续出台,8 月多部门联合发布《关于调整住房公积金个人住房贷款购房最低首付款比例的通

⊖　此前为 0.85 倍。

知》，将下调公积金贷款购买二套房的首付比例，9月人民银行、银监会发布《关于进一步完善差别化住房信贷政策有关问题的通知》，在不限购城市将贷款购买首套房的首付比例调整为不低于25%。

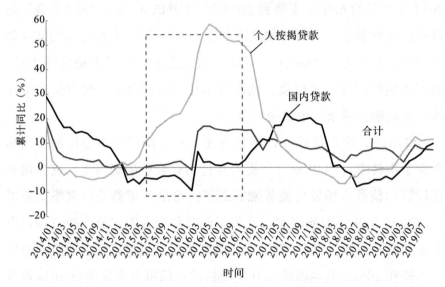

图 22-5　2016 年 6 月来自个人按揭贷款的房地产开发资金累计增长 57%

资料来源：Wind，财通证券研究所。

从板块来看，估值增加 200.65%，盈利增加 2.74%。房地产行业归母净利润增长 2.74%，估值大幅提升 200.65%，估值提升驱动房地产行业在大盘牛转熊过程中取得超额收益。

从个股来看，九鼎投资上涨 855%，中航高科归母净利润提升 51 倍。这一阶段排名靠前的 10 只个股平均涨幅为 651%，但归母净利润变动高至增长 51 倍，低至下降 6 倍，估值变动高至增长 54 倍，低至下降 21 倍。在大盘经历了牛市和股市危机的背景下，涨幅靠前的个股表现分化明显。

22.2　政策"松绑"，估值提升是房地产板块超额收益的主要来源

从 18 年长周期来看，房地产板块涨幅为 434%，同期沪深 300 指数涨幅为 294%，超额收益为 140%。房地产行业市净率均值为 2.43 倍，标准差为 1.43，如图 22-6 所示。

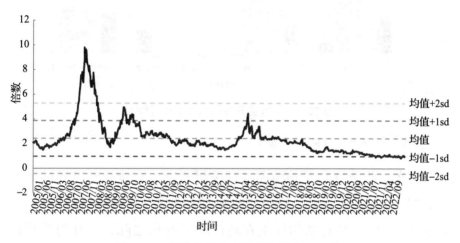

图 22-6　房地产行业市净率均值为 2.43 倍

注：估值指标选取 PB（LF，内地）。

资料来源：Wind，财通证券研究所。

房地产行业相对于沪深 300 比值一直大于 1，说明长期来看房地产板块一直拥有超额收益。政策变动影响投资者预期，估值提升对涨幅的贡献相对较大。

综上，结合 2007 年以来房地产板块的行情演绎，我们可以总结出几点结论：

首先，地产股的超额收益行情大多来自估值驱动。如图 22-7 所示，除了 2012 年以外，在其他几轮的行情中，房地产板块的估值

均出现翻倍，但基本面变化幅度基本可以忽略不计。

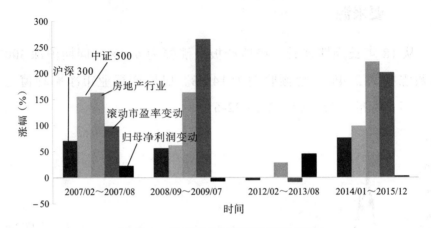

图 22-7　估值提升对涨幅贡献相对较大

资料来源：Wind，财通证券研究所。

其次，政策变化是估值驱动的关键影响。在流动性宽松的支持下，"松绑"力度越大，行情的超额收益越明显。2008年、2012年以及2014年三轮行情均发生在地产政策变化之际，并且均伴随着降准、降息的实施。其中，2012年行情的超额收益相对较弱，原因可能在于"松绑"力度较小，并未出现国家层面的政策支持，仅下调了房贷利率。而其他几轮均在此基础上还下调了首付比例、放松二套等重磅措施。

此外，基本面改善对房地产板块的行情并没有直接影响。四轮行情中，只有2007年发生在经济高景气背景下。尽管当时货币、财政处于双双收紧的状态，但全球化贸易红利吸引了大量海外热钱流入。充裕的宏观流动性叠加投资过热，房地产作为与经济强相关的板块表现领先。2008年、2012年以及2014年三轮行情基本始于地产政策出现边际变化，显著早于实际地产销售、投资数据回暖。

自 2016 年提出"房住不炒""因城施策"后，国家层面的地产强刺激政策已然长久未见。在经济结构转型下，市场预期过去投资驱动的发展模式也将逐步转为创新驱动。这也意味着房地产板块走出超额收益行情的重要因素——政策大幅"松绑"的概率较低，地产股的超额收益将更多来自自下而上的超额收益逻辑。

第 23 章　非银（保险）行业

　　保险业作为现代金融业的三大基石之一，是我国经济高质量发展中不可或缺的组成部分。改革开放以来，我国保险业已经取得快速发展。国家统计局数据显示，2022 年保险保费收入达到 4.7 万亿元。资产端[⊖]的多元化布局，一方面优化投资者结构，另一方面维护资本市场稳健运行。根据中国银保监会[⊖]的数据显示，截至 2022 年年底，保险资金运用余额达 25.05 万亿元。

　　截至 2022 年年底，A 股共有 6 家保险企业上市，总市值接近 2.5 万亿元，市值占比达 3.15%。相比于券商板块，保险行业的上市公司数量较少，但均是行业龙头保险公司，具备行业代表性。

⊖　保险公司运用其保险资金进行投资的业务。

⊖　也称中国银行保险监督管理委员会。2023 年 3 月，中共中央、国务院印发了《党和国家机构改革方案》。在中国银行保险监督管理委员会基础上组建国家金融监督管理总局，不再保留中国银行保险监督管理委员会。2023 年 5 月 18 日，国家金融监督管理总局正式揭牌。这意味着，银保监会正式退出历史舞台。

23.1 超额收益出现在资产端投资收益改善期间

第一家保险上市公司中国人寿于 2007 年 1 月上市，2007 ～ 2022 年保险板块相对于沪深 300 的表现，我们选取了三个持续时间半年以上、回撤相对较小的超额收益阶段行情，供投资者关注和参考，如图 23-1 所示。

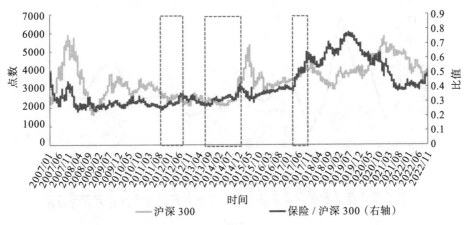

图 23-1　2007 ～ 2022 年，保险板块相对于沪深 300 的三个超额收益阶段

注：保险板块指数来自中信二级行业。

资料来源：Wind，财通证券研究所。

23.1.1 阶段 1：投资新政利好资产端，保险走出独立行情

从 2011 年 11 月到 2012 年 12 月，持续时间长达 404 天，保险板块涨幅为 26.24%，同期沪深 300 指数跌幅为 2.36%，保险板块相对于沪深 300 指数的超额收益为 28.60%。保监会扩大保险资金可投资范围，非标资产的纳入有效提升了险资资产端的收益，也带来投资预期的大幅改善。保险板块走出独立上涨的超额收益行情。

2012 年，保监会逐步拓宽险资的投资渠道。在 2012 年之前，信用债、公司债、银行定存和权益投资是保险公司的主要投资方向。由于投资范围受限，保险资金投资缺乏灵活性，收益率偏低。自 2009 年以来，保险投资收益率均值持续下降，2012 年 6 月投资收益率为 3.51%，仅比同期十年期国债收益高 0.18%。自 2012 年拓展投资范围后，保险行业投资收益率持续提高，如图 23-2 所示。

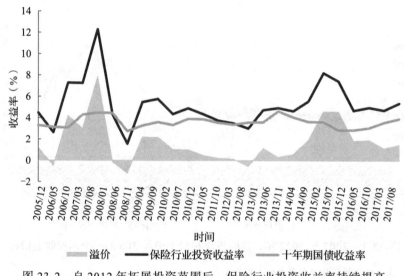

图 23-2　自 2012 年拓展投资范围后，保险行业投资收益率持续提高

资料来源：Wind，财通证券研究所。

2012 年 6 月 11 日、12 日保险投资改革创新大会在大连召开，保监会下发《保险资产配置管理暂行办法》《保险资产管理产品管理暂行办法》等 13 项保险投资规定的征求意见稿。一方面，拓宽保险资产管理范围，保险资产管理公司可以受理养老金、企业年金、住房公积金和其他企业委托的资产，开展公募资产管理业务，发行保险资产管理产品，进军专业资产管理机构。另一方面，不断扩大险资投资范围，增加新型投资品种，如股权和不动产投资，允许保险

资金以对冲风险为目的参与金融衍生品交易。自此，保险资金开始
资产大挪移，尤其是非标资产快速上升，整体投资收益率上行。

自2011年以来，我国经济下行压力较大，资本市场步入下行通道。
本次保险板块因为政策支持走出独立行情，实现28.61%的超额收益。

在政策的支持下，保险公司资产端的积极变化有利于保险行业
估值提升。2011年11月～2012年12月，保险板块平均估值（P/
EV）提升6%，盈利下降，本次超额收益行情全部由估值贡献。

此轮行情中，市场风格偏好大市值个股，从具体个股的涨幅来
看，涨幅榜前三分别是中国平安、中国人寿、中国太保，涨幅分别
为25.79%、23.22%和19.55%。

23.1.2　阶段2：牛市背景下，资产端和负债端共振

从2013年11月到2015年1月，持续时间长达444天，保险
板块涨幅为122.34%，同期沪深300指数涨幅为49.84%，保险板块
相对于沪深300指数的超额收益为72.50%。本轮超额收益行情原
因是2013年我国经济转型助力资本市场牛市，牛市中股票资产投
资收益率增长。同时，保险公司保费收入同比增速持续提升，在此
时间段资产端和负债端业务同时大幅提升。

2013年我国经济转型助力资本市场牛市，牛市中股票资产投
资收益率增长。央行于2014年6月定向降准，仅对符合审慎经营要
求且"三农"和小微企业贷款达到一定比例的商业银行。随后，自
2014年11月起下调金融机构人民币贷款和存款基准利率。2014年
的降准降息政策为资本市场牛市创造了流动性条件。保监会于2014
年1月7日发布《关于保险资金投资创业板上市公司股票等有关问
题的通知》，保险资金可以投资创业板上市公司股票。在牛市背景

下，保险公司资产端投资收益颇丰，险资综合收益率快速提升，从 2013 年 12 月的 4.94% 提升至 2014 年 12 月的 5.59%。同时，我国在 2014 年 8 月 13 日正式发布了《关于加快发展现代保险服务业的若干意见》，推动保险业快速发展，保险公司保费收入同比增速持续提升。2013 ~ 2015 年保费收入同比较快增长，如图 23-3 所示，保险公司在此时间段资产端和负债端业务同时大幅提升。

图 23-3　2013 ~ 2015 年保费收入同比较快增长

资料来源：Wind，财通证券研究所。

2013 年经济转型政策暖风不断，虽然宏观经济增速有所放缓，但代表中国成长科技方向的创业板率先上涨。伴随着宏观流动性的支持，资金大量流入股市。2013 年 11 月 ~ 2015 年 1 月，沪深 300 指数上涨 49.84%。

在政策支持和牛市背景下，保险行业实现戴维斯双升，保险企业平均估值上涨 33%，归母净利润提升 25%，估值贡献大于盈利贡献。

此轮行情中，市场风格偏好大市值个股，从具体个股的涨幅来看，涨幅榜前三位的个股分别是中国人寿、天茂集团、新华保险，涨幅分别为 191.69%、164.36%、133.70%。

23.1.3 阶段 3：十年期国债拐点向上叠加"白马"行情，资产 端受益

从 2017 年 4 月到 12 月，持续时间长达 247 天，保险板块涨幅为 99.04%，同期沪深 300 指数涨幅为 17.47%，保险板块相对于沪深 300 指数的超额收益为 81.57%。2017 年中央经济工作会议提出"货币政策要保持稳健中性"。十年期国债收益率处于低位并拐点向上，利好保险公司资产端业务，如图 23-4 所示。同时，2017 年 4 月，中国保监会提出关于保险业服务"一带一路"建设的指导意见，保险资金创新运用方式持续获得政策支持。

图 23-4　2017 年十年期国债收益率上行

资料来源：Wind，财通证券研究所。

在沪港通开通后，境外资金大幅流入中国市场购买蓝筹标的，2017 年是大盘蓝筹行情。2017 年 4 ～ 12 月，沪深 300 指数上涨17.47%。同时随着十年期国债利率拐点向上，保险企业资产端投资

收益表现优异。头部保险企业 2017 年全年净投资收益率普遍达到 5% 以上。其中平均估值增长 27%，盈利增长 22%，估值的贡献大于盈利的贡献。

本轮行情中，市场风格偏好大市值个股。从具体个股的涨幅来看，涨幅榜前三位分别是中国平安、中国太保、新华保险，涨幅分别为 112.12%、69.12%、65.92%。

23.2 资产端提供上涨支撑，负债端关乎下跌风险

第一家上市保险公司于 2007 年上市，保险行情自 2007 ～ 2022 年涨幅为 87%，同期沪深 300 指数涨幅为 72%，保险板块小幅跑赢市场。

从保险板块估值的变化情况来看，估值的平均值为 2.32 倍。整体来看，保险行业主要行情阶段的估值在 1 ～ 4 倍变化，如图 23-5 所示。

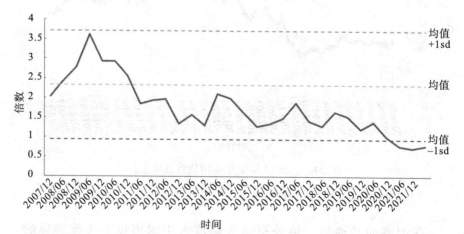

图 23-5 保险行业估值平均值为 2.32 倍

注：估值指标选取 P/EV。

资料来源：Wind，财通证券研究所。

　　讨论至此，我们可以发现保险股的超额收益行情极大程度与其资产端投资收益的改善有关。第一轮行情受益于非标资产纳入投资范围带来的收益增厚，第二轮发生于大牛市带来的业绩改善，第三轮则是十年期国债和蓝筹行情共振下产生。与资产端相比，负债端的改善难以独立引发行情。在三段超额收益行情中，第一段保费累计同比增速由 −1.36% 小幅提升至 6.35%，第二段由 11.53% 提升至 18.95%，第三段则由 27.81% 下降至 18.16%。

　　进一步就资产端驱动而言，权益市场的改善对保险股更为重要。险资在长久期、高稳定的需求下，基本以固收资产作为其大类资产配置的主力。上市险资对固收资产的配比始终在 70% 以上，其中有近一半为持有到期资产。这类债券对利率敏感性较小，因此对投资收益影响有限。而股票和基金为代表的权益资产才是险资的超额收益来源，配置比例呈现"顺周期"特征。牛市增加权益配比，熊市反之。此外，险资在权益资产的选择上更倾向于高股息的蓝筹权重股。这也是保险股与 A 股行情"同涨同跌"的两个主要原因。

　　另外，利率下行对保险股的资产端负面影响有限，并不是决定性因素。险资一般在利率处于高位时就进行积极配置。同时在精算假设的背景下，利率波动对产品定价的影响具有滞后性。以第二轮超额收益行情为例，2014 年保险股上涨 89%，超额收益为 35%，但同期十年期国债收益率下降近 1%，对保险股行情并未造成影响。

第24章 非银（券商）行业

　　得益于北交所鸣锣开市、全面注册制稳步推进及财富管理转型进入深水区，证券行业在2021年迎来"高光时刻"。根据中国证券业协会披露的数据，截至2022年年底，140家券商资产规模为11.06万亿元，较上年增长4.4%，证券从业人员达到35.6万人。截至2022年年底，140家券商实现营业收入3949.73亿元，净利润1423.01亿元。随着新加坡最大银行在华合资券商——星展证券"落地"上海，北上广三地的券商数达到60家。

　　与银行类似，券商也属于"看天吃饭"的行业。只是这个"天"并不是宏观经济，而是资本市场。自2020年以来，受到疫情、地缘危机以及全球流动性等多方面因素扰动，全球资本市场出现大幅波动。尤其在2022年，A股市场表现垫底所有大类资产，全年跌幅达19%。在此背景下，券商的经纪业务和自营业务大幅下滑，业绩受到影响较大。不过，随着注册制改革的持续推进与深化，过去靠经纪业务"一条腿"走路的券商，有望逐步演化成为欧美相对更为成熟的"投行和投资"的业务模式。

24.1 三段较大超额收益均发生在"牛市"

2005 ～ 2022 年，券商板块相对于沪深 300 指数的表现，我们选取了三个持续时间半年到 1 年以上、回撤相对较小的超额收益阶段，供投资者关注与参考，如图 24-1 所示。

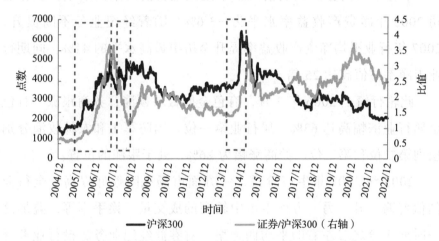

图 24-1　券商板块相对于沪深 300 的三个超额收益阶段

注：券商板块指数选自申万二级行业分类。

资料来源：Wind，财通证券研究所。

24.1.1　阶段 1：牛市业绩改善幅度超过三倍

自 2005 年 7 月到 2007 年 10 月，持续时间长达 27 个月，券商板块涨幅为 1738%，同期沪深 300 指数涨幅为 527%，券商板块相对沪深 300 指数的超额收益为 1211%。牛市推动券商"成交量"的提升，其间 A 股单月日均成交金额突破 3000 亿元，佣金率维持高位[⊖]。此外，牛市推动券商投行业务发展，证券公司综合治理推动行

⊖　佣金率在千分之二左右。

业未来健康有序发展。

2005年证监会启动股权分置改革试点，并于9月出台正式管理办法全面铺开改革。股权分置改革带来沪深股市流通股快速增长，显著改善市场流动性，为经纪业务的突破打下了基础。

本轮牛市的券商板块估值水平是截至目前的最高水平。证券公司2005年净资产收益率水平为 -3.6%，随着经纪业务不断提升，2007年行业平均净资产收益率提升至历史最高水平的41%，同期行业市净率估值高达25倍。

此轮行情至2006年3月，有色金属板块领涨，券商跟涨。有色金属行业涨幅高达63%，居行业第一位，国防军工和农林牧渔分别位列第二位和第三位。券商涨幅为26%，处于跟涨的位置。

2005～2007年牛市阶段，一方面市场风险偏好提高，全行业估值普遍上升，另一方面牛市中较高的成交量、换手率等，叠加这一时期千分之二左右的平均佣金率，对券商经纪业务、投行业务等盈利都是利好的。

券商板块超越沪深300指数快速上涨有三个阶段，分别为2006年3～7月、2006年11月～2007年3月和2007年7～8月，涨幅巨大的主要原因有以下几点。

（1）单月日均成交金额突破3000亿元，佣金率维持高位。2006年正式进入牛市后，流通市值从2005年1月的1.1万亿元提升至2007年12月的9.3万亿元，如图24-2所示。个人投资者一边纷纷入市，交易活跃，另一边积极申购基金。2007年公募基金规模增长280%，两个因素的共同作用使得成交金额大幅增长，在2007年5月达到最高点。再叠加高佣金率的因素，使得经纪业务的盈利数倍增长，行业的盈利能力也达到高点。

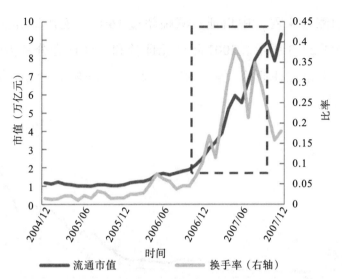

图 24-2　流通市值和换手率高推动券商 "交易量" 的提升

资料来源：Wind，财通证券研究所。

（2）牛市推动投行业务发展。2006 年和 2007 年 IPO 规模为 1643 亿元和 4470 亿元，再融资规模为 1061 亿元和 3579 亿元，均大幅高于历史水平。

（3）券公司综合治理推动行业未来健康有序发展。在综合治理中，生存下来的证券公司通过受让其他证券公司业务做大做强，行业景气度向上。

根据中国证券业协会披露的数据，2004 年度 114 家证券公司实现营业收入 169.44 亿元，利润总额为 −103.64 亿元，全行业处于亏损状态。市场成交额经过 2005 年股权分置改革后大幅提升，证券公司在 2006 年实现净利润为 257 亿元，2007 年快速增长至 1321 亿元，增长率高达 414%。

2005 ～ 2007 年，上市券商仅有宏源证券[⊖]和中信证券。从具

⊖　后于 2015 年 1 月 26 日退市。

体个股的涨幅来看，中信证券涨幅超过 16 倍，宏源证券涨幅超过 9 倍，如图 24-3 所示。2007 年国元证券和长江证券分别借壳上市，由于借壳上市往往股价大幅上涨，在此国元证券和长江证券的股价涨幅不做比较。

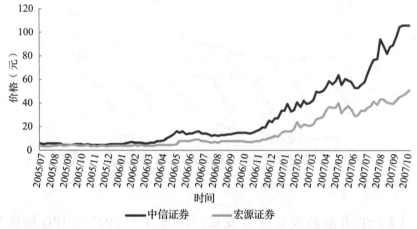

图 24-3 中信证券涨幅超过 16 倍，宏源证券涨幅超过 9 倍

资料来源：Wind，财通证券研究所。

24.1.2 阶段 2："四万亿计划"大牛市驱动板块估值提升

自 2008 年 8 月到 2009 年 7 月，持续时间长达 346 天，券商板块涨幅为 111.52%，同期沪深 300 指数涨幅为 52.58%，券商板块相对沪深 300 指数的超额收益为 58.94%。此轮反弹，券商板块获得明显超额收益，上涨逻辑仍为市场反弹带来的交易回暖。2007 年美国次贷危机爆发，我国于 2008 年年底出台经济刺激政策稳增长，房地产等板块领涨。从估值来看，行业整体市净率估值由 3 倍提升至 5 倍，估值与净资产收益率水平基本匹配。

此阶段，连续出台多项政策应对金融危机。印花税政策于 2008

年9月调整为单边征收，股市成交额受此利好支撑下自9月的500亿元开始攀升至2009年7月的4000亿元；中央汇金公司宣布在二级市场自主购入工商银行、中国银行、建设银行三行股票，有利于股价支撑；我国为应对金融危机于2008年11月推出了"四万亿计划"，进一步扩大内需、促进经济平稳较快增长。

2008年11月，沪深300指数跌至2000点以下，随后开始反弹，反弹持续到2009年8月。市场反弹给券商带来量的提升的同时，也使得板块估值快速上升，行业基本面利好和估值上涨使得券商板块迅速取得超额收益。

在市场反弹的背景下，成交金额大幅增长。2007年美国次贷危机爆发，我国于2008年年底出台经济刺激政策稳增长，配合4次降准和4次降息，M2同比增速达到20%以上，房地产板块、基建产业链等板块领涨。市场成交活跃，换手率回升，单月日均成交额持续提高。从估值来看，行业整体市净率估值由3倍提升至5倍，中信证券市净率估值由2.5倍提升至4倍，行业和中信证券的净资产收益率在15%上下，估值与净资产收益率水平基本匹配。

券商板块净资产收益率由2008年的16%回升至2009年的24%，但整体水平仍较2007年放缓，如图24-4所示。在此阶段，券商的佣金率持续下降，从万分之十六降至万分之十三。和上一轮行情类似，券商板块在其他有色、国防军工等板块上涨后跟进。2008年10～11月有色板块、国防板块等领涨。

板块市值上升68%，市净率上涨65.1%，基本每股收益变动为−53.8%。尽管处在反弹行情中，券商的"量"在上升，但是佣金率等在2007年后持续处于下降过程，总体来看基本每股收益仍在下降。

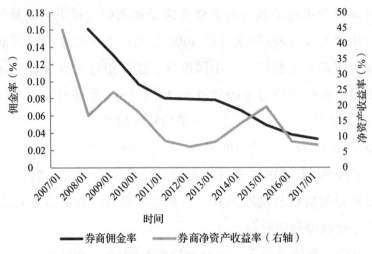

图 24-4　券商净资产收益率有所回升，但仍不及 2007 年

资料来源：Wind，财通证券研究所。

从具体个股的涨幅来看，位列涨幅榜前三位的分别是东北证券、宏源证券和中信证券，其涨幅分别是 214.9%、126.4% 和 109.1%。本轮上涨的主要驱动因素是估值上涨，盈利贡献均为负。此轮行情中，中小券商估值低，涨幅较大。本轮超额收益行情中，东北证券和宏源证券的涨幅均超过行业龙头中信证券。

24.1.3　阶段 3：融资融券业务成为重要驱动

自 2014 年 7 月到 2015 年 6 月，持续时间长达 12 个月，券商板块涨幅为 169%，同期沪深 300 指数涨幅为 99%，券商板块相对沪深 300 指数的超额收益为 70%。本轮上涨与 2006 ～ 2007 年的牛市逻辑相同，但也叠加了其他因素：一是宏观经济增速仍持续向下，券商板块盈利能力具有比较优势；二是投资者拥有场内加杠杆的工具——融资融券和分级基金，二者能够与券商板块上涨形成正循环，强化行情。

2014年5月创业板再融资制度落地，11月"沪港通"启动。再融资制度帮助券商投行业务增长，"沪港通"为市场引入更多的流动性。此外，央行多次下调存款准备金率及法定基准利率，释放了流动性。

本轮行情开始于2014年7月，初始上涨的行业是国防军工、机械设备等，券商板块跟涨，10月底券商板块才正式启动，11月叠加降息、沪港通等因素，日均成交额大幅提升，如图24-5所示。券商板块实现了巨大的超额收益，远远领先于其他行业。

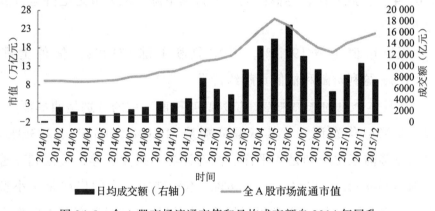

图24-5　全A股市场流通市值和日均成交额自2014年回升

资料来源：Wind，财通证券研究所。

本轮券商板块的超额收益，不仅来源于经纪业务和投行业务，自营业务和融资融券业务也成为重要的新驱动力。

2012年券商创新大会召开，多项新政陆续出台，创新使得券商具有成长性。2010年融资融券开始业务试点，2011年股票约定式购回业务试点，2013年股票质押式回购业务试点。自2012年创新大会以后，券商的收入结构"重资产"比重开始走高。转型期的券商盈利能力下降，净资产收益率中枢下降，行业收益属性有所减弱。

本轮券商板块表现与 2006 ～ 2007 年不同，主要有两点原因：一是宏观经济增速放缓，券商板块盈利能力具有比较优势；二是投资者拥有场内加杠杆的工具[⊖]，能够与券商上涨形成正循环，强化行情。从估值来看，各类型券商分化较大，大型券商市净率估值最高在 4 ～ 5 倍，中小型券商一般在 6 ～ 8 倍，最高约为 10 倍，估值提升主要还是源于净资产收益率的大幅提高。

券商板块净资产收益率从 2013 年开始回升，但整体水平仍低于 2007 年。在此阶段，券商的佣金率持续下降，从万分之七降至万分之五。

板块市值上涨 197.4%，其中盈利上涨 171.8%，估值上涨 153.1%，盈利贡献和估值贡献约持平。

从具体个股的涨幅来看，位列涨幅榜前三位的分别是西部证券、国元证券、华泰证券，其涨幅分别是 512.0%、303.6%、293.9%。盈利改善前三位分别是太平洋、西部证券和兴业证券，其盈利改善分别为 549.1%、409.4%、316.6%。本轮涨幅较大的仍然是中小型券商，个股涨幅与盈利涨幅更相关，原因是中小型券商在本轮牛市行情中估值更低，盈利涨幅较大，弹性强。

24.2 强行业收益属性扮演"行情"风向标，财富管理趋势彰显个股超额收益

自 2005 年到 2022 年的 18 年里，券商总涨幅为 774%，同期沪

⊖ 融资融券和分级基金。

深 300 指数涨幅为 402%，整体超额收益为 372%，重资产收入占比提升。原因在于牛市直接与券商经纪、融资融券、自营和投资等业务直接相关。当市场处于反弹中，行业基本面利好和估值上涨使得券商板块迅速取得超额收益。因此，券商板块超额收益常出现在牛市或反弹行情中，是典型的"牛市旗手"。

券商市净率均值为 2.86 倍，标准差为 2.36，如图 24-6 所示。自 2016 年重资产业务快速发展后，市净率均值在 2 倍左右。整体来看，除去 2006～2008 年的牛市行情以外，券商主要行情阶段的估值在 0.5～7 倍变化。

图 24-6　券商板块市净率均值为 2.86 倍

注：估值指标选取市净率（LR，内地）。

资料来源：Wind、财通证券研究所。

自 2012 年券商创新大会后，券商的超额收益属性提升，重资产业务转型是大趋势。券商收入在 2012 年以前以轻资产业务为主，由于经纪业务和投行业务不需要投入大量资金就可以维持运营，且成本相对刚性，因此当业务收入大幅增长时，净利润率会大幅提高，使得行业净资产收益率达到很高的水平，对应可以给予高估值，形成戴维斯双击，股价表现出高弹性的特征。自2012年券商创新大会后，券商重资产业务逐渐发力，如自营和融资融券业务，券商重资产收入占比自2012年以来持续提升，导致板块净资产收益率中枢逐级下行，行业收益属性逐渐弱化，超额收益属性逐渐增强，如图24-7所示。

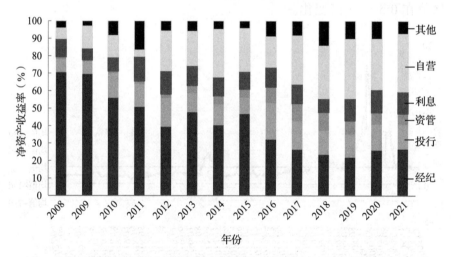

图 24-7　经纪业务占比持续下滑，自营占比不断提升

资料来源：中国证券业协会、财通证券研究所。

自2014年以来，光大证券对于券商股行情而言，有着很重要的参考指标和意义。2014～2020年，光大证券分别在2014年11月、2015年11月、2020年6月出现短期连续涨停现象，均与降息预期或实质性政策落地有关，如图24-8所示。

第一次	区间涨跌幅（%）				
	光大证券	证券	银行	保险	上证指数
光大证券（2014/11/21～2014/11/27）	45.50	26.42	7.41	18.66	7.25
后27个交易日（2014/11/28～2015/1/7）	47.95	62.72	42.85	42.68	28.26

第二次	区间涨跌幅（%）				
	光大证券	证券	银行	保险	上证指数
光大证券（2015/11/4～2015/11/6）	33.12	29.21	6.29	11.19	8.24
后33个交易日（2015/11/7～2015/12/23）	2.08	1.24	4.10	3.02	1.28

第三次	区间涨跌幅（%）				
	光大证券	证券	银行	保险	上证指数
光大证券（2020/6/19～2020/6/23）	32.25	6.30	-0.86	-1.71	1.07
后10个交易日（2020/6/24～2020/7/9）	105.68	35.30	16.00	22.36	16.16

图24-8　降息利好或预期下，光大证券历次行情复盘

资料来源：Wind，财通证券研究所。

第一次在2014年11月底，央行宣布贷款利率下调后，光大证券5天3次涨停，此后27个交易日内上证指数上涨28.26%。2014年11月，央行公告将下调一年期贷款基准利率，同时光大证券超预期地公布定增方案，流动性宽松叠加公司超预期利好，光大证券在2014年11月21日～27日的5个交易日内上涨45.50%。在后续27个交易日内，券商板块累计涨幅达62.72%，银行、保险分别累计上涨约43%，带动上证指数上涨28.26%。

第二次在2015年11月，光大证券连续3天涨停带动大盘上行，后续降息虽未落地，但上证指数仍在33个交易日内实现正收益。彼时大盘在2015年6月到达高点后大幅调整至9月，在降息预期下，光大证券在2015年11月4日～6日三个交易日内摘得三连板，证券板块大涨29.21%。虽然降息未落地、行情未能延续，但市场在后续33个交易日内仍有正收益。

第三次在 2020 年 6 月，央行下调逆回购利率后，市场形成降息预期，光大证券 3 天内上涨 32.25%，上证指数在后续 10 个交易日内上涨 16.16%。2020 年 6 月 17 日，国务院常务会议要求实际融资成本明显下降，加之次日央行下调 14 天逆回购利率，市场形成降息预期，带动情绪提升。光大证券自 6 月 19 日起的 3 个交易日内上涨 32.25%，带动新一轮行情。后续 10 个交易日内，光大证券继续大幅上涨 105.68%，证券行业上涨 35.30%，上证指数在此期间涨幅达 16.16%。

券商净资产收益率于 2007 年达到历史最高点，后续持续降低。自 2015 年后，净资产收益率中枢持续下行，由 2015 年的 21% 下行至 2021 年的 9% 左右。

综上，券商股的超额行情与"大牛市"息息相关。市场风险偏好的大幅提升是驱动券商板块出现超额收益的主要因素。在 2005 ~ 2006 年那一轮史无前例的大牛市中，券商相对沪深 300 跑出了 12 倍的相对收益。此外，基本面的改善对于券商行情而言并非必要条件。以 2014 ~ 2015 年"杠杆牛"为例，彼时宏观经济仍处于增速换挡的"三期叠加"过渡期。在流动性充裕的背景下，资金通过融资融券纷纷进入 A 股市场。券商板块在此轮牛市中获得了 70% 的超额收益。

2015 年以来，市场依次演绎了"白马牛""新能源牛"等结构性行情，类似于此前的整体牛市出现较少。券商板块虽然"风光不再"，但仍然是较为有效的行情风向标。例如历次光大证券涨停基本预示了市场风险偏好提升，交易热度升温。因此，券商板块的走势仍值得关注。

致　谢

感谢财通证券策略研究团队的所有成员：王亦奕、张日升、王源、徐陈翼、任缘、张洲驰、熊宇翔，借助大家的集体智慧与努力，将我们的研究成果以更好的面貌展现出来。要特别感谢王亦奕和张日升一直以来对我的信任和支持，从兴业证券到财通证券，我们一直并肩战斗。

感谢财通证券研究所的各位领导、同事，本书涵盖23个行业近20年的历史脉络，每一个章节的成果都离不开相关同事的支持。同事的鼎力支持，既保证了各个章节的专业性，也尽最大可能还原了各行业历史的真实性，让读者能够回到历史的具体时点，更好地理解各行业的投资逻辑。

感谢财通证券各级领导给予研究所的战略投入和大力支持，支持我们研究所朝着特色标杆型证券研究所的目标前进。公司为我们的研究、调研、路演等提供了良好条件和丰富资源，助力我们专心研究并不断成长。

感谢市场，感谢所有投资者，特别是机构投资者，正是它们对市场的敬畏，对投资的高要求，对研究的高标准，才促进我们更好地完善了对市场逻辑的理解、对行业逻辑的研究，进而完成本书对过去近 20 年 A 股行业比较和选股逻辑的思考。

特别感谢机械工业出版社的所有领导和同人的支持和帮助。尤其要感谢华章分社的各位编辑在我们写作和审核过程中提供的大量专业、诚恳、宝贵的指导和建议，让本书得以以更好的状态呈现在读者面前。

最后，从事证券研究多年以来，诸多前辈对我关怀备至，我一直铭记在心。要特别感谢黄燕铭、乔永远、戴康、王德伦、颜克益、王斌、王涵、张忆东等前辈，是他们对我证券研究框架的指导、职业生涯的帮助，才有本书的面世。

诚然，对家人的感谢必不可少。证券研究需要花费大量的时间和精力，陪伴家人的时间势必会有所减少。感谢所有家人，你们的爱和鼓励是我最坚强的后盾。

财通证券首席策略分析师　李美岑

2023 年 11 月

后　记

本书至此完结，对我们团队过去接近 10 年策略研究思路和行业比较进行了高度精练的总结。写作本书的过程也让我们的团队成员在日常忙碌、高压的工作之外，有一段静心思考、总结过去研究得失的时间，以期待更好的进步。从进入证券研究行业，学习 DDM 模型、投资思想以来，我们第一次系统、全面地审视了证券投资和行业比较框架，力求使投资研究思维更加清晰和具象。本书的写作不仅是给读者一份负责任的、满意的答卷，也是我们的一场思维升级之途，它帮助我们更好地"理解行业收益、发现行业收益、跟踪行业收益"，更好地思考证券研究与投资。

写作本书的过程，对于我们团队而言是一次极为宝贵的经历。在书稿的写作过程中，我们真真切切地经历了"把书写厚"再到"把书写薄"的过程，从厚积到薄发。"把书写厚"是下足苦功夫的过程，我们不断地搜集、阅读大量材料，包括优秀前辈的研究报告、产业专家的深度论文、细分行业的政策数据等，一点点串联和勾勒行业的历史、当下和未来。"把书写薄"则是更加"痛苦地选择"，由于篇幅受限，我们团队需要高度凝练行业特征，对辛辛苦苦搜集的材料"删繁就简"，归纳基本面、政策面、资金面和股价的关系，但这样的过程也充满研究趣味，充满团队思想碰撞。

我们相信本书的出版并不是结束，而是新的开始。由于知识水平所限，本书难免有疏漏或错误之处，还请读者海涵。二级市场投资是一场没有终点的马拉松，也没有一劳永逸的投资圣杯，希望在未来跟踪市场的过程中，一方面对书中已有的投资思路加以验证，另一方面也追求与时俱进，将新的投资思想融入此前框架，实现内容的更新迭代。本书的观点仅代表一家之言，欢迎大家讨论，独乐乐不如众乐乐，与君共勉。

财通证券首席策略分析师　李美岑

2023 年 11 月